96개월 베스트셀러 1위!*
Why 월간 에듀윌 시사상식

업계 유일!
2년 연속 우수콘텐츠잡지 선정!*

Cover Story, 분야별 최신상식, 취업상식 실전TEST, 논술·찬반 등 취업에 필요한 모든 상식 콘텐츠 수록!

업계 최다!
월간 이슈&상식 부문 96개월 베스트셀러 1위!

수많은 취준생의 선택을 받은 취업상식 월간지 압도적 베스트셀러 1위!

업계 10년 이상의 역사!
『에듀윌 시사상식』 창간 10주년 돌파!

2011년 창간 이후 10년 넘게 발행되며 오랜 시간 취준생의 상식을 책임진 검증된 취업상식 월간지!

* 알라딘 수험서/자격증 월간 이슈&상식 베스트셀러 1위 기준 (2012년 5월~7월, 9월~11월, 2013년 1월, 4월~5월, 11월, 2014년 1월, 3월~11월, 2015년 1월, 3월~4월, 10월, 12월, 2016년 2월, 7월~12월, 2017년 8월~2022년 11월 월간 베스트)
* 한국잡지협회 주관 2020년, 2021년 우수콘텐츠잡지 선정

하루아침에 완성되지 않는 상식,
에듀윌 시사상식 정기구독이 답!

에듀윌 시사상식과 #소통해요

더 읽고 싶은 콘텐츠가 있으신가요?
더 풀고 싶은 문제가 있으신가요?
의견을 주시면 콘텐츠로 만들어 드립니다!

- ☑ 에듀윌 시사상식은 독자 여러분의 의견을 적극 반영하고자 합니다.
- ☑ 읽고 싶은 인터뷰, 칼럼 주제, 풀고 싶은 상식 문제 등 어떤 의견이든 남겨 주세요.
- ☑ 보내 주신 의견을 바탕으로 특집 콘텐츠 등이 기획될 예정입니다.

설문조사 참여 시 #스타벅스 아메리카노를 드립니다!

추첨 방법	매월 가장 적극적으로 의견을 주신 1분을 추첨하여 개별 연락
경품	스타벅스 아메리카노 Tall

취업에 강한

에듀윌 시사상식

DEC. 2022

12

eduwill

CONTENTS

2022. 12. 통권 제138호

발행일 | 2022년 11월 25일(매월 발행)
편저 | 에듀윌 상식연구소
내용문의 | 02) 2650-3912
구독문의 | 02) 397-0178
팩스 | 02) 855-0008
※ 「학습자료」 및 「정오표」도 에듀윌 도서몰 (book.eduwill.net) 도서자료실에서 함께 확인하실 수 있습니다.

PART 01

Cover Story 01

Cover Story 02

PART 02

분야별 최신상식

PART 03
취업상식 실전TEST

PART 04
상식을 넘은 상식

Cover Story

이달의 가장 중요한 이슈

1.

10·29 이태원 참사

‘핼러윈의 비극’… 예견된 참사

10월 29일 밤 서울 용산구 이태원동 해밀톤 호텔 일대에서 최악의 압사 사고가 발생했다. 핼러윈데이를 앞두고 수많은 인파가 경사진 좁은 골목에 한꺼번에 몰리면서 참사가 벌어졌다. 핼러윈 축제 분위기로 들떴던 이태원은 지옥으로 변했다. 중앙재난안전대책본부는 11월 14일 이태원 참사 사망자가 158명, 부상자는 196명이라고 밝혔다. 2014년 304명이 희생된 세월호 참사 이후 한국에서 벌어진 가장 큰 규모의 인명피해 참사다. 정부는 이태원 참사와 관련해 11월 5일까지를 국가애도기간으로 정하고 조기 게양 및 시·도별 합동분향소를 설치했다.

M
1
출입구
Entrance
이
태
원
삼다수

'핼러윈의 비극'... 이태원에서 최악 압사 사고

▲ 10월 29일 서울 용산구 이태원동 압사 사고 현장에서 소방대원들이 구조활동을 하고 있다.

10월 29일 밤 서울 용산구 이태원동 해밀톤 호텔 일대에서 최악의 압사 사고가 발생했다. ▪**핼러윈데이**를 앞두고 수많은 인파가 경사진 좁은 골목에 한꺼번에 몰리면서 참사가 벌어졌다. 핼러윈 축제 분위기로 들떴던 이태원은 지옥으로 변했다.

중앙재난안전대책본부는 11월 14일 오전 6시 기준 이태원 참사 사망자는 158명, 부상자는 196명(중상 31명, 경상 165명)이라고 밝혔다. **2014년 304명이 희생된 세월호 참사 이후 한국에서 벌어진 가장 큰 규모의 인명피해 참사**다.

소방 당국에 따르면 사고 당일 오후 10시 15분쯤 "압사해서 죽을 것 같다. 사람들이 깔려 있다"는 내용의 신고가 접수됐고 이후 1시간 만에 호흡 곤란 등을 호소하는 신고가 80건 넘게 들어왔다. 경찰과 소방 인력이 급히 증원됐으나 현장 도착까지 상당한 시간이 걸렸다. 참사가 발생한 이태원 일대는 길이 좁고 차량이 많았다. 인근 지역 교통도 통제되지도 않았다. 300명이 넘는 위급환자를 응급실로 옮기는 데도 상당한 시간이 소요됐다.

현장에서 소방관·경찰관은 물론 시민들이 바닥에 쓰러져 있는 사람들에게 **심폐소생술**(CPR, CardioPulmonary Resuscitation)을 하며 숨이 돌아오게 하도록 안간힘을 썼지만 많은 생명을 살리기에는 역부족이었다.

대로변에서 음식점과 클럽이 밀집한 이태원 세계음식문화거리를 연결하는 해밀톤 호텔 옆 45m 길이의 좁은 골목길 경사로에서 사상자가 집중적으로 발생했다. **건축법상 도로는 보행자의 안전을 위해 폭이 4m 이상**이어야 하지만 이 골목은 해밀톤 호텔 측이 건축한계선을 넘어 지은 관계로 폭이 3.2m에 불과했다.

세계음식문화거리에서 나가려는 사람들과 골목을 통해 들오려는 사람들이 엉키면서 자신의 의지와 관계없이 움직이는 ▪**군중난류**가 발생했다. 사람들은 도미노처럼 쓰러지면서 대여섯 겹으로 쌓였다. 여성 사망자는 남성보다 두 배가량 많았다. 좁은 길에서 한꺼번에 많은 인파가 뒤엉키면서 상대적으로 체격과 힘이 작은 여성의 피해가 컸을 것으로 추정됐다. 외국인 사망자도 26명으로 집계 됐다.

▪ 핼러윈데이 (Halloween Day)

핼러윈데이는 영국 등 북유럽과 미국에서 10월 31일 귀신분장을 하고 치르는 축제다. 기원전 500년경 아일랜드 켈트족의 풍습인 삼하인(Samhain) 축제에서 유래한다. 사람들은 이날 죽은 영혼들이 되살아나 정령이나 마녀 등이 출몰한다고 믿고 귀신들에게 육신을 뺏기지 않기 위해 유령이나 흡혈귀, 해골, 괴물 등의 복장을 하고 축제를 즐긴다.

영미권에서는 핼러윈데이에 코스튬을 차려입은 어린이들이 집집마다 사탕을 받으러 다니면서 "트릭 오어 트릿(trick or treat)"이라고 말하는데 이는 "사탕을 주지 않으면 장난을 치겠다"라는 뜻 정도로 해석된다. 한국에서 핼러윈 문화는 2000년대 초 국내 유입된 영어 유치원 확산으로 알려지기 시작했고 최근에는 MZ세대들이 자신을 표현하며 즐기는 독특한 문화로 이어졌다.

■ **군중난류 (群衆亂流)**

군중난류는 밀집된 사람들이 의사와 관계없이 마치 한 덩어리의 물과 같은 유체처럼 불규칙하게 요동치는 현상이다. 사람이 적당히 밀집돼 있으면 저절로 오고 가는 통행로가 확보되며 규칙적인 흐름이 유지되지만 $1m^2$당 7명이 넘어가면 군중난류가 생겨 그 속에 낀 사람들은 마치 파도에 휩쓸리듯 예측할 수 없는 방향으로 움직인다. 이때 한 사람만 균형을 잃고 쓰러져도 도미노처럼 쓰러져 대형 참사로 이어질 수 있다. 군중난류는 군중난기류, 군중지진이라고도 한다.

CPR 응급처치법 (자료 : 응급의료포털 E-Gen)

단계	방법
1. 의식확인	• 양어깨를 두드리며 말을 걸고 눈과 귀로 심정지 및 무호흡 유무를 확인한다. (반응과 호흡이 있으면 심정지 아님) • 일반 구조자가 외상환자를 구조할 때에는 꼭 필요한 경우에만 환자를 이동시키도록 한다. 예) 건물에 화재가 발생한 경우 등 현장이 안전하지 않은 상황
2. 도움 및 119 신고 요청	주변사람에게(꼭 집어서) 119신고를 부탁하고 자동심장충격기를 요청한다.
3. 흉부압박점 찾기	먼저 환자의 가슴뼈의 아래쪽 1/2중앙에 한 손바닥을 올려놓고 그 위에 다른 손을 겹친다. (손가락이 가슴에 닿지 않도록 주의)
4. 가슴(흉부)압박하기	분당 100~120회의 속도로, 성인 약 5cm 깊이로 압박, 압박과 이완의 시간은 같은 정도로 하고 각각의 압박 후에는 가슴이 완전히 올라오도록 해야 한다. (압박 시 양팔을 쭉 편 상태에서 체중을 실어서 환자의 몸과 수직이 되게 눌러줘야 한다.)
5. 인공호흡 2회 시행	먼저 머리를 젖혔던 손의 엄지와 검지로 환자의 코를 잡아 막는다. 코를 막고 구조자의 입을 완전히 밀착하여 정상호흡을 약 1초 동안 2회 숨을 불어 넣는다. (인공호흡이 어려울 경우 가슴압박만 지속적으로 시행)
6. 가슴(흉부)압박과 인공호흡의 반복	이후에는 30회의 가슴압박과 2회의 인공호흡을 119구급대원이 현장에 도착할 때까지 반복해서 시행한다.

예견된 참사…
경찰·시청·구청 모두 손 놓고 있었다

▲ 이상민 행정안전부 장관

정부는 이태원 참사와 관련해 11월 5일까지를 국가애도기간으로 정하고 조기 게양 및 시·도별 합동분향소를 설치했다. 국가애도기간은 별도 행사 없이 11월 5일 종료됐다. 국가애도기간이 종료되며 전국 합동분향소는 대부분 철거됐지만 이태원 사고 현장 근처 지하철역이 수많은 꽃다발로 뒤덮이는 등 국민들의 추모는 계속됐다.

사람들은 **예견된 인재**(人災 : 사람에 의해 일어나는 재난)였다고 통탄했다. 사고 발생 6시간 전 낮부터 해밀톤 호텔 주변은 포화 상태로 제대로 걷기 어려운 상태였다. 사람들이 더 몰리는 밤 더 포화 상태가 될 것으로 예상할 수 있었으나 현장 관리가 이뤄지지 않았다.

11월 1일 경찰이 공개한 112 신고 녹취 기록에 따르면 첫 신고는 이미 사고 발생 4시간여 전인 오후 6시 34분에 있었다. 신고자는 "경찰이 좀 서서 통제해서 인구를 뺀 다음에 안으로 들어오게 해달라"라고 말했다. 이후 4시간가량 11번의 신고에서 평소에 별로 쓰지 않을 '압사'란 단어가 13번이나 언급됐지만 경찰의 적절한 예방이나 통제 조치는 없었다.

참사 후 경찰 측은 기자 간담회에서 "주최 측 없

는 대규모 인파가 모이는 행사에 대한 매뉴얼은 없다"며 "상당한 인원이 모일 것은 예견했지만 다수 인원의 운집으로 대규모 인명 피해가 발생할 것이라고는 예견하지 못했다"고 말했다.

하지만 3년 만에 사회적 거리두기 없는 핼러윈에 젊은 층이 이태원에 대규모 운집할 것이고 수만 명이 몰리면 사고가 날 수 있다는 우려가 있었다. 매뉴얼이 없더라도 경찰법에 따라 경찰이 자체적으로 경찰력을 투입해 통제하는 게 불가능한 일도 아니었다.

서울시 역시 핼러윈을 앞두고 주최 측이 없는 행사라는 이유로 안전사고 발생 가능성에 특별한 대책을 마련하지 않았다. 10월 8일 여의도에서 '서울세계불꽃축제' 당시 100만 명에 달하는 인파가 몰릴 것으로 예상해 인근 도로를 통제하고 안전 요원을 배치하는 등 안전 대책을 수립해 실행한 것과 비교가 된다.

이태원을 담당하는 용산구는 핼러윈에 앞서 10월 27일 대책회의를 열긴 했지만 회의 논의 내용은 인파 관리가 아닌 방역, 시설물 점검, 음식점 지도점검 등에 맞춰졌다. 가장 중요한 도로 통제와 일방통행 등 안전 대책 논의는 없었다. 실제로 사고 당일 이태원 골목 곳곳에서 통행 관리가 전혀 이뤄지지 않았다.

윤석열 대통령은 11월 4일 대한불교조계종 조계사 대웅전에서 열린 이태원 사고 추모 위령 법회에서 참석해 "국민 생명과 안전을 책임져야 하는 대통령으로서 비통하고 죄송한 마음"이라고 밝혔다. 이태원 참사 발생 후 6일 만에 첫 공개 석상에서의 사과였다.

국가 재난 및 안전관리의 총책임자인 이상민 행정안전부 장관은 "행사 주최자가 없어 사전 예방이 불가능한 사고"라며 "경찰·소방 대응이 (사고) 원인인지 의문"이라는 등 부적절한 발언으로 질타를 받았다. 그가 11월 12일 중앙일보와의 문자 인터뷰에서 "누군들 폼나게 사표 던지고 이 상황에서 벗어나고 싶지 않겠나"라고 한 발언도 경솔하다는 비난을 받았다.

이태원 참사를 수사 중인 경찰청 특별수사본부는 **이임재 전 용산경찰서장, 박희영 용산구청장 등을 업무상 과실치사상 혐의로 입건**해 수사 중이라고 11월 7일 밝혔다. 참사 당일 서울경찰청 상황관리관 당직이었던 류미진 총경, 최성범 용산소방서장도 같은 혐의로 입건했다.

또 용산서 정보과 과장과 계장은 참사 당일 인파 밀집에 따른 안전사고 우려를 경고한 내부 보고서를 참사 뒤 삭제한 혐의(직권남용, 증거인멸)가 추가됐다. 한편, 소방노조는 최성범 용산소방서장이 입건된 것에 대해 "사고 당일 가장 먼저 현장으로 달려가 지휘했던 사람"이라며 경찰 수사와 관련, 소방공무원을 희생양 삼는 '꼬리자르기식 수사'라고 비판했다.

+ 경찰의 8가지 임무 (경찰법 제3조)

1. 국민의 생명·신체 및 재산의 보호
2. 범죄의 예방·진압 및 수사
3. 범죄피해자 보호
4. 경비·요인경호 및 대간첩·대테러 작전 수행
5. 공공안녕에 대한 위험의 예방과 대응을 위한 정보의 수집·작성 및 배포
6. 교통의 단속과 위해의 방지
7. 외국 정부기관 및 국제기구와의 국제협력
8. 그 밖에 공공의 안녕과 질서유지

경찰·소방공무원 직급

구분	경찰공무원	소방공무원
차관	치안총감	소방총감
1급	치안정감	소방정감
2급	치안감	소방감
3급	경무관	소방준감
4급	총경	소방정
5급	경정	소방령
6급(갑)	경감	소방경
6급(을)	경위	소방위
7급	경사	소방장
8급	경장	소방교
9급	순경	소방사

희생자 명단 공개 논란

한편, 더불어민주당에서는 이태원 참사 희생자 전체 명단과 사진, 프로필을 공개해야 한다는 주장이 나와 논란이 일었다. 국민의힘은 민주당이 참사를 이용해 분열과 갈등을 부추기고 있다고 비판했다.

11월 7일 문진석 민주당 의원이 국회 행정안전위원회에 참석했다가 받은 휴대전화 메시지에는 "이태원 참사 애도기간이 끝났음에도 희생자 전체 명단과 사진, 프로필, 애틋한 사연들이 공개되지 않고 있다. 정부와 서울시가 명단공개를 거부하고 있는데 의도적인 축소 은폐시도다. 참사 희생자의 전체 명단과 사진이 공개되는 것은 기본이다"라는 내용이 있었다.

이에 대해 박정하 국민의힘 수석대변인은 "국민적 슬픔을 정치 도구화하려는 민주당 속내가 적나라하게 드러났다"며 "**국민적 슬픔을 이용해 정치적 셈법만을 따지고 있는 민주당의 저열한 행태**에 소름이 끼칠 정도"라고 비판했다.

11월 9일 이재명 민주당 대표는 "이태원 참사 피해자 유족들이 반대하지 않는 한 이름과 영정을 공개하고 진지한 애도가 있어야 한다"고 주장했다. 박찬대 민주당 의원은 "(희생자 명단 공개를 거부하는 것은) **참사를 가리고 시선을 다른 데로 돌리려는 것**"이라고 꼬집었다.

이 가운데 친야권 성향 온라인 매체 더탐사와 민들레는 유족 동의도 없이 이태원 참사 사망자 명단을 공개해 파문이 일었다. 사생활과 사적 정보 침해 논란이 일자 민들레 측은 공개를 원치 않는 유족이 삭제를 요구하면 연락을 달라며 일부 명단을 지웠다. 이에 대해 정진석 국민의힘 비상대책위원장은 "반드시 법적 대응이 필요하다"고 밝혔다.

+ 재난보도준칙 (災難報道準則)

재난보도준칙은 세월호 참사 과정에서 언론 취재와 보도 방식에 문제가 있었다는 지적에 따라 언론계가 같은 잘못을 되풀이하지 않기 위해 한국신문협회, 한국방송협회, 한국기자협회 등 언론 단체들이 제정해 선포한 준칙이다. 이는 일반준칙·피해자 인권 보호·취재진 안전 확보·현장 취재 협의체 구성·언론사의 의무 등 44개 조문으로 구성됐으며 신속성보다 정확성에 우선 가치를 두는 방향으로 제정됐다.

"에듀윌 시사상식은 이태원 참사 희생자들의 명복을 빌며, 유족들의 슬픔에 깊은 위로를 드립니다."

2.

레고 밟은 한국 경제

강원도 채무 불이행 선언... 채권 시장 쇼크 확산

김진태 강원도지사가 지난 9월 28일 레고랜드 개발 시행사인 강원중도개발공사의 회생 절차를 신청하자 강원도가 지급 보증을 약속했던 부동산 프로젝트 파이낸싱(PF) 자산유동화기업어음(ABCP)이 부도 처리되며 한국 채권 시장이 쇼크에 빠졌다. 회사채·기업어음(CP) 등 자금 시장은 충격에 빠졌다. 가뜩이나 금리 인상으로 유동성이 축소되는 시점에 지자체가 보증한 채권까지 불신이 생기면서 채권 시장 전반에 불신이 생겼고 금융권 전반에 부정적인 영향을 미친 것이다. 금융 당국은 결국 10월 23일 자금 시장 안정화를 위해 '50조원+알파' 규모의 유동성 지원 대책을 추진하기로 했다.

준공까지 11년·무상 임대 100년… 우여곡절 레고랜드

▲ 춘천 중도 레고랜드 코리아 입구

전 세계 인구가 1인당 평균 83개가량의 레고 블록을 갖고 있다는 통계가 있을 정도로 레고는 대중적인 장난감이다. 견고하기로 유명한 레고를 밟으면 부서지지 않지만 대신 발이 무척 아프다. 최근 한국 채권 시장이 '레고랜드 쇼크'에 빠져 레고를 밟은 사람처럼 휘청거렸다.

레고랜드는 강원도 춘천시 중도동 28만m^2 부지에 들어선 대형 테마파크다. 전 세계에서 10번째 레고랜드로서 아시아에서는 최대 규모다. 국내 처음으로 생긴 글로벌 테마파크라는 점에서 강원도의 숙원 사업으로 기대를 모았다.

하지만 우여곡절이 많았다. 우선 개발비가 막대했다. 업계 분석에 따르면 **강원도와 강원도개발공사, 강원도의 출자회사인 강원중도개발공사가 레고랜드와 주변 인프라 개발 사업에 투자했거나 앞으로 투자해야 할 금액은 약 6600억원**이다. 기초 공사를 위해 땅을 파보니 청동기 유물과 유적이 쏟아져 나와 공사가 중단되기도 했다.

착공식만 3차례가 열린 우여곡절 끝에 레고랜드는 착공 11년 만인 지난 3월 준공됐다. 그러나 강원도가 레고랜드를 유치하기 위해 너무 많은 대가를 치렀다. 강원도는 레고랜드 개발에 수천억원을 투자했고 레고 그룹을 소유한 세계 2위 엔터테인먼트 그룹인 **영국 멀린 엔터테인먼트에 100년 동안 중도 땅을 무상 임대**해줬다. 테마파크를 제외한 모든 인프라 시설은 강원도가 의무적으로 만들도록 하는 협약도 맺었다.

하지만 불리한 협약 조건 때문에, 6600억원을 쏟아 부은 강원도가 레고랜드로 얻을 수 있는 수익은 임대료, 주차료 등을 모두 합해 연간 15억원에도 미치지 못할 것으로 알려졌다. 예상 수익률이 0.2%에 불과하다.

2013년 강원도가 멀린 그룹과 본협약을 맺을 때는 강원중도개발공사가 사업비 2300억원을 투자하는 조건으로 레고랜드 연 매출액 8~10%의 임대료를 받기로 했다. 그러나 2018년 총괄개발협약을 새로 맺으며 강원중도개발공사가 투자금을 800억원으로 줄이는 대신 멀린 그룹 측에서 자금을 더 끌어오게 되면서 임대료 수익률은 터무니

민간투자사업 방식의 구분

구분	내용
수익형 민간투자사업 (BTO, Build Transfer Operation)	민간이 시설을 건설하고 소유권을 정부로 이전하며 민간 사업자가 시설을 운영해 투자비를 회수하는 방식
임대형 민간투자사업 (BTL, Build Transfer Lease)	민간이 시설 건설 후 운영권은 정부로 이전, 민간 사업자가 임대료를 징수하는 방식
최소운영수입보장 (MRG,minimum revenue guarantee)	민간이 건설한 사회기반 시설 수입이 예상보다 적을 경우, 정부가 약정된 최소 수입을 보장해주는 방식
표준비용보전(SCS, Standard Cost Support)	운영 수익이 비용에 미달하는 경우 금액을 보전해주는 방식

없이 낮아졌다. 레고랜드 입장객도 기대치에 훨씬 못 미치는 실정이다.

강원도뿐만 아니라 각 지자체에서는 무리하게 예산을 끌어와 사회기반시설에 대한 민간투자사업을 추진해온 사례가 적지 않았다. 이에 지자체가 추진하는 대규모 개발 사업에 대한 엄격한 검증이 필요하다는 지적도 나온다.

레고랜드발 금융 쇼크... 무슨 일이 있었나

▲ 김진태 강원도지사

레고랜드 사태는 김진태 강원도지사가 지난 9월 28일 레고랜드 개발 시행사인 강원중도개발공사의 회생 절차를 신청하자, 강원도가 지급 보증을 약속했던 부동산 프로젝트 파이낸싱(PF) **자산유동화기업어음(ABCP)**이 부도 처리되며 촉발됐다.

강원중도개발공사(당시 엘엘개발)는 특수목적법인(SPC)인 KIS 춘천개발유동화주식회사를 통해 2050억원 규모의 ABCP를 발행, 레고랜드 공사 대금을 조달했다. 앞서 언급했듯이 청동기 유적 발굴 등으로 건설 계획이 변경되며 공사는 지연됐고 이자가 눈덩이처럼 불어났다. 이 때문에 2018년 멀린 그룹 측과 총괄개발협약을 맺고 투자금을 줄이는 대신 멀린 그룹 측이 사업시행 주체가 됐다.

당시 엘엘개발은 강원중도개발공사로 사명을 바꾸고 아이원제일차라는 특수목적법인을 만들어 2050억원 규모의 ABCP를 다시 발행했다. 기존 발행 주관사였던 한국투자증권은 BNK투자증권으로 바뀌었고 ABCP는 국내 증권사 10곳과 자산운용사 1곳에 팔렸다. 강원도는 이 ABCP에 지급 보증을 섰다. 부도날 걱정이 없는 광역지자체가 보증을 선 채권이니 신용평가사들은 높은 신용 등급을 부여했다.

사건은 지난 9월 터졌다. 이 ABCP의 만기일인 9월 29일을 하루 앞둔 9월 28일 김진태 강원도지사가 돌연 강원중도개발공사의 회생 신청 계획을 발표한 것이다. 애초 강원중도개발공사는 레고랜드가 들어서는 춘천 중도 부지를 팔아 빌린 돈을 갚을 계획이었다.

하지만 레고랜드 준공이 늦어지고 금융 비용이 커지면서 부지 전체를 매각해도 412억원가량 적자가 날 것이란 전망이 나오자 이를 고스란히 떠안아야 할 처지에 놓인 강원도가 강원도중도개발공사에 대한 회생 신청을 한 것이다.

시장에서는 강원도가 강원도의 출자회사인 강원중도개발공사의 회생 절차를 신청한 것을, 강원도가 중도개발공사에 보증을 서준 채무 2050억원을 갚지 않겠다는 선언으로 해석할 수밖에 없었다. **국가만큼 안전하다고 여겨지는 지방자치단체가 채무를 갚지 않겠다고 선언한 순간, 시장경제의 근간인 '신용'이 급속도로 무너졌다.**

■ 자산유동화기업어음 (ABCP, Asset Backed Commercial Paper)

자산유동화기업어음(ABCP)이란 부동산개발사업에 필요한 자금조달을 위해 발행한 대출채권을 기반으로 만든 기업어음이다. 특수목적법인(SPC)이 부동산 시행사 대출채권을 기초자산으로 발행한 ABCP에 대해 증권사는 신용 보강(매입 보장·매입 확약)을 하고 수수료와 이자 차익을 받는다.

ABCP는 자산을 유동화해 회사채 형태로 발행하는 자산유동화증권(ABS)과 달리 별도의 등록절차를 거치지 않아도 되고 회사채보다 만기가 짧아 장·단기 금리차를 활용해 자금조달 비용을 줄일 수도 있다. 그러나 금융감독원 등록 의무가 있는 ABS와 달리 감독권 밖에 있어 그림자 금융의 대표적인 상품으로 꼽힌다.

채권 시장 불안 가중... 수백억 아끼려다 50조 투입

김진태 지사는 10월 21일 "강원도 예산으로 내년 1월 29일까지 보증 채무를 갚겠다"고 뒤늦게 진화에 나섰지만 엎질러진 물이었다. 레고랜드 쇼크를 기점으로 회사채·■기업어음(CP) 등 자금 시장은 충격에 빠졌다. 가뜩이나 금리 인상으로 유동성이 축소되는 시점에 지자체가 보증한 채권까지 불신이 생기면서 채권 시장 전반에 불신이 생겼고 금융권 전반에 부정적인 영향을 미친 것이다.

금융투자협회에 따르면 연초 1.55%였던 CP 금리는 10월 21일 기준 4.25%로 치솟았다. 10월 20일 신용등급 AA− 회사채 3년물 금리는 연중 최고치인 연 5.588%로 국고채 3년물(연 4.350%)과의 신용 스프레드(금리 차)가 1.238%p까지 벌어졌다. 이는 지난 7거래일 연속 최고치 경신이다.

CP 금리는 기업들의 대표적 단기자금 조달 수단으로서 신용 스프레드가 확대된다는 건 회사채에 높은 이자가 요구된다는 뜻이다. 시장에서 리스크 회피 심리가 더욱 강해지면서 기업 입장에서는 돈줄이 마를 수 있는 상황이다. 부동산 프로젝트 파이낸싱(PF)을 확대해 온 중소형 증권사들의 자금난이 심화되면 부실이 전이될 위험도 있다.

금융 당국은 결국 10월 23일 자금 시장 안정화를 위해 '50조원+알파' 규모의 유동성 지원 대책을 추진하기로 했다. 채권시장안정펀드를 통해 CP와 **여전채**(카드·캐피탈사 등 여신전문금융사가 발행하는 회사채) 매입을 시작했고 중소형 증권사에도 약 1조원에 가까운 자금을 공급했다. PF ABCP 매입 프로그램도 가동하기로 했다. 결국 호미(강원도가 부담할 수 있었던 수백억원)로 막을 것을 가래(50조원+알파)로 막는 꼴이 되고 말았다.

이번 사태는 정치 논리가 시장 논리를 침범할 때 어떤 파국을 낳는지에 대한 예시를 남겼다. 정치권에서는 김진태 지사의 '전임 도정 지우기'가 부작용을 낳았다는 분석이 지배적이다. 김 지사가 강원도지사 당선 후, 심각한 자금난을 겪은 레고랜드와 전임 도지사의 문제점을 지적하려고 '회생 신청 카드'를 꺼내들었다가 자금 시장의 걷잡을 수 없는 혼란을 초래했다는 것이다.

■ 기업어음 (CP, Commercial Paper)

기업어음(CP)은 기업이 자금을 조달하기 위해 발행하는 어음 형식의 단기 채권이다. 보통 신용도가 높은 기업이 무담보·단기어음으로 발행한다. 기업은 금융기관을 통해 기업어음을 발행하고 금융기관은 다시 일반고객들을 상대로 판매하게 된다.

CP와 회사채는 둘 다 채권이라는 점이 같지만 CP는 보통 단지 자금 조달을 위해 만기 1년 이내로 발행하고 발행 절차가 간소하다. 반면 회사채는 이사회의 결의를 거쳐야 발행할 수 있고 증권사가 주요 소비자인 기관들을 대상으로 수요 예측을 하는 등 발행 절차가 까다롭다.

분야별 최신상식

9개 분야 최신이슈와 핵심 키워드

분야별
최신상식

정치
행정

'창당 후 최대 위기' 정의당, 새 대표 이정미 선출

강민진 성폭력 피해사건

강민진 성폭력 피해사건이란 강민진 전 청년정의당(정의당 내 청년 조직) 대표가 당내 성폭력을 당했다고 폭로한 사건을 말한다. 강 전 대표는 지난 5월 16일 페이스북에 지난해 11월과 올해 두 차례의 성폭력 피해를 당했다고 폭로한 바 있다. 강 전 대표는 이 사건을 지도부에 알렸지만, 정작 지도부는 이 사건을 쉬쉬하며 덮으려 시도해 큰 파장을 일으켰다.

두 번째 대표직으로 선임

창당 이래 최대 위기를 겪고 있는 정의당의 새로운 지도자로 이정미(사진) 전 대표가 10월 28일 선출됐다. **이 신임 대표는 지난 2017년 7월부터 2년간 대표직을 수행한 데 이어 두 번째로 대표직**을 맡게 됐다.

이 대표는 취임 일성으로 "윤석열 정부의 거대한 퇴행을 막기 위해 모든 것을 바쳐 싸울 것"이라면서도 "윤석열 정부 반대편만 쫓아다니는 진영정치는 없을 것"이라고 밝혔다. '민주당 2중대'라는 오명에서 벗어나 독자 노선을 걷겠다는 각오로 비친다.

이 신임 대표는 지난 10월 23일부터 28일까지 진행된 결선 투표에서 63.05% 득표율을 기록하며 36.95%를 얻은 김윤기 전 부대표를 제치고 제7기 당 대표에 당선됐다. 이 신임 대표는 앞서 지난 10월 19일 진행된 1차 투표에서 49.91%를 얻어 1위를 차지했지만 과반 획득에는 이르지 못해 이날 결선 투표에 이르렀다.

정의당은 지난 9월 제11차 정기 당대회에서 당명 개정 등을 포함한 재창당

작업을 오는 2023년까지 마무리하겠다고 밝힌 바 있다. 이에 새 지도부는 총선 준비와 함께 창당 이후 최대 위기를 극복해야 하는 과제를 떠안게 됐다.

與 '협치', 野 '혁신' 강조

여야는 10월 28일 정의당 이정미 신임 대표가 선출되자 나란히 축하를 건넸다. 다만 여당인 **국민의힘은 원내 제3정당으로서 '협치'를, 야당인 더불어민주당은 진보정당으로서의 '혁신'을 강조**했다.

국민의힘 박정하 수석대변인은 구두 논평에서 "정의당 신임 이정미 대표 선출을 진심으로 축하한다"며 "건강한 야당으로서 국민의힘과 함께 민생을 챙기는 모습을 보여주길 기대한다"고 밝혔다.

박 수석대변인은 "분열의 정치가 득세하고 있다. 정치가 통합과 화합이라는 본령을 외면할 때 결국 사각지대에 남겨지는 것은 약자"라며 "정의당은 지금껏 그래왔던 것처럼 우리 사회가 미처 알아채지 못했던 약자들의 목소리를 국회에 잘 전달해주리라 믿는다"고 거듭 당부했다.

민주당 박성준 대변인은 서면 브리핑에서 "이 대표의 당선을 축하한다"며 "정의당이 가야 할 혁신의 길은 성장통을 요구하겠지만, 많은 분이 정의당의 변화된 모습을 응원할 것"이라고 밝혔다.

박 대변인은 "진보정당으로서의 정의당이 우리 사회와 정치에 더욱 크게 이바지하길 바라며 함께 응원하겠다"며 "이 대표를 중심으로 정의당이 진보정당 본연의 모습을 되찾고, 국민의 신뢰를 회복하길 바란다"고 덧붙였다.

대한민국 원내정당 현황 (2022년 11월 기준)

구분	명칭	대표	의석 수
여당	국민의힘	정진석 (비상대책위원장)	115석
야당	더불어민주당	이재명	169석
	정의당	이정미	6석
	기본소득당	용혜인	1석
	시대전환	조정훈	1석

POINT 세 줄 요약

❶ 창당 이래 최대 위기를 겪고 있는 정의당의 새로운 지도자로 이정미 전 대표가 10월 28일 선출됐다.
❷ 이 대표는 민주당 2중대라는 오명을 벗고 독자 노선을 걷겠다는 각오를 다졌다.
❸ 여당인 국민의힘은 정의당이 원내 제3정당으로서 '협치'를, 야당인 더불어민주당은 진보정당으로서의 '혁신'을 강조했다.

윤 대통령, 생중계로 비상경제민생회의 주재

▲ 제11차 비상경제민생회의 (자료 : 대통령실)

윤석열 대통령이 10월 27일 복합위기 속 경제 활성화 방안을 논의하기 위한 제11차 비상경제민생회의를 관계부처 장관 및 대통령실 수석비서관들과 함께 열었다. 윤 대통령의 뜻에 따라 서울 용산 대통령실 청사에서 열린 이날 회의는 80분 동안 생중계됐다.

회의는 최상목 대통령실 경제수석이 사회를 맡아 ▲주력 산업 ▲해외 건설 ▲중기·벤처 ▲관광·콘텐츠 ▲디지털·바이오·우주 등 5개 분야로 나눠 진행됐다. 윤 대통령은 회의 전 공개 생중계 회의가 전시용이 아니라고 강조했다.

각 부처 장관들은 윤 대통령 앞에서 파워포인트 화면을 띄워 설명에 나섰다. 윤 대통령은 회의 도중 장관들에게 부처 간 협업을 강조하고, 종종 관심 사안을 언급했다. 그러나 **회의는 입체적인 토론보다는 윤 대통령을 향한 평면적인 정책보고회**에 가까웠다. 특히 각 장관들은 성과를 부각하고 정책을 홍보하는 데 치중하는 모습이었다. 장관들은 윤 대통령이 공약으로 제시한 원전 확대와 노동시간 유연화, 청와대 개방 효과 등을 중점적으로 보고했다.

더불어민주당은 생중계된 비상경제민생회의가 오히려 경제 무능력을 드러냈다고 비판했다. 안호영 수석대변인은 "경제위기 상황에도 한가하기만 한 3무(無 : 무능·무책임·무대책) 정부의 민낯을 확인해줬다"며 "발등의 불이 된 김진태(강원지사)발 금융위기 사태에 대해서도 한마디의 언급이 없었다. 국민 우롱 정치다"라고 말했다.

여당 안에서도 쓴소리가 나왔다. 유승민 전 의원은 "장밋빛 전망만 하기엔 지금 우리 경제가 너무 위험하지 않으냐"며 "국민과 기업이 지금 가장 듣고 싶은 것은 눈앞에 닥친 경제위기를 극복할 윤석열 정부의 의지와 전략인데, 그게 없었다"고 비판했다.

대통령 직속 기관

대통령 밑으로는 대통령을 보좌하는 대통령비서실과 국가안보실 및 대통령경호처, 국가정보원, 감사원을 두고 인권의 보호와 향상업무를 독립적으로 수행할 수 있도록 하는 국가인권위원회와 고위공직자 및 그 가족의 특정범죄를 척결하는 고위공직자범죄수사처, 국가안전보장회의, 민주평화통일자문회의, 국민경제자문회의, 국가과학기술자문회의와 같은 대통령자문회의를 둔다.

국민의힘 국회부의장 정우택 의원 선출

국민의힘 정우택 의원이 21대 국회 후반기 여당 몫 국회부의장이 됐다. 국민의힘은 10월 25일 오

▲ 정우택 국회부의장

전 국회에서 국회부의장 후보 선출을 위한 의원총회를 개최, 투표를 진행한 결과 정 의원이 최종 선출됐다고 발표했다.

정 의원은 결선투표까지 치른 끝에 최종 후보로 뽑혔다. 이번 경선에는 5선인 정 의원을 포함해 5선의 김영선·서병수 의원, 4선 홍문표 의원 등이 출마했다. 총 108명의 의원이 참석한 가운데 1차 투표에서는 정 의원이 40표, 서 의원이 39표, 김 의원이 23표, 홍 의원이 6표 등을 각각 득표했다.

과반 득표자가 없어 정 의원과 서 의원 2명을 대상으로 치러진 결선 투표에서는 총 96표 가운데 정 의원이 49표, 서 의원이 47표를 얻어 정 의원이 2표차로 최종 후보가 됐다.

여야는 10월 27일 국회 본회의에서 44개 법안 및 국정감사 결과보고서 채택의 건 등 45개 안건을 의결했지만, 정 의원을 여당 몫 국회부의장으로 선출하는 안건은 더불어민주당의 비협조로 다뤄지지 않았다. 민주당은 윤석열 대통령의 비속어 논란 및 이재명 대표 관련 검찰 수사에 대한 사과 없이는 의사일정에 협조할 수 없다는 입장이었다.

여야 원내수석부대표 회동에서 여당이 부의장 선출 안건 상정을 요청하자 야당은 납품단가연동제 등 민생법안 처리를 협상 카드로 내밀었고 결국 부의장 선출을 다음 회의로 미루기로 했다. 국회는 11월 10일 국회 본회의를 열고 정 의원을 국회부의장으로 선출했다. 여야는 227표 중 199표 찬성으로 정 의원을 국회부의장에 선출했다.

국회의장단 구성 현황

구분	이름
국회의장	김진표(전 더불어민주당 소속)
국회부의장	김영주(전 더불어민주당 소속)
국회부의장	정우택(전 국민의힘 소속)

민주당, 한동훈 심야 술자리 의혹 공세

▲ 한동훈 법무부 장관

더불어민주당은 10월 27일 윤석열 대통령과 한동훈 법무부 장관의 심야 술자리 의혹을 제기한 김의겸 의원을 엄호하며 "떳떳하면 윤 대통령의 당일 행적을 공개하라"고 공세했다. **한 장관이 "허위사실 유포의 피해자"라며 민주당의 사과를 요구하자 이를 일축하며 오히려 의혹 규명이 필요하다며 당 차원에서 역공**을 취하는 모습이다.

박성준 대변인은 이날 브리핑을 통해 "실세 한동훈 장관이 피해자 흉내를 내며 사과를 요구하고 있으니 아연실색할 노릇"이라며 "대통령과 최측근 실세 장관을 둘러싼 의혹에 대해 질의한 게 무엇이 잘못됐다는 것이냐"고 반문했다.

김성환 정책위의장도 이날 정책조정회의에서 "그것(술자리)을 목격했던 첼리스트의 오빠가 녹취록에 대해 녹취된 것은 맞다고 사실을 인정했다"며 "사실이면 제2의 국정농단에 해당할 만큼 엄청난 사건이 아닐 수 없다"고 말했다.

김 정책위의장이 언급한 녹취는 김 의원이 지난 10월 24일 국회 법제사법위원회 종합감사에서 윤석열 대통령과 한 장관의 심야 술자리 의혹을 제기하며 틀었던 것을 말한다. 김 의원은 당시 한 장관이 올해 7월 19~20일 윤 대통령, 법무법인 김앤장 변호사 30명과 청담동 고급 술집에서 심야 술자리를 가졌다고 주장했다.

+ 면책특권 (免責特權)

면책특권이란 국회의원이 그 신분상 지니는 특권으로써 의회의 독립과 자율을 보장하고 집행부의 부당한 간섭과 탄압에 대한 방어책으로 작용하며, 전체 국민의 대표자로서의 국회의원이 자유롭게 그 직무를 수행할 수 있도록 신분을 보장하는 것을 목적으로 한다. 1689년 의회 내 언론자유 등을 규정한 영국의 권리장전이 그 기원이며, 미국헌법에 처음 명문화됐다. 그 후 대부분의 나라에서 이를 인정하고 있으며, 우리나라도 헌법 제45조에서 보장하고 있다.

"이재명 지분있다" 대장동 논란 재점화

대장동 개발에서 가장 많은 수익금을 챙긴 '천화동인 1호' 실소유주를 놓고 논란이 재점화됐다. 언론인 출신 김만배 씨가 과거 "천화동인 1호 배당금 절반은 그분 것"이라고 발언하면서 '그분'의 정체에 관심이 쏠린 가운데 남욱 변호사가 "대장동에 이재명 시장 측 지분이 있다고 들었다"고 발언하면서 '그분'의 정체가 이재명 더불어민주당 대표 아니냐는 의혹이 증폭됐다.

11월 1일 법조계와 언론 보도에 따르면 남 변호사는 10월 28일 서울중앙지법에서 열린 대장동 의혹 공판에서 지난 2015년 김만배 씨가 대장동 사업의 '이재명 지분'을 언급한 적 있다는 취지로 발언했다.

2021년 10월 공개된 '정영학 녹취록' 일부 내용에 따르면 김 씨는 "천화동인 1호가 내 것이 아닌 걸 잘 알지 않느냐"며 "절반은 '그분' 것"이라고 언급한 바 있다. **천화동인 1호는 대장동 민간사업자 지분의 약 30%를 보유해 전체 배당금**(4040억원) **중 가장 많은 1208억원을 챙겼다.**

국민의힘은 녹취록에서 언급된 '그분'이 대장동 개발 당시 성남시장이던 이 대표를 지칭하는 것이라고 주장했고, 김 씨는 '그분' 발언과 관련해 오락가락하는 해명을 내놨다. 이어 대장동 재판 과정에서 공개된 '정영학 녹취록' 추가 내용엔 이 대표의 이름이 수차례 등장하면서 결국 사건 '윗선'엔 이 대표가 있던 것 아니냐는 의혹이 짙어졌다.

앞서 10월 25일에는 대장동 의혹으로 구속됐다가 1년 만에 석방된 **유동규 전 성남도시개발공사 기획본부장이 폭로를 이어갔다.** 그는 "형제라고 불렀던 사람들에게 배신감을 느꼈다. 내가 벌 받을 건 받고 이재명 명령으로 한 건 이재명이 받아야 한다. (이 대표를) 천천히 말려 죽일 것"이라고 말하며 연쇄 폭로전을 예고했다.

민주당·이재명 향하는 검찰 칼끝

검찰은 '불법 대선자금 수수' 혐의로 구속된 김용 민주연구원 부원장을 불러 조사한 뒤 11월 8일 김 부원장을 ■**정치자금법** 위반 혐의로 기소했다. 김 부원장은 유동규 전 본부장을 통해 대장동·위례신도시 개발을 주도한 민간사업자인 남욱 변호사로부터 2021년 4~8월 대선자금 명목으로 4회에 걸쳐 8억4700만원을 불법 수수한 혐의를 받는다.

검찰은 김 부원장 기소 하루 만에 **이재명 대표의 '오른팔'로 불리는 최측근 정진상 당 대표 정무조정실장**의 자택을 압수수색했다. 검찰은 정 실장의 사무실이 있는 여의도 민주 당사에도 검사와 수사관을 보내 압수수색을 시도했다. 정 실장은 유동규 전 본부장 등 이른바 '대장동 일당'에게 1억원 가까운 뒷돈을 받은 혐의(특가법상 뇌물, 부패방지법 위반)를 받는다.

검찰은 유 전 본부장과 남욱 변호사 등으로부터 이 대표가 성남시장 재선에 도전한 2014년 지방선거 무렵 5000만원, 2020년 4000만원 등을 정 실장에게 전달했다는 진술을 확보했다. 검찰은 당시 정 실장이 성남시 정책비서관, 경기도 정책실장을 지내며 업무상 알게 된 개발 정보를 남 변호사 등 민간사업자에게 흘려 이들이 거액의 개발 이익을 챙길 수 있게 해 준 것으로 보고 있다.

■ **정치자금법 (政治資金法)**

정치자금법은 정치자금의 적정한 제공을 보장하고 그 수입과 지출 내역을 공개하여 투명성을 확보하여, 정치자금과 관련한 부정을 방지함으로써 민주정치의 건전한 발전에 기여함을 목적으로 한다. 정치자금법에 의하여 1회 120만원을 초과하여 정치자금을 기부하는 자와, 선거비용 외의 정치자금으로 50만원을 초과하여 지출하는 자, 선거비용으로 20만원에 초과하는 금액을 지출하는 자는 수표나 신용카드·예금계좌 입금 그밖에 실명이 확인되는 방법으로 기부 또는 지출하여야 한다. 다만 현금으로 연간 지출할 수 있는 정치자금은 연간 지출총액의 100분의 20(선거비용은 선거비용 제한액의 100분의 10)을 초과할 수 없다. 특히 누구든지 타인의 명의나 가명으로 정치자금을 기부할 수 없다.

尹 시정연설에 민주당 헌정사 최초 보이콧

▲ 윤석열 대통령이 2023년도 예산안 및 기금운용계획안에 대한 시정연설을 하고 있다. (자료 : 대통령실)

더불어민주당이 당초 공언한대로 10월 25일 윤석열 대통령의 2023년도 예산안 ■**시정연설**에 전면 불참했다. 야당 의원들이 대통령이 직접 나서는 시정연설에 입장조차 하지 않은 채 전면 보이콧한 것은 헌정사상 처음이다.

민주당 오영환 원내대변인은 이날 의원총회를 마친 뒤 "민주당 의원은 오늘 전원 본회의장에 입장하지 않는다"고 밝혔다. 야당 의원들이 국무총리 대독 형식의 시정연설에 불참한 적은 있으나, 대통령 직접 연설에 입장조차 하지 않은 건 유례없는 일이다.

민주당은 검찰의 당사 압수수색 시도 이후 **윤 대통령의 해외 순방 중 '비속어 논란', 종북 주사파 발언, 검찰과 감사원의 전방위적 수사·감사에 대해 사과하지 않으면 협치의 의지가 없다는 것으로 간주하겠다**며 시정연설을 거부하겠다는 뜻을 밝혀 왔다.

윤 대통령 "건전 재정·약자 복지" 방점

윤 대통령은 이날 민주당 의원 169명이 불참한 가운데 내년도 예산안 국회 시정연설에서 **건전한 재정과 약자 복지**를 국정기조로 제시했다. 윤 대통령은 "그동안 정치적 목적이 앞선 방만한 재정 운용으로 재정수지 적자가 빠르게 확대됐고, 나랏빚은 GDP(국내총생산)의 절반 수준인 1000조원을 이미 넘어섰다"고 말했다. 윤 정부가 편성한 내년도 예산안 총지출 규모는 639조원으로 2010년 이후 처음으로 전년 대비 예산을 축소 편성했다.

윤 대통령은 "우리 정부는 재정 건전화를 추진하면서도 서민과 사회적 약자들을 더욱 두텁게 지원하는 '약자 복지'를 추구하고 있다"고 말했다. 약자 복지의 방안으로는 **▲4인 가구 기준 ■생계급여 최대 지급액 인상 ▲저임금 근로자·특수형태 근로종사자·예술인 사회보험 확대 지원 ▲장애 수당 인상** 등을 약속했다.

제1 야당이 초유의 시정연설 전면 거부를 결정함에 따라, 예산 및 법안 심사 등을 앞둔 정기국회에서 여야 대치는 더욱 심화할 것으로 보인다. 10월 26일 윤 대통령은 민주당의 시정연설 보이콧을 두고 "정치 상황이 어떻더라도 과거 노태우 대통령 시절부터 지금까지 30여 년간 우리 헌정사에서 하나의 관행으로 굳어져 온 것이 어제부로 무너졌다"고 말했다.

■ 시정연설 (施政演說)

시정연설은 정부가 국회에 예산안을 제출하는 시점에 대통령이 국회에서 예산안은 물론 국정 전반에 대해 설명하는 연설이다. 국회법 제84조의 '예산안에 대하여는 본회의에서 정부의 시정연설을 듣는다'는 조항에 따라 이뤄진다. 헌정사상 최초의 시정연설은 노태우 전 대통령(1988년 10월)이 했다. 우리나라는 취임 첫해 대통령이 국회에서 시정연설을 하고 이후 국무총리가 시정연설을 대독하는 것이 관행처럼 돼 있었다. 문재인 전 대통령은 이러한 관례를 깨고 취임 후 한 해도 거르지 않고 추가경정예산을 포함해 총 6차례 시정연설을 했다.

■ 생계급여 (生計給與)

생계급여는 수급자에게 의복, 음식물 및 연료비와 그 밖에 일상생활에 기본적으로 필요한 금품을 지급하여 그 생계를 유지하게 하는 것을 말한다. 급여별 선정기준은 기준 중위소득 대비 일정 비율을 적용해 결정한다. 기준 중위소득 대비 생계급여는 30%, 의료급여는 40%, 주거급여는 47%, 교육급여는 50% 이하 가구에게 지급한다. 4인 가구를 기준으로 2023년 기준 급여별 선정기준은 생계급여 162만289원, 의료급여 216만386원, 주거급여 253만8453원, 교육급여 270만482원 이하이다. 생계급여는 선정기준이 곧 최저보장수준으로, 최대 급여액은 4인 가구 기준 2022년 153만6324원에서 2023년 162만89원으로 올랐다.

조상준 국정원 기조실장 전격 사의

윤석열 대통령의 최측근으로 꼽히는 조상준 국가정보원 기획조정실장이 10월 25일 돌연 사의를 표명했다. 윤 대통령은 당일 저녁 즉각 사표를 수리했다.

대통령실 측은 10월 26일 브리핑에서 "어제(25일) 조 기조실장이 대통령실 유관 비서관에게

사의를 표명해 대통령실은 임면권자인 윤 대통령에게 보고하고 국정원장에게 사의 표명 사실을 전달했다"면서 "윤 대통령은 이날 저녁 이를 재가했고 면직 날짜는 오늘(26일)"이라고 말했다. 사유에 대해선 "일신상의 이유로 사의를 표명했고 수용됐다"라고만 밝혔다.

국정원 기조실장은 국정원 인사와 예산을 총괄하는 핵심 요직이다. 윤 대통령이 검찰 총장 재직 시절 대검 형사부장을 지낸 조 기조실장은 윤 대통령의 최측근으로 꼽힌다. 조 실장이 임명 4개월 만에 국정원에 대한 국회 ▪**국정감사**를 하루 앞두고 물러나면서 각종 해석이 제기됐다.

여권 일각에서는 **국정원 인사 및 내부 개혁 방향과 관련해 조 기조실장과 김규현 국정원장 간 갈등설**도 제기됐다. 다만 조 기조실장에 대한 윤 대통령이 신뢰가 깊었던 상황이라 이보다는 개인적인 문제 때문이라는 분석이 많다. 윤 대통령은 조 기조실장의 사의 배경과 관련해 '개인적인 사유'라고 전하며 추가적인 내용 공개는 어렵다고 밝혔다.

▪ **국정감사 (國政監査)**

국정감사란 국회가 행정부의 국정 수행이나 예산 집행 등 국정 전반에 대해 벌이는 감사 활동이다. 법제사법위원회(법사위), 외교통일위원회 등 소관 상임위원회별로 해마다 30일 이내의 기간을 정해 감사를 시행한다. 국정감사의 대상 범위는 '국정감사 및 조사에 관한 법률(국감국조법)'에 따라 국정 전반이다. 이 외에도 본회의가 의결했다면 지방행정기관, 지방자치단체, '감사원법'에 따른 감사원의 감사 대상기관도 국감 대상기관이 될 수 있다.

여야, 해군 日 욱일기 관함식 참가 둘러싸고 공방

일본 해상자위대 창설 70주년 기념 국제 ▪**관함식**에 참가하는 우리 해군 군수지원함 소양함(1만 1000톤급)이 11월 1일 일본에 도착했다. 해군은 11월 6일부터 관함식 본행사에 참석했다.

해군에 따르면 소양함은 10월 29일 진해항을 출항했으며, 11월 1일 오후 12시쯤 일본 요코스카항에 입항했다. 당초 계획했던 다양한 친선 교류 활동은 이태원 참사 희생자를 애도하는 차원에서 취소했다.

11월 6~7일 일본 도쿄만 일대에서 열리는 조난·화재 선박에 대한 인도주의적 차원의 수색 및 구조를 위한 훈련에는 한국과 일본을 비롯해 미국, 영국, 호주, 캐나다, 인도, 인도네시아, 말레이시아, 파키스탄, 싱가포르, 태국, 브루나이 등 13개 관함식 참가국 소속 함정 30척, P3C 해상초계기 등이 함께했다.

우리 군이 일본 해상자위대 관함식에 참석한 것은 2015년 이후 약 7년 만이다. 2018년 제주도에서 진행된 국제 관함식에는 일본이 참여하지 않았다. 당시 우리 정부는 '■**욱일기** 대신 일장기를 게양하라'고 주장했고, 이에 반발한 일본 해상자위대는 최종적으로 관함식에 참여하지 않았다.

여야 정치권은 일본 욱일기가 등장하는 관함식에 해군이 참가하는 것에 대해 적절성 여부를 두고 공방을 벌였다.

설훈 더불어민주당 의원은 10월 31일 국회 국방위원회 전체회의에서 해상자위대 깃발이 욱일기와 유사하다고 지적하며 "**욱일기에 경례하는 것은 일제 침략을 인정한다는 것 아닌가.** (관함식 참석은) 잘못된 판단이고 국민의 분노가 있을 수밖에 없다"고 밝혔다.

하지만 여당은 관함식 참석이 국익에 부합하는 결정이라고 반박했다. 임병헌 국민의힘 의원은 "**국제관함식에 참석하기로 결정할 때 장점이 단점보다 많다**고 판단했을 것"이라며 "다국적 연합훈련이 역내 해양 안보협력에도 기여한다"고 말했다.

박진 외교부 장관은 국회 외교통일위원회 전체회의에 출석해 "일본과 과거 김대중 정부 시기를 포함해 관함식에 상호 참가한 바가 있다. 노무현 정부에서는 일본 해상자위대 함정이 우리 해군과의 친선행사를 위해 자위함기를 게양한 상태로 인천항에 입항한 바 있다"고 말했다.

■ 관함식 (觀艦式)

관함식이란 국가의 원수나 군 최고 통수권자 등이 해군 함대를 검열하는 의식이다. 과거에는 출전에 앞서 해군의 전투 준비 태세와 사기를 검열하기 위해 실시했다. 현대의 관함식은 자국의 해군력을 집결시켜 장병들의 군기를 검열한다. 또한 관함식에 참석하는 외국 함정은 주최국의 주빈이 탑승한 함정을 향해 경례를 해야 한다.

■ 욱일기 (旭日旗)

욱일기는 일본의 국기인 일장기에 붉은 태양 문양 주위로 붉은 햇살이 퍼져나가는 모양을 덧붙여 형상화한 깃발로, 일본 군국주의 상징이다. 태평양전쟁 등 일본이 아시아 각국을 침략할 때 육군과 해군에서 군기로 사용돼 전범기로 분류되며 한국 등 일제 피해국에서는 금기시된다. 독일이 나치의 상징인 하켄크로이츠(Hakenkreuz)의 사용을 법적으로 금기시하고 있는 것과는 달리 일본에서는 여전히 해상자위대 자위함기와 육상자위대 자위대기로 사용하고 있어 논란이 되고 있다.

정진석 "민주당이 尹 퇴진 촛불집회 관여"

▲ 11월 7일 열린 국민의힘 이태원 사고조사 및 안전대책 특별위원회

이태원 참사 희생자를 추모하는 집회에서 윤석열 대통령을 규탄하며 퇴진 구호가 나온 것과 관련해 국민의힘이 이를 '패륜적 정치 선동'이라고 비난했다. 장동혁 국민의힘 원내대변인은 11월 6일 논평에서 "(추모 집회를 주도한) 촛불승리전환행동이라는 단체는 윤석열 정부 퇴진을 외치며 대통령을 향한 욕설도 서슴지 않았다"며 "**국민의 슬픔을 정치 선동에 이용하는 무도한 행위를 중단하기 바란다**"고 말했다.

정진석 국민의힘 비상대책위원장은 11월 7일 비

대위 회의에서 더불어민주당이 윤 대통령 퇴진 운동 집회에 조직을 동원한 배후라고 주장했다. 정 비대위원장은 "민주당은 정권 퇴진 운동 전문 정당인가. 제대로 출범도 못한 윤 대통령을 끌어내리겠다고 당 조직을 동원한 민주당은 국민에게 사과해야 한다"라고 비판했다.

정 비대위원장은 "이태원 사고가 발생한 10월 29일 저녁 광화문에서 정권 퇴진 촉구 대회가 열렸다. 이 집회의 '이심민심'이라는 단체는 최대 81대 버스를 동원했다. 서울 시내 경찰 기동대가 이 질서 유지에 투입된 날 밤 이태원 참사가 벌어졌다"고 꼬집었다.

그러면서 "이심민심 대표는 지난 대선 때 이재명 민주당 후보 시민소통본부 상임본부장을 맡았던 사람이며 (이심민심) 텔레그램방에 송영길 전 의원, 박홍근 원내대표를 비롯해 민주당 전현직 의원 수십 명이 포함됐다"고 주장했다.

민주 "야당 탓 추태"

임오경 민주당 대변인은 "참사에 분노한 민주당원과 국민의 자발적 활동을 **침소봉대**(針小棒大 : 바늘을 몽둥이만 하다고 함, 작은 일을 크게 불려 떠벌림)해 정치 공세를 퍼붓는 것이야말로 패륜"이라며 "국민 탓, 언론 탓, 전 정부 탓도 모자라 이젠 야당 탓을 하겠다니 부끄러운 줄 모르는 추태"라고 했다.

민주당 대책본부 국민추모단장인 유기홍 의원은 "당이 조직적으로 (정권 퇴진 촉구 대회에) 인력을 동원했다는 보도는 사실이 아니다"라며 "시민단체 자체적 추모 문화제였고 당은 공식 참여한 바 없다"고 선을 그었다.

+ 역대 주요 촛불집회

- 2002년 11월 : 미군 장갑차 여중생 사망 사건 추모 촛불집회
- 2004년 3~4월 : 노무현 대통령 탄핵 소추안 통과 반대 촛불집회
- 2008년 5월 : 미국 광우병소 수입 반대 촛불집회
- 2009년 2월 : 용산 참사 추모 촛불문화제
- 2016년 10월~2017년 5월 : 박근혜-최순실 게이트 규탄 및 박근혜 대통령 퇴진 운동 촛불집회
- 2019년 9월~12월 : 조국 수호 및 검찰, 언론 개혁 촛불집회

尹 대통령, 이주호 교육장관 임명... 1기 내각 완성

▲ 윤석열 대통령이 이주호 교육부 장관을 임명했다.

윤석열 대통령은 11월 7일 이주호 사회부총리 겸 교육부 장관을 임명했다. 이로써 **윤석열 정부 출범 약 6개월 만에 18개 부처 장관 임명이 마무리**됐다. 대통령실 대변인실은 이날 언론 공지를 통해 윤 대통령이 이주호 부총리 겸 교육부 장관 임명을 재가했다고 밝혔다.

국회 교육위원회는 10월 28일 이 후보자에 대한 ■**인사청문회**를 실시했지만 여야 이견으로 보고서 채택에는 이르지 못했다. 이에 윤 대통령은 11월 2일 국회에 인사청문경과보고서를 11월 4일까지 재송부해달라고 요청했으나 교육위가 응하지 않으면서 장관 임명을 단행했다.

이에 따라 **윤석열 정부 출범 이후 인사청문보고서 채택 없이 임명된 장관급 인사는 14명**으로 늘어났다. 앞서 박진 외교·이상민 행정안전·원희룡 국토교통·박보균 문화체육관광·한동훈 법무·김현숙 여성가족·박순애 전 교육부 장관과 김창기 국세청장, 김승겸 합참의장, 김주현 금융위원장, 윤희근 경찰청장, 이원석 검찰총장, 한기정 공정거래위원장 등 13명이 청문보고서 채택 없이 임명됐다.

11월 7일부로 18개 부처 장관이 모두 채워지면서 윤석열 정부 출범 181일 만에 1기 내각이 완성됐다. 이는 역대 정부와 비교할 때 두 번째 늦은 기록이다. 대통령직인수위원회를 거치지 않아 직접 비교는 어렵지만, 가장 늦은 기록은 문재인 정부로 출범 195일 만에 내각 구성이 완료됐다.

■ **인사청문회 (人事聽聞會)**

인사청문회는 대통령이 임명한 행정부의 고위 공직자를 임명할 때 국회의 검증절차를 거치게 함으로써 행정부를 견제하는 제도로, 2000년 6월 인사청문회법을 제정함으로써 도입됐다. 정부가 국회에 임명동의안을 제출하면 국회는 인사청문회를 거쳐 20일 이내에 국회 본회의 표결에 회부, 처리해야 한다.

인사청문회 대상이 되는 공직후보자 가운데 대법원장, 대법관, 헌법재판소장, 국무총리, 감사원장과 국회에서 선출하는 헌법재판소 재판관 및 중앙선거관리위원회 위원은 국회의 임명 동의를 필요로 한다.

그 외 국회에서 선출하지 않는 헌법재판소 재판관 및 중앙선거관리위원회 위원, 국무위원(장관), 방송통신위원회 위원장, 국가정보원장, 공정거래위원회 위원장, 금융위원회 위원장, 국가인권위원회 위원장, 국세청장, 검찰총장, 경찰총장, 합동참모의장, 한국은행 총재, 특별감찰관, 한국방송공사 사장의 경우 국회 인준 절차가 이루어지지 않는다.

문 전 대통령 풍산개 파양 논란

▲ 문 전 대통령이 반납한 풍산개 '곰이'와 '송강'

문재인 전 대통령이 북한 김정은 국무위원장으로부터 선물 받아 양산 사저에서 키우던 풍산개 한 쌍과 새끼 1마리를 국가에 반납하기 위한 협의를 정부에 요청한 것으로 드러났다. 11월 7일 행정안전부에 따르면 문 전 대통령 측은 최근 행안부 대통령기록관에게 퇴임과 함께 경남 양산 사저로 데려갔던 풍산개 3마리의 관리 협의 요청을 했다.

문 전 대통령은 **2018년 9월 3차 남북정상회담** 뒤에 김정은 국무위원장에게 풍산개 '곰이'와 '송강이'를 선물 받았다. 문 전 대통령은 퇴임 후 청와대를 나오면서 곰이, 송강이 그리고 곰이가 낳은 새끼 7마리 중 '다운이'까지 3마리를 경남 양산 사저로 데려가 함께 지내왔다.

▪대통령기록관 설명에 따르면 **대통령기록물법상 국가 원수 자격으로 받은 풍산개들 역시 대통령기록물로 분류되므로, 대통령 퇴임 시 대통령기록관으로 이관하는 것이 원칙**이다. 그러나 대통령기록관은 동식물을 관리·사육할 시설을 갖추지 않았고, 키우던 주인과 사는 것이 동물복지 차원에서도 바람직하다는 판단에서 문 전 대통령의 임기 마지막 날인 지난 5월 9일 문 전 대통령에게 풍산개를 맡기는 협약을 체결했다.

협약은 대통령기록관에 관리 시설이 없는 점 등을 고려해 문 전 대통령에게 풍산개를 맡기고 사육에 필요한 예산을 지급한다는 내용을 담았다. 대통령기록관은 동식물인 대통령기록물은 전 대통령에게 관리 비용을 지원하고 맡길 수 있도록 하는 시행령을 마련하고자 했으나 아직까지 이뤄지지 않았다.

문 전 대통령 측은 "행안부가 6월에 시행령 개정을 입법 예고했지만 대통령실의 이의 제기로 국무회의에 상정되지 못했다"고 주장했다. 대통령실은 "관련 부처 협의 중이며 시행령 개정이 무산된 것은 아니다"라고 반박했다. 문 대통령 측은 11월 8일 곰이와 송강을 반환했다. **여당은 파양을 했다며 문 전 대통령 측을 비판했고 야당은 법령 미비 때문이라며 현 정부에 책임을 돌렸다.**

▪ 대통령기록관 (大統領記錄館)

대통령기록관은 대통령의 주요 정책 결정 과정, 보고에 대한 지시 또는 언행 따위와 관련된 각종 기록과 같은 대통령 기록물을 수집·정리·보존·관리하는 기관이다. 국정운영의 투명성과 책임성을 확보하여 민주주의 발전에 기여하기 위한 목적으로 운영된다. 2007년에 대통령기록물 관리에 관한 법률이 제정되었고 그해 7월 28일 시행되었으며, 2015년 5월에는 세종특별자치시에 대통령기록관 신청사가 준공됐다.

대통령 전용기에 MBC 탑승 불허 논란

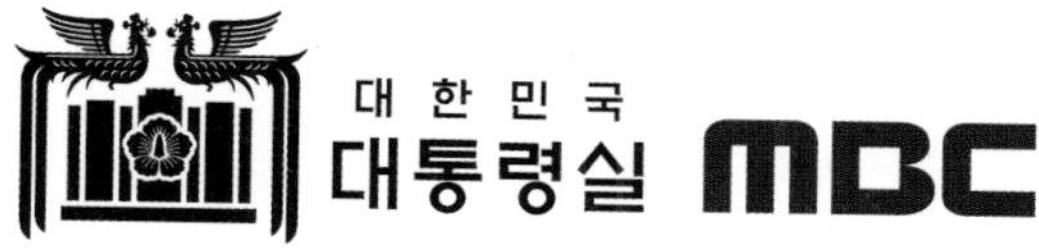

대통령실이 윤석열 대통령의 첫 동남아 순방 출국을 이틀 앞둔 11월 9일 MBC 출입 기자들에게 '대통령 전용기' 탑승을 허용하지 않겠다고 통보했다. MBC는 별도 입장을 내고 "언론 취재를 명백히 제약하는 행위"라고 반발했다.

대통령실과 MBC에 따르면 대통령실은 이같이 전하며 "전용기 탑승은 외교·안보 이슈와 관련해 취재 편의를 제공해오던 것으로, **최근 MBC의 외교 관련 왜곡·편파 보도가 반복된 점을 고려해 취재 편의를 제공하지 않기로 했다**"고 말했다. 대통령은 통상 해외 순방 시 공군 1호기인 전용기를 이용하며 출입기자단도 이에 동승한다.

여야는 이를 두고 설전을 벌였다. 여당은 "MBC를 언론이라고 칭하는 것 자체가 부끄럽다"며 대통령실을 옹호했고, 야당은 "언론을 나팔수로 길들이겠다는 비열한 의도"라고 비난했다. 권성동 국민의힘 의원은 "언론도 언론의 탈을 썼다고 다 언론이 아니다. MBC는 편파·왜곡 방송을 했다"며 "MBC를 언론으로 규정하는 것이 맞느냐, 개인적으로 반대한다"고 말했다.

반대로 고민정 민주당 의원은 "대통령 전용기가 대통령 개인의 사유물인 양한다"며 "언론탄압이고 언론을 정권의 나팔수로 길들이겠다는 굉장히 비열한 의도 드러낸 것"이라고 지적했다.

한국기자협회 등 언론단체들은 긴급 공동성명을 내고 "헌법이 규정한 언론자유에 대한 명백한 도전"이라고 규탄했다. 이들 단체는 "대통령실이 권력 비판을 이유로 특정 언론사에 대해 취재 제한 및 전용기 탑승을 배제하는 것은 대한민국 헌정사에서 유례를 찾을 수 없는 언론탄압이자 폭력"이라고 주장했다.

+ 블루리본 (blue ribbon)

블루리본은 온라인상에서 표현의 자유를 지키기 위한 운동의 심볼이다. 1995년 미국의회에서 공공통신망에 저속한 자료를 올릴 경우 형사처벌을 할 수 있다는 통신품위법이 통과되자, 이에 반대하는 네티즌들이 '언론 자유의 죽음에 대한 조의'의 의미로 자신의 홈페이지에 파란색 리본 그림을 올린 것에서 기원했다. 이후 세계 각국에서 자국 정부의 언론 검열이나 통제 등에 반대하는 네티즌들이 블루리본운동을 펼치고 있으며, 우리나라의 블루리본운동은 1996년 4월부터 시작됐다.

윤 대통령 부부, 한남동 관저 입주

윤석열 대통령이 11월 8일 취임 6개월여 만에 서울 용산구 한남동 관저에서 출근했다. 이로써 **대통령 당선 이후 공약이던 '집무실 용산 이전'에 따른 한남동 관저 이사를 마무리**하고 입주를 완료한 것으로 보인다.

윤 대통령과 김건희 여사는 취임 이후 서초동 사저에서 머물렀으며, 한남동 관저 공사가 지난 7월 중순쯤 마무리된 이후에 수시로 이삿짐을 옮

▲ 용산구 한남동 대통령 관저

겨온 것으로 알려졌다. 이에 대통령실은 경호·보완 시설을 보강하기 위한 후속 조치가 이뤄지면서 입주 시기가 늦춰졌다고 설명해 왔다.

11월 7일 국회 예산결산특별위원회 전체회의에 참석한 김종철 대통령 경호차장이 A 경호관과 주고받은 문자 메시지가 언론 카메라에 찍히면서 이사가 마무리됐음을 추정할 수 있었다.

한편, 대통령실은 윤 대통령 취임 이후 한남동의 기존 외교부 장관 공관을 대통령 관저로 사용하기 위해 리모델링 공사를 진행했으며, 리모델링 공사에는 12억2400만원의 예산이 투입됐다.

윤 대통령의 출근길은 서초동 사저에서 용산 대통령실 집무실까지 교통 통제 하에 10분 정도 걸렸는데, 윤 대통령 부부가 한남동 관저에 입주 완료함에 따라 절반인 5분 정도로 줄어들 전망이다.

+ 대통령실 용산 이전 비용은 517억원? 1조806억원?

대통령실은 현재까지 소요된 대통령 관저 공사비는 당초 제시한 496억원에 관저 공사비 추가분 21억원을 합친 517억원이라고 밝혔다. 이는 대통령실 이전 비용

은 대통령실 이전에 직접 관련된 비용, 즉 '이사 비용'에 국한해야 한다는 의미로 해석된다.
그러나 민주당은 대통령실 이전으로 인해 발생한 비용이 총 1조806억원이라고 주장한다. 민주당은 대통령실 이전 비용은 올해 지출된 것만 따져도 대통령실이 밝힌 517억원을 70%가량 웃도는 876억원이고, 내년에는 거의 4배인 1948억원으로 늘어날 것으로 예상하고 있다. 여기에 국방부와 청사를 공유하고 있는 합참을 남태령 수도방위사령부로 이전하는 데 따른 비용(2980억원), 미군 용산 잔류기지 대체부지 마련 비용(3억원), 군 경비경호·경비부대 및 방공부대 이전 비용(2000억원)까지 포함해야 한다는 것이다.

'서해 피격' 서욱·김홍희 구속적부심 인용 석방

▲ 서욱 전 국방부 장관(왼쪽)·김홍희 전 해양경찰청장

'서해 공무원 피격 사건'으로 구속된 김홍희 전 해양경찰청장이 11월 11일 석방됐다. 서울중앙지법 형사항소5-3부는 전날 김 전 청장의 ■**구속적부심**을 진행한 뒤 이날 인용을 결정했다. 구속적부심은 구속된 피의자가 법원에 구속의 적법성을 다시 판단해 달라고 요청하는 절차다.

재판부는 김 전 청장이 증거를 인멸할 염려가 있거나, 사건 관련인에게 해를 가할 우려가 없다며 석방 결정을 내렸다. 다만 보증금 1억원, 주거지 거주, 사건 관계인 접촉 금지 등의 조건이 붙었다. 앞서 석방된 서욱 전 국방부 장관과 같은 조건이다.

김 전 청장은 2020년 9월 서해상에서 숨진 해양수산부 공무원 고(故) 이대준 씨 사건을 수사한 해경 총책임자로, 직권남용·허위공문서 작성 혐의로 10월 22일 구속됐다. 그는 확인되지 않은 증거를 사용하거나 기존 증거 은폐, 실험 결과 왜곡 등을 통해 이 씨가 자진 월북했다고 속단하고 수사 결과를 발표한 혐의를 받는다.

서 전 장관은 이 씨가 자진 월북했다는 정부 판단이 서자, 이에 배치되는 감청 정보 등 기밀을 군사정보통합처리체계(MIMS·밈스)에서 삭제하도록 지시한 혐의(공용전자기록 손상) 등으로 구속됐다가 풀려났다.

■ 구속적부심 (拘束適否審)

구속적부심이란 피의자의 구속이 합당한지를 법원이 다시 심사해 구속이 부당하다고 판단되면 구속된 피의자를 석방하는 제도로, 영장실질심사를 통해 인신 구속으로 인한 국민의 인권과 권리의 부당한 침해를 막기 위해 시행되고 있다. 적법하지 않은 절차나 권한이 없는 자에 의해 불법으로 구속된 사람을 구제하기 위하여 법원에 인신보호영장을 신청하는 제도로 피의자 변호인, 배우자, 가족, 호주, 고용주가 청구할 수 있으며 구속후의 사정변경(피해변제, 합의고소취소 등)도 사유가 된다. 적부심이 청구되면 법원은 지체 없이 구속자를 심문하고, 심문 후 24시간 이내에 석방여부를 결정해야 한다.

분야별
최신상식

경제 산업

이재용 10년 만에 삼성전자 회장 취임

■ **초격차(超隔差)**

초격차는 삼성그룹의 경영 전략이자 기업 문화로서 '2위와의 격차를 크게 벌려 아예 추격이 불가능하도록 만든다'는 뜻이다. 삼성전자 혁신의 주역으로 꼽히는 권오현 전 회장이 33년간 삼성에 몸담으며 쌓은 경험을 바탕으로 2018년『초격차』라는 경영전략서를 펴내 주목을 받았다. 이 책에 따르면 초격차는 비교할 수 없는 절대적 기술 우위와 끊임없는 혁신과 함께 구성원들의 격을 높이는 것을 의미한다. 기술은 물론 조직, 시스템, 인재 배치, 문화에 이르기까지 모든 부문에서 누구도 넘볼 수 없는 격을 높이는 것이 초격차의 의미다.

사외의사가 승진 안건 발의…"과감한 의사결정 절실"

이재용(사진) 삼성전자 부회장이 2012년 부회장으로 승진한 지 10년 만에 회장직에 올랐다. 이미 그룹 총수로 경영 전반을 진두지휘하긴 했지만, **공식적으로 '삼성 회장' 타이틀을 달면서 본격적으로 '이재용의 삼성' 시대가 문을 열었다.**

삼성전자는 10월 27일 이사회를 열어 이 부회장의 회장 승진을 의결했다고 밝혔다. 삼성전자 이사회는 글로벌 대외 여건이 악화하고 있는 가운데 ▲책임 경영 강화 ▲경영 안정성 제고 ▲신속하고 과감한 의사결정이 절실하다고 판단해 이같이 의결했다고 설명했다.

이재용 회장 승진 안건은 사외이사인 김한조 이사회 의장이 발의했으며, 이사회 논의를 거쳐 의결했다. 이에 따라 이 회장은 2018년 공정거래위원회로부터 삼성그룹의 동일인(총수)으로 지정된 지 4년여 만에 공식 회장 직함을 달게 됐다.

삼성전자가 이날 어닝쇼크(실적 충격)를 기록한 3분기 실적을 발표한 가운

데 재계 안팎에서는 글로벌 경기 침체 우려 속에 ■**초격차** 경쟁력을 유지하고 선제적으로 위기에 대응하려면 회장 취임과 강력한 리더십이 필요하다는 의견이 꾸준히 제기됐다.

별도 취임식 없이 법정 출석

이 회장은 이사회 의결 후 별도의 취임 행사 없이 예정대로 서울중앙지법에서 열린 '부당합병·회계부정' 의혹 사건의 1심 속행 공판에 출석했다. 오전 재판을 마치고 나온 뒤 기자들과 만난 이 회장은 "제 어깨가 많이 무거워졌다"며 "국민에게 조금이라도 더 신뢰받고 사랑받는 기업을 만들어보겠다"고 말했다.

이 회장이 취임 일성으로 "미래 기술에 우리의 생존이 달려있다"며 "세상에 없는 기술에 투자해야 한다"고 강조한 만큼 4차 산업혁명 시대를 선점하기 위한 밑그림을 보다 구체화할 전망이다.

회장 타이틀을 달고 경영 전면에 나서는 만큼 **바이오, 인공지능(AI), 차세대통신 등 미래 신산업 분야에서 적극적인 인수·합병(M&A)에 나설 것이라는 관측**도 나온다. 현재 태스크포스(TF) 수준인 삼성의 컨트롤타워가 정식 조직으로 복원될 지도 관심이 쏠린다. 삼성은 2017년 2월 말 그룹의 컨트롤타워였던 미래전략실(미전실)을 폐지하고 사업 부문별로 쪼개진 3개의 TF를 운영 중이다.

＋ 삼성 사법리스크

이재용 삼성전자 회장이 풀어야 할 과제 중 하나로 사법리스크가 꼽힌다. 삼성물산과 제일모직 합병 과정에서 법을 어겼는지, 삼성바이오로직스의 분식회계가 사실인지, 이런 내용이 사실일 경우 이 회장이 사전에 알고 지시한 바가 있는지가 여전히 논란의 대상이다.
가장 주목받는 논란은 삼성물산과 제일모직 합병의 불법 여부다. 두 회사의 합병은 이 회장이 삼성그룹 경영권을 확보하는 결정적 계기가 됐는데, 검찰은 삼성이 이 회장에 유리한 상황을 만들기 위해 주주들에게 피해를 준 것으로 보고 있다.
삼성바이오로직스와 관련한 분식회계 의혹도 논란이다. 삼성바이오로직스는 2014년 말 기준 제일모직이 45.7%의 지분을 가진 핵심 자회사였다. 이 회사의 가치가 높게 평가받을수록 제일모직의 가치도 올라가는 효과를 볼 수 있었던 셈이다. 그런데 검찰은 삼성바이오로직스가 자회사 부채를 감추며 가치를 부풀린(분식회계) 것으로 보고 있다. 이 밖에 검찰은 삼성물산과 제일모직의 합병 과정에서 삼성그룹 오너 일가가 웰스토리 자금을 동원한 것이 아닌지 수사를 진행 중이다.

POINT 세 줄 요약

❶ 이재용 삼성전자 부회장이 회장직에 올랐다.
❷ 미래 신산업 분야에서 적극적인 인수·합병(M&A)에 나설 것이라는 관측이 나왔다.
❸ 이사회 중심의 경영 기조는 이어갈 것으로 보인다.

차이나런 현실화…
코스피 반사이익 기대

제20차 중국 공산당 전국 대표대회에서 시진핑 중국 국가주석의 3연임이 결정된 가운데 차이나런 현상이 가속화됐다. **차이나런이란 중국**(차이나)**과 ■뱅크런의 합성어로서 글로벌 자본이 중국에서 급격히 빠져나가는 현상**이다.

시 주석은 '기업과 시장 통제를 통한 분배가 우선'이라며 반(反)시장적 경제 정책 기조를 공고히 하고 있다. 중국 정부는 알리바바·텐센트·징둥·디디추싱 등 거대 민영 테크 기업을 강력히 제재해왔다. 중국 금융 당국을 비판한 **■마윈** 알리바바 창업자를 몰락시켰고 세계 최대 규모가 될 것으로 기대를 모았던 알리바바 계열사 앤트그룹 상장을 가로막기도 했다.

시 주석의 종신 집권 1인 통치 체제가 실현되면서 글로벌 투자자들은 중국을 불안하게 바라보며 투자 자금을 빼내고 있다. 실제로 시 주석의 3연임 확정 후 중화권 증시가 모두 폭락했고 미국 증시에 상장된 중국 기업 65곳의 시가총액도 하루새 734억달러(약 105조4000억원)가량 증발했다.

차이나런으로 한국 증시가 반사 이익을 얻을 수 있으리란 기대감도 나온다. 지난 10월 한 달간 외국인 투자자는 코스피에서 3조470억원을 순매수하며 상승 기류를 이끌었다. 시장에서는 전통적으로 중국 증시와 강한 상관관계를 보였던 코스피가 중국 증시와 **디커플링**(decoupling : 탈동조화) 추세를 나타내는 현상을 이례적으로 보고 있다.

이를 두고 중국을 빠져나온 자금 일부가 한국에 유입된 것 아니냐는 분석이 나온다. 일례로 미국 연기금인 텍사스 교직원 퇴직연금은 지난 10월부터 신흥국에 투자하는 자금 중 중국 비중을 기존 35.4%에서 17.7%로 대폭 줄이는 대신 한국 비중은 11.2%에서 14.3%로 늘렸다.

■ 뱅크런 (Bank Run)

뱅크런은 은행의 대규모 예금인출사태를 뜻한다. 은행에 돈을 맡긴 사람들이 은행 건전성에 문제가 있다고 비관적으로 인식하면 그동안 저축한 돈을 인출하려는 생각을 갖게 될 것이다. 이렇게 되면 예금으로 다양한 금융활동을 하고 거기서 수익을 창출하는 은행의 입장에서는 당장 돌려줄 돈이 바닥나는 패닉 현상이 닥치게 되는데 이를 뱅크런이라 한다. 예금보험공사는 뱅크런으로 인한 은행의 위기를 막기 위해 은행이 문을 닫더라도 1인당 5000만원까지는 보호를 해주는 예금자보호법을 시행하고 있다.

■ 마윈 (馬雲, 1964~)

마윈은 중국 최대 전자상거래 업체인 알리바바 그룹의 창업자이다. 영어 강사 생활 중 인터넷의 잠재력을 눈여겨보고 홈페이지 제작 업체에 이어 1999년 알리바바를 설립했다. 2000년 소프트뱅크 손정의 회장이 마윈을 직접 만난 지 6분 만에 2000만달러 투자 결정을 내린 일화는 유명하다. 이 투자금은 2014년 알리바바가 뉴욕 주식 시장에 상장되며 578억달러로 3000배의 수익을 냈다. 마윈은 승승장구하다가 2018년 돌연 은퇴 결정을 내렸고 그룹의 소유권까지 포기했다. 이를 두고 중국 정부가 마윈을 견제한 결과라는 주장도 있다. 2020년 마윈은 중국 금융 당국 수뇌부가 모인 자리에서 중국 금융 당국의 보수성과 후진성을 비판했는데 이후 중국 당국은 알리바바의 핀테크 기업인 앤트그룹의 상장을 막고 앤트그룹을 사실상 국유화했다. 현재 마윈은 취미로 그림을 그리며 은거하고 있다고 알려졌다.

9월 생산·소비·투자 '트리플 감소'

9월 생산·소비·투자가 일제히 줄었다. 태풍 '힌남노' 침수 피해를 입은 포스코의 철강 생산 차질로 광공업 생산이 급감한 데다 지출 측면에서 소매판매와 설비투자가 동반 감소했기 때문이다.

한국 경제를 지탱하는 수출과 제조업이 둔화 흐름을 보이고 고물가와 고금리로 소비 회복세도 약화하고 있어 전반적으로 경기가 한풀 꺾이는 모습이다.

10월 31일 통계청이 발표한 '9월 산업활동 동향'에 따르면 9월 전산업 생산(계절조정·농림어업 제외)지수는 117.0(2015년=100)으로 전월 대비 0.6% 감소했다. 전산업 생산은 7월(−0.2%)과 8월(−0.1%)에 이어 석 달 연속 감소세다.

광공업 생산은 1.8% 감소했는데, 태풍 침수 피해와 반도체 업황 부진이 원인이었다. 제조업 중 1차 금속(−15.7%), 반도체(−4.5%), 자동차(−3.5%) 등에서도 생산이 줄었다. 어운선 통계청 경제동향통계심의관은 "태풍 힌남노 침수 피해로 주요 제철소 가동이 중단된 것이 광공업 부진에 가장 큰 영향을 미쳤다"며 "반도체도 중국 봉쇄 조치 여파와 IT 등 전방산업 부진 여파로 재고가 쌓이면서 생산이 감소했다"고 분석했다.

소비 동향을 보여주는 소매판매액지수(계절조정)는 120.8(2015년=100)로 1.8% 감소했다. 소비는 3월(−0.7%)부터 7월(−0.4%)까지 5개월 연속으로 감소했다가 8월 일시적인 반등에 성공했지만 한 달 만에 다시 감소세로 돌아섰다. 설비투자는 전월보다 2.4% 감소했다. 운송장비 투자는 11.5% 늘었지만, 반도체 제조설비 등 기계류 투자가 6.6% 줄었다. 건설기성은 보합이었다.

생산·소비·투자가 '트리플 감소'한 것은 지난 7월 이후 불과 두 달 만이다. 어 심의관은 "광공업 생산이 부진했고 서비스업 생산과 소매판매, 설비투자 등 내수도 조정을 받으면서 생산과 지출이 모두 감소했다"며 "경기 회복 내지 개선 흐름이 다소 약화하는 모습"이라고 진단했다.

+ 하방리스크 지수 (downside risk)

하방리스크 지수란 경제 하락을 일으킬 수 있는 위험요인인 하방리스크를 측정한 지수다. 2011년 한국은행이 금융 부문에서의 하방리스크를 미리 파악하기 위해 개발했다. 일종의 금융불안지수로 하방리스크가 커질수록 금융위기 가능성이 높아짐을 의미한다. 하방리스크 지수는 기존의 금융불안지수인 조기경보지표(EWI, Early Warning Indicators)나 금융스트레스지수(FSI, Financial Stress Index)와 달리 하방리스크 외의 요인은 반영하지 않는다.

은마아파트, 19년만에 재건축 심의 통과

▲ 서울 대치동 은마아파트

서울 강남의 대표적 노후 대단지인 대치동 은마아파트가 서울시 재건축 심의를 통과했다. 서울시는 10월 19일 이날 열린 제11차 도시계획위원회(도계위)에서 '은마아파트 주택재건축 정비계획 수립 및 정비구역 지정·경관심의안'이 수정가결 됐다고 밝혔다. 2017년 도계위에서 재건축 심의가 보류된 은마아파트는 5년 만에 다시 안건으로 상정됐다. **재건축 조합설립 추진위원회**(추진위)**가 설립된 지 19년 만**이다.

1979년 준공된 은마아파트는 총 28개동 4424세대로 이뤄졌다. 서울시는 "이번 심의를 통해 33개동 5778세대(공공주택 678세대)로 건립될 예정이며, 보행자-차량혼용 통로계획 및 공원조성 등 공공기여 계획으로 주변 생활권과 조화로운 정비계획을 수립해 인근 지역도 함께 주거환경이 개선될 것으로 기대된다"고 설명했다.

이날 통과된 은마아파트 정비계획안을 보면 높이는 최고 35층(118.4m)으로 지어진다. 건폐율 50% 이하, 상한 용적률은 250% 이하가 적용된다. 대상 면적은 총 24만3552.6m²로 91.6%는 공동주택으로 나머지 8.4%는 공원, 도로, 공공청사(파출소)로 이용될 계획이다.

은마아파트는 2003년부터 재건축이 본격적으로 추진됐다. 2017년 8월 최고 49층으로 재건축하겠다는 정비안을 도계위에 제출했지만, **서울시의 '35층 제한 규정'**에 걸려 '미심의' 결정을 받았고, 같은 해 12월 최고 층수를 35층으로 낮춘 수정안을 내놓았으나 보류 판정을 받은 뒤 도계위 소위원회에 묶여 있었다.

서울 재건축 시장의 분위기는 오세훈 시장이 취임하면서 달라졌다. 재건축 규제가 완화되면서 은마아파트 재건축 추진도 탄력을 받았다. 현재 재건축 조합 설립 추진 단계인 은마아파트는 조합설립을 거쳐 서울시 건축심의를 받을 예정이다.

+ 분양가상한제 (分讓價上限制)

분양가상한제란 주택을 분양할 때 택지비와 건축비에 건설업체의 적정 이윤을 보탠 분양가격을 산정하여 그 가격 이하로 분양하도록 정한 제도로, 집값 안정화의 일환이다. 1977년 분양상한가제가 도입되면서 분양가 규제가 시작되었다.
획일적인 상한가 규제로 주택공급 위축이 발생하자 1989년부터 분양가를 택지비, 건축비에 연동하는 원가연동제가 시행됐다가 1990년대 후반의 외환위기로 주택시장 경기가 침체되자 1999년 국민주택기금을 지원받는 공동주택 외에는 분양가격의 전면 자율화가 실시되었다. 2000년대 이후 부동산 경기가 과열돼 다시 공동주택의 분양가격을 규제하게 되었고, 2007년 주택법을 개정하여 분양가상한제를 전면 적용하였다.
2007년 주택법을 개정하여 민간택지에도 분양가상한제를 전면 적용했으나, 2015년 민간택지 분양가상한제는 폐지됐다. 2019년 8월 12일 정부는 민간택지 아파트에도 분양가상한제를 적용하도록 했으며 2019년 10월 29일부터 시행됐다.

1기 신도시 재건축

정부는 1기 신도시 재정비를 위한 선도지구(시범지구)를 ▲일산 ▲분당 ▲중동 ▲평촌 ▲산본 5개 신도시별로 지정했다. 형평성과 주민 반발을 고려해 한 곳이 아닌 5곳 모두 시범지구를 내기로 한 것이다. 원희룡 국토교통부 장관은 10월 24일 정부세종청사에서 1기 신도시 지자체장들과 간담회를 열어 재정비 선도지구 지정 방안에 대한 뜻을 모았다. 선도지구로 지정되면 신속한 후속 절차를 진행할 수 있도록 행정 절차를 단축해 준다. 자율주행, 도심항공교통(UAM) 등 미래도시 조성을 위한 기반시설도 우선 설치한다. 지자체들은 안전진단과 컨설팅 비용을 추가로 지원한다.

SK하이닉스 전년 대비 영업이익 60% 급감

SK하이닉스 영업익이 반토막이 나며 결국 감산에 돌입한다. SK하이닉스는 올해 3·4분기 연결기준 매출 10조9829억원, 영업이익 1조6556억원(영업이익률 15%), 순이익 1조1027억원(순이익률 10%)을 기록해 ▪**어닝쇼크**를 기록했다.

매출은 전분기 대비 20.5%, 전년 동기 대비 7%가 감소했다. **영업이익은 전분기 대비 60.5%, 전년 동기 대비 60.3%나 급감**했다. SK하이닉스는 전 세계적으로 거시경제 환경이 악화되는 상황에서 D램과 낸드 제품 수요가 부진해지면서 판매량과 가격이 모두 하락, 전분기 대비 매출이 감소했다고 분석했다.

10월 26일 경영실적 발표회를 통해 SK하이닉스는 경영환경의 불확실성이 지속되면서 메모리 반도체 산업이 전례 없는 시황 악화 상황에 직면했다고 진단했다. 이는 메모리 주요 공급처인 PC, 스마트폰을 생산하는 기업들의 출하량이 감소했기 때문이다.

다만 데이터센터 서버에 들어가는 메모리 수요는 단기적으로 감소하겠지만, 중장기적으로는 꾸준한 성장세를 탈 것으로 내다봤다. 인공지능(AI), 빅데이터, 메타버스 등 신산업 규모가 커지면서 대형 데이터센터 업체들의 투자가 지속되고 있어서다.

SK하이닉스 측은 "당사가 고대역폭 제품인 HBM3와 DDR5/LPDDR5 등 D램 최신 기술을 선도하고 있어, 장기 성장성 측면에서 회사의 입지가 확고해질 것"이라며 "올해 3분기 업계 최초로 238단 4D 낸드를 개발했고, 내년에 양산 규모를 확대함으로써 원가경쟁력을 확보해 수익성을 지속 높여갈 것으로 확신한다"고 강조했다.

한편, SK하이닉스는 앞으로 상대적으로 수익성이 낮은 제품을 중심으로 생산량을 줄여나갈 계획이라고 밝혔다. 일정기간 투자 축소와 감산 기조를 유지하며 시장 수급 밸런스 정상화를 추진할 계획이다.

■ 어닝쇼크 (earning shock)

어닝쇼크는 시장에서 예상한 것보다 기업이 저조한 실적을 발표해 주가에 영향을 미치는 현상을 일컫는 경제 용어다. 시장의 예상치보다 영업 실적이 저조한 경우 주가 하락으로 이어지는 경우가 일반적이다. '어닝(earning)'은 주식시장에서 기업의 실적을 의미하며, 분기 혹은 반기별로 기업이 영업 실적을 발표하는 시기를 '어닝시즌(earning season)'이라고 한다. 어닝쇼크와 반대로 시장의 예상보다 영업 실적이 높은 경우에는 어닝서프라이즈(earning surprise)'라고 한다.

대출로 연명...한국, 기업 부채 증가 속도 세계 2위

우리나라 기업들의 빚(부채)이 세계 35개 주요국(유로지역은 단일 통계) 가운데 두 번째로 빨리 불어나는 것으로 확인됐다. 더구나 채권시장 자금 경색 탓에 기업의 은행 대출이 앞으로 더 늘어나면, 기업 부채발(發) 금융 위기의 가능성도 갈수록 커질 것으로 우려된다.

10월 30일 국제금융협회(IIF)의 세계 부채(Global Debt) 보고서에 따르면 올해 2분기 기준으로 세계 35개 나라의 국내총생산(GDP) 대비 가계 부채 비율을 조사한 결과, 한국이 102.2%로 가장 높았다. 지난해 2분기 말 처음 **'가계 빚 세계 1위'** 타이틀을 얻은 뒤 1년째 오명에서 벗어나지 못하고 있다.

특히 조사 대상 국가 가운데 **가계 부채가 GDP를 웃도는 나라는 한국이 유일**했다. 우리나라에 이어 홍콩(94.5%), 태국(88.7%), 영국(83.2%), 미국(77.7%), 말레이시아(69.4%), 일본(64.0%), 중국(63.3%), 유로 지역(59.1%), 싱가포르(56.2%)가 10위 안에 들었다.

GDP 대비 한국 비금융 기업의 부채 비율은 2분기 기준 117.9%로 홍콩(279.8%), 싱가포르(161.9%), 중국(157.1%)에 이어 네 번째로 높았다. 직전 1분기에는 116.8%로 7위였는데, 불과 3개월 만에 세 단계나 뛴 셈이다.

한국 기업 부채 비율은 1년 사이 6.2%p(111.7→117.9%)나 올랐다. 베트남(+7.3%p·100.6%→107.9%)에 이어 세계 2위 증가폭이다. IIF는 보고서에서 "싸게 돈을 빌릴 수 있는 시대가 끝나가면서, 많은 기업이 이미 빚을 갚는데 어려움을 겪고 있다"며 "낮은 금리 덕에 많은 기업이 싼값의 대출로 연명해왔으나, 앞으로는 대출 비용(금리)이 오르면서 부도가 크게 늘어날 가능성이 있다"고 경고했다.

정부 부문 부채의 GDP 대비 비율(47.8%)은 24위로 다른 나라와 비교해 높은 편은 아니었다. 하지만 정부 부채 역시 증가 속도는 상위권에 속했다. 정부 부채 비율 증가폭은 1년 전, 직전 분기와 비교해 각 1.8%p(46.0→47.8%), 3.2%p(44.6→47.8%)로 10위와 5위에 올랐다.

경제 규모와 비교해 정부 부채가 가장 많은 나

라는 일본(251.1%)이었고, 1년간의 부채 증가 속도는 싱가포르(+28.6%p·147.6→176.2%), 중국(+6.3%p·69.9→76.2%)이 1, 2위를 차지했다.

+ 부채함정 (負債陷穽)

부채함정은 과도한 부채의 부실화로 실물경제와 금융시장이 받을 충격이 감당하기 어려울 만큼 커질 것으로 우려되면서, 중앙은행이 자산매입을 축소하거나 기준금리를 인상하기 어려워지는 상황을 의미한다. 즉 과도한 빚이 누적돼 부실화될 위험으로 인해 금리를 올릴 수 없는 딜레마에 빠진 상황이다.

한은, 증권사 등 RP 6조 규모 매입

한국은행이 증권사 등에 **■환매조건부채권(RP)** 매입을 통해 약 6조원의 유동성을 직접 공급한다. 또 한국은행과의 대출이나 금융기관 간 차액결제 거래를 위해 맡겨놓는 담보 증권 대상에 은행과 공공기관이 발행한 채권(은행채·공공기관채) 등을 추가해 숨통을 트기로 했다. 최근 채권 시장 등 곳곳에서 자금 경색 우려가 커지자 한은이 직·간접적으로 유동성 지원에 나서는 것이다. 총 42조 5000억원 규모의 유동성을 우회 지원하는 방안이 포함됐다.

한은 금융통화위원회는 10월 27일 오전 회의를 열고 증권사·증권금융 등을 대상으로 약 6조원 규모의 RP를 매입하기로 했다. 한은은 통화 조절 수단으로서 RP 매각을 통해 유동성을 흡수하는데, 이번에는 증권사 등의 자금난을 고려해 반대로 RP를 사들여 유동성을 공급하겠다는 것이다. 증권사 등이 **한은에 RP를 매각하고 자금을 받아 갈 때 맡기는 적격담보증권 종류도 기존 국채, 통안증권, 정부보증채뿐 아니라 은행채와 9개 공공기관 발행채권 등으로 늘어났다.**

이번 RP 매입은 한은이 사실상 시중에 직접 자금을 추가로 푸는 방식이다. 일각에서는 금리 인상을 통한 통화 긴축 기조와 상충하는 것 아니냐는 우려가 나왔다. 하지만 한은은 "최장 3개월 안에 풀린 유동성이 회수되고 과거 무제한 RP 매입 당시와 비교해 매입 규모도 작은 만큼 통화 긴축 정책과 충돌하지 않는다"고 설명했다.

금통위는 이날 은행 적격담보증권 대상을 은행채와 9개 공공기관이 발행한 채권까지 확대하는 방안도 의결했다. 대상 확대 기간은 11월 1일부터 3개월간이다. 한은은 은행 간 차액결제를 개별 은행 대신 먼저 해주고 나중에 돌려받는데, 은행의 지급 불이행을 대비해 여러 종류의 증권을 적격담보증권으로 받아 놓고 있다. 현재 한은이 담보로 인정해주는 증권은 주로 국채, 통안증권, 정부보증채 등의 국공채들이다. 하지만 이날 결정으로 은행은 은행채와 공공기관채 등도 적격담보증권으로 한은에 제공할 수 있게 됐다.

따라서 은행은 자신들이 보유한 은행채를 새로

맡기고 그만큼의 국공채를 찾아올 수 있는데, 안전성이 높은 국공채가 많아질수록 ■**유동성커버리지비율(LCR)**을 맞추기가 훨씬 수월해진다. LCR은 향후 30일간 순현금유출액 대비 현금·국공채 등 고유동성 자산의 비율로, 단기간에 급격히 예금 등이 빠져나갈 경우를 대비해 충분한 유동성을 갖추라는 취지의 규제다.

또 한은은 이날 **차익결제이행용 적격담보증권의 비율을 2023년 2월부터 기존 70%에서 80%로 높이기로 했던 계획도 3개월 유예**하겠다고 밝혔다. 이 역시 은행이 차익결제 담보로 한은에 각종 채권 등을 덜 맡겨도 되는 만큼 같은 효과를 기대할 수 있다. 이번 조치로 금융기관이 한국은행에 납입해야 하는 담보증권금액이 10월 24일 기준 59조7000억원에서 52조2000억원으로, 7조 5000억원 감소할 것으로 추산된다.

■ **환매조건부채권 (RP, Repurchase Paper)**

환매조건부채권이란 주로 금융기관이 보유한 우량회사가 발행한 채권 또는 국공채 등 상대적으로 안정성이 보장되는 장기채권을 1~3개월 정도의 단기채권 상품으로 만들어, 투자자에게 일정 이자를 붙여 만기에 되사는 것을 조건으로 파는 채권을 말한다.

RP거래는 단기자금의 수급을 조절하는 기능을 수행함과 아울러 채권의 유동성을 높여 채권의 발행을 촉진함으로써 자본시장의 효율성을 제고하는 데도 기여한다. 한국은행은 통화량과 금리를 조정하기 위한 통화조절용 수단으로 시중 은행에 RP를 판매한다. 한국은행은 시중에 단기자금이 풍부할 때는 시중은행에 RP를 매각해 시중자금을 흡수하고, 단기자금 부족 시에는 RP를 매입해 유동성을 높임으로써 통화량을 조절한다.

■ **유동성커버리지비율 (LCR, Liquidity Coverage Ratio)**

유동성커버리지비율은 은행이 30일간의 잠재적인 유동성 위기 상황에 대처할 수 있도록, 제약조건 없이 활용 가능한 고유동성자산을 충분히 보유토록 한 지표이다. 은행은 해당 금융기관 신용등급의 큰 폭 하향 조정, 예금의 일부 이탈, 무담보 도매자금조달 중단, 담보가치 할인율 큰 폭 상승, (계약 또는 비계약상의) 난외(欄外) 익스포저(exposure) 관련 대규모 자금인출 요구 등의 심각한 스트레스 상황으로 단기 유동성 위기 상황에 직면할 수 있다. 심각한 스트레스 상황을 사전에 감지하고 예방하기 위하여 LCR이 신국제은행자본규제 기준인 바젤III에 도입되었다.

푸르밀 사업 종료 논란 일파만파

▲ 주식회사 푸르밀 (푸르밀 페이스북 캡처)

푸르밀이 11월 30일부로 사업 종료를 선언했다가 철회해 회사 안팎으로 후폭풍이 거세졌다. 10월 17일 푸르밀은 갑작스러운 사업 종료와 정리 해고를 통지하면서 직원들과 갈등을 빚어왔다. 생계의 위협을 받게 된 푸르밀 직원들은 경영진의 일방적인 사업종료 및 정리해고 발표에 대해 강하게 반발하면서 강력 투쟁에 나섰다.

낙농가와 노조, 푸르밀 제품 운송을 맡은 화물 기사 등은 집단 반발했고 푸르밀 본사 앞에서 시위가 연일 이어졌다.

10월 25일엔 낙농가의 생존권을 요구하는 농민들의 집회가 이어졌다. 이들은 지난 1979년부터 40여 년간 푸르밀에 원유를 공급해 왔지만, 이번 영업 종료로 한순간에 공급처를 잃게 됐다는 것이다.

농민 대표들은 이날 신동환 푸르밀 대표와 면담을 요청했으나 면담은 이뤄지지 않았다. 이들은 푸르밀로부터 원유공급 해지 내용증명을 받은 이후 신 대표에게 면담을 요청해왔으나 아무런 답을 듣지 못했다고 주장했다.

푸르밀 노동조합은 10월 28일 중앙노동위원회로부터 '■**쟁의행위**의 정당성이 인정된다'는 판정을 받았다. 이에 푸르밀 노조는 1인 시위는 물론, 상경시위, 대표이사 집 앞 시위, 생산 전면 중단 등의 방안까지 논의했다.

직원들과 협력업체의 반발이 거세지자 푸르밀은 결국 직원 30% 감원을 조건으로 사업을 유지하기로 했다. 11월 8일 푸르밀 실무진과 노조 간의 4차 교섭에서 인원의 30%을 감축하는 대신 사업을 유지하는 쪽으로 합의한 것이다.

사업종료 계획을 밝힌 지 24일 만에 이를 철회하면서 노사간 첨예하게 대립했던 갈등은 일단 봉합된 국면으로 보인다. 그러나 앞으로 구조조정, 납품재개 등 해결해야 할 과제가 많다.

■ **쟁의행위 (爭議行爲)**

쟁의행위는 파업·태업·직장폐쇄 기타 노동관계 당사자가 그 주장을 관철할 목적으로 행하는 행위와 이에 대항하는 행위로서 업무의 정상적 운영을 저해하는 행위를 말한다. 쟁의행위로써 평가되기 위해서는 업무의 정상적 운영을 저해하는 행위이어야 한다. 평상시의 업무를 행하면서 완장 또는 리본만을 착용하는 단순한 시위적 단체행동은 쟁의행위에 해당되지 않는다. 쟁의행위의 기본원칙(노동조합 및 노동관계조정법 제37조)에 의하면 쟁의행위는 그 목적이나 방법 및 절차에 있어서 법령 기타 사회질서를 위반해서는 안 되며, 조합원은 노동조합에 의하여 주도되지 아니한 쟁의행위를 해서도 안 된다. 쟁의행위 유형으로는 파업, 태업, 사보타주, 생산관리, 보이콧, 피케팅, 직장점거, 준법투쟁 등이 있다.

고금리에 역대급 실적 낸 4대 금융지주

국내 4대 금융지주의 3분기 순이익이 분기 기준 사상 최대치를 기록했다. 금리 상승에 따른 이자이익이 큰 폭으로 늘면서 '역대급' 실적을 기록한 것이다. 고환율·고물가·고금리 등으로 가뜩이나 어려워진 경제 상황에서 금융지주의 실적이 크게 개선되며 '이자 장사'에 대한 비판의 목소리가 금융 당국의 예대금리차 축소 압박으로 이어질 것으로 전망된다.

10월 25일 금융권에 따르면 **KB·신한·하나·우리금융지주 등 국내 4대 금융지주**의 3분기 지배기업지분순이익은 총 4조8876억원을 기록했다. 2021년 같은 기간(4조1208억원)보다 18.6% 증가했고 이전 역대 최대였던 올해 1분기(4조6720억원)도 훌쩍 뛰어넘어 분기 기준 최대 실적을 기록하게 됐다.

금융지주들의 호실적은 한국은행의 기준금리 인상에 따라 시중금리가 급격하게 상승한 덕분이다. 4대 금융지주의 이자 수익은 10조1534억원으로 10조원을 훌쩍 넘겼다. 은행의 수익성 지표인 순이자마진도 1.82~1.98%로 지난해 말보다 더 개선되는 추세다.

3분기 역대급 실적을 기록함에 따라 올해 4대 금융지주의 순이익도 사상 최대치를 기록할 것으로 전망된다. 2021년 4대 금융지주는 14조5429억원을 기록하면서 최대 실적을 기록했는데 올해는 3분기 만에 13조8544억원을 기록했다. 올해 4대 금융지주가 분기마다 4조원 이상 순이익을 거둔 만큼 올해 사상 처음으로 순이익 18조원을 돌파할 가능성도 커졌다.

주력 계열사인 은행들의 이익이 크게 늘면서 금융지주의 실적 개선을 이끌었다. KB국민은행은 3분기 순이익이 8242억원으로 그룹 순이익의 3분의 2를 차지했으며 신한은행은 9094억원의 순이익을 기록하면서 그룹 이익의 57%를 맡았다. 하나은행 순이익은 8702억원, 우리은행은 8190억원으로 각각 그룹 순이익의 78%와 91%를 차지했다.

금융지주들의 순이익이 크게 개선되면서 금융, 특히 **은행의 '이자 장사'에 대한 불만의 목소리도 더욱 커질 것**으로 보인다. 이런 인식을 의식한 듯 국내 금융지주들은 주주환원과 취약차주 지원 등 환경·사회·지배구조(ESG) 경영을 강화하는 모습이다.

KB금융은 이날 주당 500원의 분기배당을 결의했으며 신한금융은 10월 6일 주당 400원의 분기배당을 이사회에서 결의한 바 있다. 하나금융도 주주가치 향상을 위해 배당 증대, 자사주 매입 및 소각 실시 등 주주환원 정책 확대를 위한 다각적인 자본 활용 방안을 검토하고 있으며 우리금융은 국내외 주요 ESG 리더들과 함께하는 국제콘퍼런스 개최 계획을 밝히기도 했다.

이날 금융지주사들은 실적발표를 통해 부동산 ▪**프로젝트 파이낸싱(PF)**과 관련한 우려에 대해 "부실리스크가 없다"고 입을 모았다. 총량관리를 하고 있고, 레고랜드 등 문제가 된 PF와 관련이 없다며 선을 긋는 모습도 보였다. 부동산PF 리스크를 불식시키며 주가 관리에 나서는 모습이다.

▪ **프로젝트 파이낸싱 (PF, Project Financing)**
프로젝트 파이낸싱은 은행을 비롯한 금융기관들이 특정 사업을 담보로 대출을 해주고 그 사업의 수익금으로 되돌려 받는 금융기법이다. 은행은 부동산 담보나 지급보증이 있어야 돈을 빌려주는데 프로젝트 파이낸싱은 일체의 담보가 없는 것이 특징이다. 건설이나 조선, 석유 채굴 건설 사업 등에서 예상 수익을 보고 대규모 투자사업이 무담보 신용으로 거액을 대출해주는 것이다.

시총 100대 반도체기업에 한국 3곳뿐

글로벌 시가총액 100대 반도체 기업 중 한국 기업은 단 3곳에 불과한 것으로 나타났다. 그마저도 시총 순위와 수익성이 뒷걸음질 쳐, 국내 반도체 기업의 경쟁력 강화를 위한 세액공제 등의 조치가 필요하다는 지적이 나온다.

10월 24일 전국경제인연합회(전경련)가 2022년 1월부터 9월까지 평균 시가총액 기준 상위 100대 반도체 기업의 경영지표를 분석한 결과에 따르면, 이중 **한국기업은 삼성전자와 SK하이닉스, SK스퀘어 등 단 3곳**뿐인 것으로 조사됐다.

100대 기업 중 한국·미국·일본·대만 등 ▪**칩4(chip4)**에 속한 기업은 총 48곳이었다. 칩4 중에선 미국이 28개사로 가장 많았고, 대만 10개사, 일본 7개사 순으로 나타났다. 한국 기업이 가장 적었다.

한국 반도체 기업은 글로벌 시총 순위도 하락했다. 삼성전자는 지난 2018년 1위였으나 올해는 3위로 밀려났다. 1위는 TSMC가 차지했고 2위에는 엔비디아가 올랐다. 2018년 10위였던 SK하이닉스는 14위로 떨어졌다. 2021년 SK텔레콤에서 인적 분할한 SK스퀘어는 80위에서 100위로 미끄러졌다.

한국 기업은 수익성도 나빠졌다. 매출액 대비 순이익률은 2018년 16.3%에서 지난해 14.4%로 1.9%p 감소했다. 반면 같은 기간 미국은 21%에서 24.9%로 3.9%p 뛰었고 일본은 12.9%에서 14.9%로 2%p 상승했다. 대만도 1.1%p 올랐다.

영업현금흐름 대비 설비투자는 칩4 중 한국이 63.1%로 가장 높은 것으로 나타났다. 이어서 대만이 61.4%로 추격했고, 미국 34.9%, 일본 34.6%로 집계됐다.

반면 매출액 대비 연구개발(R&D) 투자는 칩4 중 한국이 8.3%로 가장 낮았다. R&D 투자율은 미국이 16.5%로 가장 높았고 일본 10.8%, 대만 9.7%로 조사됐다. 반도체를 설계하는 ▪**팹리스**에서 R&D 투자비율이 높게 나타난다는 게 전경련 설명이다.

칩4 중 법인세 부담은 한국이 가장 무거웠다. 2021년 한국의 법인세 부담률은 26.9%로, 미국(13%)이나 대만(12.1%)의 2배 수준이다. 2018년에도 한국의 법인세 부담률은 25.5%였는데 3년새 1.4%p 더 늘었다. 반면 같은 기간 미국의 법인세 부담률은 3.4%p 줄었고 대만도 0.9%p 감소했다. 이에 우리나라도 반도체 산업 우위를 유지하려면 시설투자 세액공제율을 미국처럼 25%로 높이는 등 정책을 펼칠 필요가 있다는 지적이 나온다.

▪ 칩4 (chip4)

칩4란 미국·한국·일본·대만 4개국 간의 반도체 동맹으로 미국식으로는 팹4(fab4)로 표기한다. 칩(chip)은 반도체를, 4는 동맹국의 수를 의미한다. 칩4는 조 바이든 미국 대통령의 제안으로 미국이 추진 중인 프렌드쇼어링(friendshoring) 전략에 따른 것으로 반도체 분야에서 중국의 발전을 견제하고 안정적인 반도체 공급망을 형성하는 것이 목적이다.
미국은 인텔 등 팹리스 업체가 많으며 한국과 대만은 각각 메모리와 파운드리 분야에 강점을 가지고 있다. 일본은 반도체 장비 분야에 강점을 가지고 있다. 대만과 일본은 미국에 가입 의사를 전달했다. 하지만 한국은 반도체 생산의 68%를 중국에 수출하고 있어 칩4에 동참할 경우 중국의 보복이 우려되는 상황이다.

▪ 팹리스 (fabless)

팹리스는 반도체 설계 기술은 있으나 생산라인(공장)이 없는 업체다. 팹리스는 반도체 생산라인을 뜻하는 fab(fabrication)과 '~이 없다'라는 의미의 접미사 less의 합성어로, 생산라인이 없는 반도체 회사라는 뜻이다. 반도체 개발에서는 설계가 가장 중요하지만 이를 생산하기 위해서는 실제 생산라인도 필요하다. 생산라인을 하나 건설하려면 천문학적인 비용이 소요되기 때문에, 설계 전문인 팹리스 업체는 파운드리 업체를 통해 반도체 위탁 생산을 한다. 따라서 팹리스 업체는 파운드리 업체에 위탁 비용을 지불하고, 파운드리 업체가 대신 생산한 반도체를 팔아 이익을 얻는 구조이다.

정부, 15억 넘는 아파트 주담대 재허용

무주택자에 대한 ▪**주택담보인정비율(LTV)**이 50%로 완화되고 15억원 초과 아파트에 대한 주택담보대출(주담대)이 3년 만에 재개된다. 또 기존 주택 처분을 조건으로 청약에 당첨된 1주택자의 주택 처분기한은 6개월에서 2년으로 연장된다.

정부는 10월 27일 대통령 주재 '제11차 비상경제 민생회의'에서 이 같은 계획을 밝혔다. 주택거래 침체가 본격화될 조짐이 보이자 부동산 경기부양을 위해 정부가 관련 규제를 대폭 완화하기로 한 것이다.

정부는 우선 무주택자나 1주택자(기존 주택 처분 조건부)에게는 **투기지역에도 LTV를 50%까지 허용**하기로 했다. 현재 무주택자와 1주택자는 비규제지역은 LTV 70%가, 규제지역은 20~50%가 적용되고 있다. 앞으로는 보유 주택, 규제지역, 주택 가격별로 차등 적용돼 온 LTV를 규제지역 내 무주택자·1주택자는 주택가액과 무관하게 50%를 일괄 적용하기로 했다.

15억원을 초과하는 아파트에 대해서도 주담대가 허용된다. 추진 시점은 내년 초다. ▪**투기과열지구**의 15억원이 넘는 아파트는 2019년 12월부터 주담대가 금지됐지만, 내년부터는 무주택자·1주택자에 한해 허용된다.

중도금 대출제한 기준액도 분양가 9억원 이하에서 12억원 이하로 완화된다. 정부는 분양시장 과열을 막기 위해 2016년 8월부터 분양가 9억원 초과 주택에 대해 주택도시보증공사(HUG)·한국주택금융공사(HF)의 중도금 대출 보증을 제한해왔다. 분양가가 9억원을 넘으면 분양가의 70% 수준인 계약금·중도금을 자력으로 부담해야 했다.

이번 중도금 대출기준 완화로 고가 아파트가 몰려 있는 강남 등 상급지 이동을 원하는 수요자들은 청약시장에 관심을 보일 것으로 보인다. 다만 높아진 대출금리 부담으로 수요층은 고소득자 등으로 한정될 것으로 보인다.

투기과열지구 등에서 기존 주택 처분조건으로 청약에 당첨된 1주택자의 기존 주택 처분기한은 현행 6개월에서 2년으로 연장된다. 이번 조치는 10월 27일 기준 처분기한(6개월)이 도래하지 않은 기존 의무자에게도 소급 적용된다. 국토부는 또 주거정책심의위원회를 열어 규제지역을 추가 해제한다. 경기 이천 등 수도권 일부 지역과 세종시가 규제지역에서 해제될 가능성이 크다.

▪ **주택담보인정비율 (LTV, Loan To Value ratio)**
주택담보대출비율(LTV)은 주택을 담보로 돈을 빌릴 때 인정되는 자산가치의 비율이다. 만약 LTV가 60%일 때 3억원짜리 주택을 담보로 돈을 빌리고자 한다면 빌릴 수 있는 최대 금액은 1억8000만원(3억원×0.6)이 된다. LTV를 낮추면 주택가격이 하락하는 경우에도 은행의 손실발생 위험이 적어지게 되므로, 은행의 건전성을 높이는 효과가 있다. 예를 들어 주택가격 1억원, 담보비율 50%인 경우 주택가격이 7000만원으로 하락하더라도 대출금 5000만원보다는 높은 수준을 유지하고 있어 은행의 손실위험은 없으나, 만일 LTV가 80%였다면, 대출금 8000만원에 비해 주택가격이 낮으므로 은행의 손실 위험이 발생하게 된다.

■ **투기과열지구 (投機過熱地區)**

투기과열지구는 주택법 제63조에 따라 건설교통부 장관 또는 시장·도지사가 주택가격의 안정을 위하여 필요한 경우에 지정하는 지역을 말한다. 주택가격의 상승률이 물가상승률보다 높아 주택에 대한 투기가 우려되는 경우, 그 지역의 청약경쟁률·주택가격·주택보급률·주택공급계획 등을 고려해 지정하도록 했다.

가계대출 상품 최고 금리 13년 만에 7%대

주택담보대출, 전세자금대출, 신용대출 등 시중은행 가계대출 상품의 최고 금리가 연 7%를 넘어섰다. 일부 대출상품은 신용 1등급 차주(대출받은 사람)에게 적용되는 금리 하단이 상단보다 더 빠르게 오른 것으로 나타났다.

10월 30일 금융권에 따르면 KB국민·신한·하나·우리은행 등 4대 시중은행의 주택담보대출 변동금리는 9월 28일 기준 연 4.970~7.499%다. 8월 30일(4.510~6.813%)과 비교해 한 달 사이 하단은 0.460%p, 상단은 0.686%p 올랐다. **변동금리 산정의 기준이 되는 신규 취급액 ■코픽스**(COFIX·자금조달비용지수)가 9월 17일 기준 2.96%에서 10월 3.40%로 0.44%p 상승했기 때문이다.

주택담보대출 혼합형(고정형) 금리도 같은 기간 연 4.730~7.141%에서 연 5.360~7.431%로 올랐다. **고정형 금리의 지표로 사용되는 은행채 5년물 AAA 금리**가 같은 기간 4.851%에서 5.136%로 뛰었기 때문이다. 특히 해당 상품은 금리 상단이 0.290%p 오르는 동안 하단은 0.630%p 상승했다. 시중은행 차주의 상당수는 상단보다 하단에 가까운 금리로 대출을 받는데, 하단 금리가 더 빠르게 올랐다.

신용대출 및 전세자금대출 금리도 상단이 7%를 돌파했다. 신용대출 금리는 연 5.108~6.810%에서 5.953~7.350%로 상승하며 금리 하단이 0.845%p, 상단이 0.540%p 올랐다. 전세자금대출(주택금융공사 보증·2년 만기)도 금리가 연 4.260~6.565%에서 4.910~7.248%로 올랐다.

시중은행의 7%대 가계대출 금리 시대는 2009년 이후 약 13년 만에 처음이다. 5대 시중은행 중 한 은행의 내부 주택담보대출 최고 금리 통계를 보면, 2007년 9월 7%를 넘어 2008년 12월 8.4%로 정점을 찍고 2009년 다시 7%대로 내려왔다.

당시 주택담보대출 금리는 CD(양도성예금증서) 등이 주로 반영된 **■MOR(시장금리)**만을 기준으로 산정됐다. 이후 2010년부터는 보다 합리적 대출금리를 산출하자는 취지에서 주택담보대출 지표금리로 종합적 조달 비용을 반영한 코픽스를 사용하기 시작했는데, 이후 코픽스 체제에서 주택담보대출 등 가계대출 상품의 최고 금리가 일제히 7%를 넘은 적이 없었다는 게 은행 관계자들의 설명이다.

■ **코픽스 (COFIX, COst of Funds IndeX)**

코픽스(자금조달비용지수)는 은행 대출금리의 기준이 되는 자금조달비용지수다. 현재 국민·신한·우리·KEB하나·농협·기업·SC제일·씨티 등 8개 은행이 시장에서 조달하는 정기 예·적금, 상호부금, 주택부금, 금융채, 양도성예금증서(CD) 등 수신상품 자금의 평균 비용을 가중 평균해 산출한다.
은행들은 코픽스에 대출자의 신용도를 반영하여 일정률의 가산금리(스프레드·spread)를 더해 대출금리로 결정한다. 코픽스는 계산 방법에 따라 잔액 기준과 신규 취급액 기준 두 가지가 있다. 잔액 기준은 매월 말 현재 조달자금 잔액을 기준으로 계산한 가중평균금리이고, 신규 취급액 기준은 매월 신규로 조달한 자금에 적용된 가중평균금리를 말한다. 대출받는 입장에서 본다면 금리 상승기엔 잔액 기준 코픽스가 신규 취급액 기준 코픽스보다 유리하다.
코픽스가 도입된 건 기존에 주택담보대출의 기준금리 역할을 했던 양도성예금증서(CD) 금리가 시장의 실제 금리를 제대로 반영하지 못하고 있다는 비판 때문이었다.

■ **MOR (Market Opportunity Rate)**

MOR(시장금리)은 어떤 금융기관이 대출금리를 정할 때 기준이 되는 금리를 말한다. 보통 은행은 정기예금, 양도성예금증서(CD), 은행채 등을 통해 자금을 조달하게 되는데, 이때 평균 조달원가를 감안해 내부기준금리를 결정하게 된다. 이후 영업점 수익성 등을 고려해 일정 스프레드를 붙인 고시금리를 발표하고, 이를 대출금리로 활용한다. 대형 금융기관일수록 신용도가 좋아 조달금리가 낮아지므로 MOR은 금융기관마다 다를 수밖에 없다.

3위 가상화폐 거래소 FTX 파산신청...코인판 리먼 사태

대규모 인출 사태로 유동성 위기에 빠진 가상화폐 거래소 FTX가 11월 11일(현지시간) 미국 델라웨어주 법원에 파산법 11조(챕터 11)에 따른 파산보호를 신청했다. **회사 부채만 최대 66조원에 이르는 FTX의 이번 파산 신청은 가상화폐 업계 역사상 최대 규모**다.

월가는 FTX 파산 신청 이후 코인업체의 연쇄 유

동성 위기와 기관 투자자들의 잠재적 손실 규모에 주목하며 '코인판 **리먼 사태**(서프프라임모기지 사태로 2008년 대형 투자은행 리먼브라더스가 파산하고 글로벌 금융위기로 번진 사건)'가 될 수 있다고 우려했다. FTX 파산 신청 소식이 전해진 뒤 비트코인 가격은 3% 이상 하락하며 1만6000달러(약 2110만원)대에서 거래됐다.

FTX는 불과 10개월 전인 지난 1월 4억달러(5200억원) 투자 유치에 성공했고 320억달러(42조 2000억원) 기업 가치를 평가받았던 코인 거래소다. 하지만 11월 초 FTX 계열사 알라메다의 재무구조 부실 의혹이 제기됐고, FTX는 **뱅크런**(고객이 자금을 한꺼번에 인출하는 사태) 사태를 겪었다.

미국 법무부와 증권거래위원회(SEC)가 FTX 사태 조사에 착수한 가운데 당국은 금융범죄 가능성에 초점을 맞추는 것으로 알려졌다. 앞서 월스트리트저널(WSJ)은 뱅크먼-프리드 전 FTX 최고경영자(CEO)가 고객 돈을 빼내 위험 자산에 투자하는 계열사 알라메다를 지원했다는 의혹을 보도했다.

이번 사태로 가상화폐 시장에 대한 규제의 목소리도 더욱 커질 전망이다. 래리 서머스 전 재무장관은 FTX 몰락을 2001년 회계 부정으로 파산한 에너지 기업 ■**엔론 사태**에 빗대며 "금융상 오류가 아니라 사기 냄새가 난다. 거대한 (코인) 재산이 어디서 비롯됐는지 아무도 이해하지 못한 상황에서 폭발했다"고 비판했다.

■ 엔론 사태

엔론 사태는 에너지 회사였던 엔론(Enron)이 2001년 12월 파산법 11조(챕터 11)에 따른 파산 보호를 신청하면서 전 미국 비즈니스계와 투자가들을 충격으로 몰아넣은 사건을 말한다. 당시 엔론은 미국에서 7번째로 큰 회사였으며 월가에서 가장 인기 있는 회사였다. 후에 연방 감시관들은 엔론의 붕괴가 분식 결산으로 빚을 감추고 이익을 부풀려온 데 있었던 것으로 밝혀냈다. 존재하지도 않았던 수십억의 이득을 사실인 것처럼 부풀렸고 출처를 알 수 없는 회사를 만들어 빚을 감췄다. 엔론의 주식은 급격히 떨어졌고 수많은 실업자가 생겼으며 주식 투자에 사용된 직원들의 퇴직금 역시 공중 분해됐다.

美 Fed 4연속 자이언트 스텝… 파월 "금리 인하 시기상조"

좀처럼 잡히지 않는 고물가에 시달리는 미국이 기준금리를 또다시 대폭 인상했다. 동시에 이르면 12월 금리인상 속도조절 가능성도 내비쳤다.

미국 중앙은행인 연방준비제도(Fed·연준)는 11월 2일(현지시간) 연방공개시장위원회(FOMC) 정례회의 직후 성명을 내고 기준금리를 0.75%p 올린다고 밝혔다. 가파른 금리 인상에도 인플레이션 현상이 지속하자 4차례 연속 자이언트 스텝(한 번에 기준금리 0.75%p 인상)이라는 초유의 조처를 한 것이다.

이에 따라 현재 3.00~3.25%인 미국 기준금리는 3.75~4.00%로 상승했다. 이는 최근 15년간 최고 수준이다. 미 기준금리 상단이 4.00%까지 오르면서 한국과의 금리 차도 더욱 벌어지게 돼 자본 유출 등에 따른 한국 경제 피해도 우려된다.

연준은 성명에서 "인플레이션 대유행, 더 높은 식품·에너지 가격, 광범위한 가격 압박과 관련한 수급 불균형을 반영해 여전히 높은 수준을 유지하고 있다"고 금리 인상 배경을 설명했다.

제롬 파월 연준 의장은 금리인상 발표 직후 회견에서 금리인상 속도를 줄일 시기가 다가오고 있다며 12월 금리인상 속도조절 가능성을 언급하기도 했다. 그러나 **금리 인하 전환 고려는 "매우 시기상조"라며 매파**(통화긴축 선호)**적 면모**도 동시에 보였다.

연준의 이번 조치로 미국과 한국(3.00%)의 기준금리 격차는 0.75~1.00%p로 더 벌어졌다. 이에 따라 **한은도 11월 24일 6차례 연속 기준금리를 올릴 것이 확실시**된다.

⊞ 커플링(coupling)과 디커플링(decoupling)

커플링은 동조화라는 뜻으로 한 국가의 경제 현황이 다른 국가의 경제 현황에 큰 영향을 미치는 현상을 말한다. 한 국가의 주가나 환율, 금리 등이 상승, 하락할 때 다른 국가가 이와 비슷한 현상을 보일 때 커플링한다고 표현한다. 반대로 한 나라 또는 일정 국가의 경제가 인접한 다른 국가나 보편적인 세계 경제의 흐름과 달리 독자적인 경제흐름을 보이는 탈동조화 현상은 디커플링(decoupling)이라고 한다.

분야별
최신상식

사회
환경

법무부, 촉법소년 연령 만 13세로 하향 조정

■ 촉법소년(觸法少年)

촉법소년은 만 10세 이상 만 14세 미만 소년범으로, 형벌을 받을 범법행위를 한 형사미성년자를 말한다. 촉법소년은 범법행위를 저질렀으나 형사책임 능력이 없기 때문에 형사처벌을 받지 않는다. 대신 가정법원 등에서 감호 위탁, 사회봉사, 소년원 송치 등 보호처분을 받게 된다. 범행 당시 만 14세 이상인 소년은 범죄소년으로서 형사처벌을 할 수 있으며, 범행 당시 만 10세 미만인 범법소년은 형사처벌은 물론 보호처분도 할 수 없다.

중학생도 형사처벌

앞으로는 만 13세인 중학교 1학년~2학년생도 범죄를 저지르면 형사처벌 대상이 된다. 소년 사건이 많은 일선 검찰청엔 소년부를 설치한다. 소년범죄 예방·교화를 위한 프로그램도 강화한다. 법무부는 10월 26일 이러한 내용을 담은 '소년범죄 종합대책'을 마련해 발표했다.

정부는 형법·소년법을 개정해 ■촉법소년 상한 연령을 현행 '만 14세 미만'에서 '만 13세 미만'으로 1살 내린다. 법 개정이 완료되면 만 13세는 촉법소년에서 빠진다는 의미다. 다만 취학·취업 등 불이익 최소화를 위해 13세에 범한 범죄에 대해서는 전과조회 시 회보 제한을 검토한다.

법무부는 촉법소년 연령 하향과 함께 범죄 예방과 재범 방지 인프라도 확충할 전망이다. 소년원 생활실 사용 인원을 현재 10~15명에서 4인 이하로 전환하고 소년원생 1인 급식비를 인상할 방침이다. 또 수도권에 소년 전담 교정시설을 운영하고 김천소년교도소를 리모델링해 학과교육과 직업훈련을 분리할 계획이다. 이와 함께 구치소 내 성인범과 소년범을 철저히 분리하고 소년 보호관찰 전담 인력을 증원하기로 했다.

“연령 현실화” VS “교육이 먼저”

법무부가 범죄를 저지르고도 처벌받지 않는 형사미성년자 연령 기준(촉법소년 연령 상한)을 만 14세에서 만 13세로 내리기로 하고 관련법 개정을 추진하기로 한 가운데, 이에 대한 전문가들의 의견이 엇갈리고 있다.

오윤성 순천향대 경찰행정학과 교수는 복수의 언론을 통해 “국민들의 80% 이상이 촉법소년 연령 하향 조정에 찬성하는 상태에서 필요한 조치”라면서 “촉법소년을 이용해 범죄를 저지르는 것도 예방할 수 있다”고 말했다. “촉법소년 연령을 하향 조정하면 모든 13세가 형사처벌을 받을 것이라 생각하기 쉬운데, 하향 조정이 됐다 하더라도 특수강간이나 살인 등과 같은 아주 잔혹한 범죄만이 형법으로 처벌받는다”고 덧붙였다.

반면, 곽대경 동국대 경찰사법대학 교수는 “선도와 교화, 교육이 먼저”라고 말했다. 그는 “청소년들은 이성적이고 합리적인 판단을 하는 데 미흡하고, 자기 행동에 대해 완전한 책임을 지는 데는 부족하다”고 말했다. 이어 “청소년의 행동에는 아이를 둘러싸고 있는 사회적 환경의 영향이 분명히 있다”며 “선도하고 교화하는 데 필요한 다양한 프로그램들을 마련하고, 청소년들의 개별적인 상황들에 맞는 맞춤형 지원 제도를 마련해야 한다”고 말했다.

➕ 촉법소년 74%가 범행 주도

정부가 형사처벌에서 제외되는 촉법소년 연령 상한을 만 13세로 1살 낮추기로 한 가운데 촉법소년 절도범 4명 중 3명은 무리에서 범행을 주도한다는 조사 결과가 나왔다. 이장욱 울산대 경찰학과 조교수가 2017년부터 지난해까지 촉법소년이 가담한 절도사건 103건의 1심 판결문을 분석한 결과 범죄에서 주도적 역할을 맡은 경우는 전체의 73.8%인 76건이었다. 촉법소년이 망보기 등으로 범죄를 돕기보다 오히려 침입·갈취 등 직접 범죄를 수행하는 경우가 더 많다는 뜻이다.
촉법소년이 가담한 절도사건의 피해금액은 10만원 초과 100만원 이하가 30건(29.1%)으로 가장 많았다. 100만원 초과 1000만원 이하가 24건(23.3%), 1만원 초과 10만원 이하가 8건(7.8%), 1만원 이하가 7건(6.8%)이었다. 1000만원 초과 1억원 이하도 5건(4.8%)으로 집계됐다. 이는 통상적 절도사건 평균을 뛰어넘는 수치다. 2019~2020년 일반 절도사건 가운데 피해 금액이 100만원을 초과하는 경우는 10%를 약간 웃돌고, 1000만원을 초과하는 경우는 1% 수준이었다.

POINT 세 줄 요약

❶ 정부는 형법·소년법을 개정해 촉법소년 상한 연령을 현행 ‘만 14세 미만’에서 ‘만 13세 미만’으로 1살 내린다.
❷ 촉법소년 연령 하향과 함께 범죄 예방과 재범 방지 인프라도 확충할 전망이다.
❸ 촉법소년 연령 하향에 대해 전문가의 의견이 갈리고 있다.

7년 만에 바뀌는 교육과정... '자유민주주의' 추가

교육부가 2025년 ■**고교학점제** 전면 도입과 디지털 교육 강화 요구 등에 발맞춰 7년 만에 초·중등학교 교육과정을 개정했다. 교육과정이 개정되면 초·중·고 교과목과 교과서가 바뀌게 되고 이에 따라 학교 교육 방향도 달라진다.

교육과정이 전면 개정되는 것은 2015년 이후 처음이다. 2018년에도 2015 교육과정 부분 개정이 있었으나 각론뿐 아니라 총론까지 대대적으로 개정되지는 않았다.

교육부가 11월 9일 행정예고한 '초·중등학교 및 특수교육 교육과정'(2022 개정 교육과정) 개정안의 핵심은 코로나19 이후 **디지털 전환 가속화, 2025년 고교학점제 전면 도입에 따라 디지털 교육을 강화하고 학생들의 과목 선택권을 확대**하는 것이다.

개정안을 보면 고등학교는 교육과정을 '학점 기반 선택 중심' 교육과정으로 편성·운영하도록 돼 있다. 정보교육 시수는 두 배 늘어나고 시간 배당 기준도 명확해졌다. 수학에서는 현재 교육과정에서 제외된 '행렬'이 부활했다.

역사·사회 교과 영역에서는 기술, 표현의 문제를 두고 논란의 불씨가 남았다. 지난 8월 말 최초로 공개된 정책연구진 시안에서 빠졌던 '6·25 남침' 표현은 9월에 열린 공청회를 거쳐 다시 포함됐다.

'민주주의' 표현과 관련해서는 고등학교 한국사 과목 성취기준과 성취기준 해설에 '자유민주주의'와 '자유민주적 기본질서'라는 표현이 사용됐다. '민주주의'라는 표현 앞에 '자유'를 넣을 것이냐는 그간 역사 교과서를 둘러싼 대표적인 이념 논쟁거리 중 하나였는데, 이 역시 보수 진영의 지적을 반영해 수정한 것이다.

보수 진영에서는 1987년 만들어진 현행 헌법이 '자유민주적 기본질서'를 언급했다며 역사 교과서 서술에 '자유'라는 표현을 넣어야 한다고 주장해왔고, 진보 진영에서는 '민주주의'가 더 중립적인 표현이라며 '자유민주주의'가 독재정권 시절 사실상 '반북·멸공'과 동일시됐다는 점을 강조해왔다.

성 소수자 표현을 수정하고 성 평등 표현이 삭제된 것 역시 반발을 부를 수 있다. 고등학교 통합사회 성취기준 해설에서 교육부는 사회적 소수자 예시로 제시한 '장애인, 이주 외국인, 성 소수자 등'이라는 표현을 '성별·연령·인종·국적·장애 등으로 차별받는 소수자'라고 수정했다.

성 소수자를 명시하는 것이 제3의 성을 조장하고, 청소년기 학생들에게 성 정체성의 혼란을 줄 수 있다는 국민 의견을 반영한 결과라고 교육부는 설명했다.

도덕의 경우 기존 '성 평등'이라는 용어를 '성에 대한 편견'으로 바꿨다. 일부 보수 진영에서는 '성 평등' 대신 제3의 성을 인정하지 않는 '양성평등'으로 바꿔야 한다고 주장했으나 관련 표기를 아예 삭제한 것이다.

■ **고교학점제 (高教學點制)**

고교학점제는 고등학생이 대학생처럼 자신의 적성과 선호도 등에 따라 다양한 과목을 선택·이수하고, 기준 학점을 채우면 졸업을 인정받는 제도다. 이는 획일화된 과목을 공부하는 현재의 교육 체계에서 벗어나 학생들에게 더욱 넓은 선택권을 주겠다는 취지로 시행되는 것이다. 고교학점제가 도입되면 학생들은 개별 적성과 진로에 따라 자신이 원하는 과목을 선택해 교실을 옮겨가며 수업을 듣게 된다. 1학년 때는 공통과목을 중심으로 수업을 들으며 희망하는 진로와 연계된 학업 계획을 세우고, 2학년 때부터 본격적으로 선택 과목을 수강하는 식이다. 고교학점제는 입시 위주의 교육을 정상화하고 학생들이 자기 주도 학습을 이어갈 수 있다는 점에서 긍정적으로 평가된다. 그러나 교육 현장에서는 고교학점제 운영을 위한 필수 선행 조건과 인프라가 제대로 갖춰지지 않았다는 점에서 성급하다는 우려가 나왔다.

코로나 개량 백신 '만 18세 이상 접종' 개시

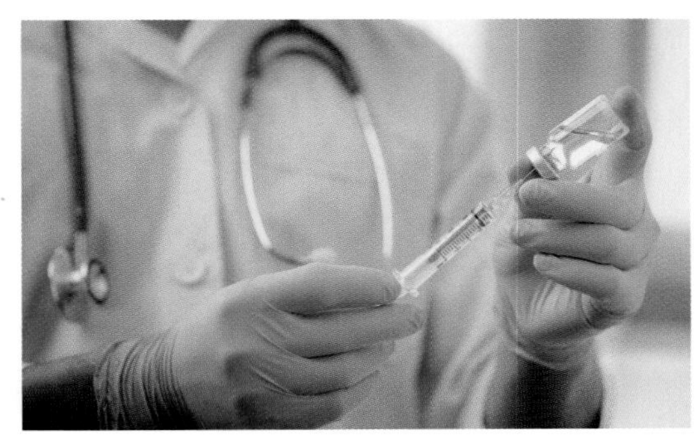

18세 이상이라면 11월부터 화이자·모더나가 개발한 개량백신(2가 백신) 예약접종을 받을 수 있게 됐다. 정부는 18세 이상 성인을 대상으로 10월부터 예약을 받아온 ■**오미크론** 원형 변이(BA.1) 기반 2가 백신 접종을 11월부터 시작한다고 11월 6일 밝혔다. 60세 이상 고령층, 요양병원·시설 종사자 등 취약계층으로 대상을 국한해 10월 11일부터 접종해오던 것을 기초 접종이 완료된 성인 전체로 대상을 확대한 것이다.

다만 7차 대유행이 공식화됐음에도 **백신 접종 피로감 등으로 예약률은 지지부진**하다. 질병관리청에 따르면 지난 11월 4일까지 전체 접종 대상자 인구 대비 동절기 백신 접종 예약률은 3.9%에 머물렀다. 그나마도 취약계층인 60세 이상을 제외하면 0.5%에 그친다. 60세 이상 대상자 대비 접종률은 8.7%였다.

질병청은 마지막 접종일이나 확진일로부터 120일 이상이 지난 이들에 한해 동절기 추가접종을 권고하고 있다. **현재 국내 우세종인 BA.5 변이, BA.4 변이**에 대응하는 화이자 백신도 사전예약을 받고 있다. 이 백신 접종은 11월 14일 시작했다.

코로나19 유행 규모가 4주째 증가하면서 후행 지표인 위중증 환자와 사망자가 늘어나고 병상 가동률도 치솟고 있다. 11월 9일 정부는 7차 유행이 본격화했다고 공식화하고 60세 이상 고령층 등 감염 취약 계층에 대한 백신 접종과 치료제 처방에 집중하겠다는 방침을 밝혔다.

이날 중앙재난안전대책본부(중대본)에 따르면 감염재생산지수(Rt)는 3주 연속 '1'을 상회했다. **Rt가 1 이상이면 유행 확산, 1 미만이면 유행 억제**를 뜻한다. 최근 Rt는 10월 셋째 주 1.09로 1을 9주 만에 넘긴 데 이어 11월 첫 주 1.21로 증가했다.

■ **오미크론 (Omicron)**

오미크론이란 남아프리카공화국으로부터 유행한 코로나19 변이 바이러스를 말한다. 오미크론이란 명칭은 그리스 문자

알파벳 15번째 글자인 '오미크론'에서 따왔다. 오미크론은 델타 변이보다 두 배 많은 32개의 돌연변이를 가지고 있어, 이전 감염으로 획득한 면역을 모두 돌파하는 특성을 가졌다. 오미크론은 2021년 11월 26일 알파, 베타, 감마, 델타에 이어 5번째 우려변이로 지정됐다.

대한항공 여객기, 세부공항서 활주로 이탈

필리핀 세부 막탄공항에서 대한항공 여객기가 착륙 후 활주로를 이탈하는 사고가 발생했다. 10월 24일 대한항공에 따르면 전날 오후 7시 20분쯤 인천공항에서 출발해 **세부 막탄공항에 도착할 예정이던 여객기KE631가 착륙 중 기상 악화로 비정상 착륙**했다.

SNS 등에 올라온 사진을 보면 해당 여객기는 활주로를 지나 수풀에서 멈춰 섰다. 천둥 번개를 동반한 강한 비로 3번의 착륙 시도 끝에 도착 예정 시간보다 1시간가량 늦게 공항에 착륙하긴 했지만, 활주로를 벗어난 것으로 전해졌다.

여객기에는 승객 162명과 승무원 11명이 타고 있었으며 현재까지 **인명 피해는 없는 것으로 파악**됐다. 여객기 바퀴와 동체 일부가 파손됐다.

대한항공은 우기홍 사장 명의 사과문에서 "다행히 인명피해는 없는 것으로 확인됐지만, 탑승객들과 가족분들께 심려를 끼쳐 드려 송구한 마음"이라며 "대한항공을 아끼는 모든 분에게 머리 숙여 사과 드린다"고 밝혔다.

이어 "상황 수습에 만전을 기하는 한편, 탑승객들을 불편함 없이 안전하고 편안하게 모실 수 있도록 최선을 다하겠다"면서 현지 항공·정부 당국과 긴밀히 협조해 조기에 상황이 수습될 수 있도록 모든 노력을 기울이겠다고 했다.

+ 대한항공 연이은 사고에 '불안'

대한항공 여객기에서 최근 4개월간 총 4건의 사고가 발생해 기체 관리에 대한 우려의 목소리가 나오고 있다. 지난 7월 아제르바이젠 바쿠 국제공항 긴급 착륙, 9월 영국 히스로 공항 항공기 간 접촉 사고, 10월 호주 시드니행 이륙 후 엔진 이상으로 회항, 세부 공항 활주로 이탈 등 최근 4개월간 4건의 안전 문제가 발생하면서 대한항공이 안전 관리를 더욱 철저히 해야 한다는 지적이 나왔다. 대한항공은 문제를 일으킨 에어버스 A330 기종 전체를 일시 운항 중단하고 특별 정밀안전점검을 실시하기로 했다.

'평택 사고' SPC그룹 불매운동까지…논란 확산

평택 SPC 계열 제빵공장에서 20대 근로자가 기계에 끼어 숨진 사고를 계기로 SPC 불매운동이 들불처럼 번졌다. 지난 10월 15일 경기 평택시

▲ SPC그룹 (자료 : SPC그룹)

SPC 계열 SPL 제빵공장에서 근무하던 20대 노동자가 빵 소스 배합 작업 중 기계에 끼어 숨지는 사고가 발생하면서다. SPC는 안전관리에 소홀했다는 책임과 더불어 사고 바로 다음 날 공장 라인을 재가동하면서 논란을 키웠다.

이에 **SPC 제품에 대한 ■보이콧은 더욱 거세지고 있는 양상**이다. 서울대 학생모임 '비정규직 없는 서울대 만들기 공동행동'(비서공)은 지난 10월 20일 "노동자들의 요구를 묵살하지 않고 처우 개선을 진행할 때까지 불매운동에 동참하자"는 대자보를 학내에 게시했다. 참여연대 등 단체도 성명서를 내고 "사회적 책무를 방기한 SPC그룹에 대해 합당한 책임을 물어야 한다"고 강조했다.

한편, 경찰은 지난 10월 19일 SPL 공장장을 업무상 과실 치사 혐의로 입건했다. 고용노동부도 산업안전보건법 등 위반 혐의로 강동석 SPL 대표이사를 조사하고 있다. 국회 환경노동위원회(환노위)는 강 대표를 10월 24일 국감 종합감사 증인으로 채택, 사건에 대한 경위를 파악했다.

또한 검찰은 계열사 부당 지원과 배임 혐의를 받는 SPC그룹에 대해 강제수사에 나섰다. 서울중앙지검 공정거래조사부는 11월 8일 SPC그룹 본사와 계열사 사무실에 검사와 수사관을 보내 회계 자료, 내부 감사 자료 등을 확보하고 있다.

검찰은 SPC그룹이 총수 일가의 계열사 지배력 유지와 경영권 승계를 목적으로 2세들이 보유한 SPC삼립의 주식 가치를 높이려고 조직적으로 삼립에 이익을 몰아준 것으로 의심하고 있다. 공정거래위원회 조사 결과에 따르면 SPC는 총수 일가가 개입해 2011년 4월부터 2019년 4월까지 약 7년간 그룹 내 부당지원을 통해 SPC삼립에 총 414억원 상당의 이익을 제공했다.

■ **보이콧 (boycott)**

보이콧은 부당한 행위에 대항하기 위해 조직적·집단적으로 벌이는 거부·불참·불매 등의 운동을 말한다. 1880년 영국에서 한 귀족영지 관리인이었던 찰스 보이콧이 소작료를 체납한 소작인들을 토지에서 추방하려다가 전체 소작인들의 배척을 받고 물러난 데서 유래했다. 주로 노동운동이나 국제관계에서 반대 의사를 표시하는 수단으로 사용된다.

봉화 광산 매몰 광부들 221시간 만에 '기적의 생환'

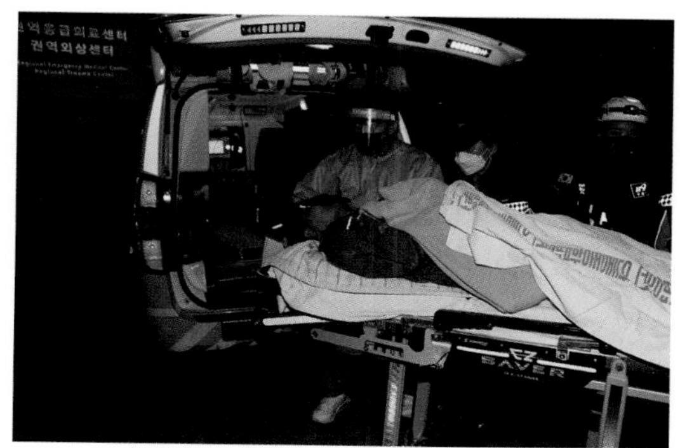

▲ 경북 봉화군 광산 매몰로 고립됐던 작업자 2명이 생환한 가운데 안동병원으로 이송되고 있다.

경북 봉화군 아연 채굴 광산 지하 190m 지점에 고립됐던 두 명의 광부가 매몰 10일 만인 11월 4일 무사히 생환했다. 사고 발생 221시간 만에 기적이다. **이태원 참사로 슬픔에 빠진 국민들에게**

희망을 줬다.

60대와 50대 작업자 두 명은 고립 당시 가지고 있던 커피믹스를 밥 대신 먹었다. 30봉을 가지고 갔던 커피믹스가 나흘 만에 소진된 후에는 갱도 안에서 떨어지는 물을 마시며 버텼다. 또한 고립된 장소에 비닐 텐트를 치고 모닥불을 피워 체온을 유지했다. 구출을 위한 발파 소리를 들으며 희망의 끈을 놓지 않았던 이들은 건강한 모습으로 돌아와 가족의 품에 안겼다.

이들은 지난 10월 26일 갱도 레일 설치 등 작업을 위해 다른 노동자 5명과 함께 광산에 들어갔다. 작업 도중 제1 수직갱도 하부 46m 지점에서 토사가 쏟아지면서 이들은 고립됐다. 지상과 가까운 쪽에 있었던 노동자 2명은 사고 당일 오후 8시에 자력으로 나왔고 3명은 밤 11시께 구조됐다.

고립된 두 사람의 구조가 오래 걸린 것은 실수가 이어져서다. 노동자들이 소속된 업체는 사고 이튿날 오전 8시 34분에야 소방 당국에 신고했다. 구조 인력은 현재 지형과 다른 옛날 지도에 근거해 지하 172m까지 구멍을 뚫었다가 목표 지점을 다시 정해 작업을 하기도 했다. 이 아연 채굴 광산에서는 지난 8월에도 붕괴 사고로 한 명이 숨졌다.

구조 직후 안동병원으로 이송된 두 광부는 자력으로 걷고 식사를 하는 등 빠르게 회복했다. 윤석열 대통령은 광산 매몰 사고에서 생환한 광부들에게 감사의 뜻을 전하고 쾌유를 기원했다고 천효정 대통령실 부대변인이 11월 6일 서면 브리핑으로 밝혔다.

구조된 60대 작업 반장 박정하 씨는 윤 대통령의 쾌유 기원 카드와 선물을 전하러 온 강경성 산업정책비서관 등에게 "대통령에게 꼭 좀 전해달라"면서 "광산 안전업무기관들이 겉핥기식 점검을 한다. 광부들이 안전하게 일할 수 있다는 믿음을 갖도록 점검하고 보완 조치해달라고 했다"고 말했다.

+ '비상식량' 커피믹스의 재발견

봉화 아연 광산 매몰 광부들이 커피믹스를 먹으며 버텼다고 알려지면서 '커피믹스의 재발견'이 화재다. 커피, 크림, 설탕을 고체 스틱 안에 담아 간편하게 먹을 수 있도록 한 인스턴트 1회용 커피인 커피믹스는 1976년 동서식품이 세계에서 최초로 개발했다. 커피믹스가 훈민정음, 거북선, 금속활자, 온돌과 함께 한국의 5대 발명품으로 불리는 이유다.

시중에서 판매하는 커피믹스 1개의 열량은 50kcal로 성인 1일 표준열량(2000kcal)의 40분의 1을 채울 수 있다. 공기밥 한 공기(150g 기준) 칼로리가 200kcal 수준임을 감안하면 커피믹스 4봉지로 같은 열량을 섭취할 수 있다. 식사 대용품으로 만들어진 것은 아니지만 커피믹스에는 나트륨과 탄수화물, 당류, 지방 등 극한 상황에서 체온 유지에 필요한 영양소가 모두 들어있어 비상식량 역할을 톡톡히 할 수 있다.

'계곡살인' 이은해 무기징역, 조현수 징역 30년

'계곡 살인사건'으로 재판에 넘겨진 이은해·조현수가 중형을 선고받았다. 이번 선고는 지난 2019년 6월 30일 경기 가평군 용소계곡에서 피해자 윤 모(사망 당시 39세) 씨가 숨진 지 1216일, 만 3년 4개월 만에 이뤄졌다.

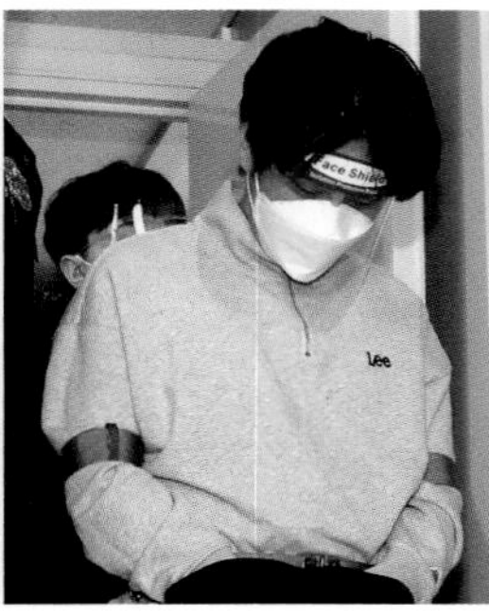

▲ '계곡 살인사건' 범인 이은해(왼쪽)·조현수

인천지법 형사15부(부장판사 이규훈)는 10월 27일 오후 선고공판에서 살인 및 살인미수, 보험사기방지특별법 위반 미수 등 혐의로 구속기소된 **이 씨에게 ■무기징역을, 조 씨에 징역 30년을 선고**했다. 1심 재판은 지난 6월 3일부터 17차례 공판을 진행했다.

앞서 검찰은 9월 30일 결심공판에서 이 씨와 조 씨에게 무기징역을 각각 구형했다. 이 씨 등은 지난 2019년 6월 30일 오후 8시 24분 경기 가평군 용소계곡에서 수영을 못하는 이 씨의 남편 윤 씨에게 다이빙을 강요해 물에 빠져 숨지게 한 혐의로 기소됐다.

이들은 2019년 2월 강원 양양군 펜션에서 윤 씨에게 독이 든 복어 정소와 피 등을 섞은 음식을 먹이거나, 3개월 후인 같은 해 5월 경기 용인시 소재의 한 낚시터에 윤 씨를 빠뜨려 살해하려 한 혐의 등도 받고 있다.

검찰은 이들이 보험금 8억원을 노리고 범행을 한 것으로 판단했다. 이 씨와 조 씨는 검찰의 2차 조사를 앞둔 지난해 12월 14일께 잠적한 뒤 4개월 만인 지난 4월 16일 경기 고양시 덕양구 3호선 삼송역 인근 오피스텔에서 경찰에 검거됐다.

■ 무기징역 (無期懲役)

무기징역이란 기간을 정하지 않고 평생 교도소 안에 가두어 의무적인 작업을 시키는 형벌을 말한다. 무기징역을 받았다고 평생 교도소밖으로 나올 수 없는 것은 아니다. 형법 제72조에 따르면 무기징역 재소자가 모범적인 수형 생활을 하고 있다고 판단되면 20년 후 가석방할 수 있다. 반면 사형확정수는 가석방할 수 없다. 법무부의 2021년 교정통계연보를 보면 무기징역을 받은 성인 죄수가 가석방된 사례는 2015년 1명, 2016년 2명에 불과했지만 2017년 11명, 2018년 40명, 2019년 14명, 2020년 18명에 달해 꾸준히 늘고 있다. 이는 교도소 포화 상황과도 관련이 있다.

헌재 "8촌 이내 혼인 금지 합헌"

8촌 이내 혈족 사이 혼인을 무효로 하는 민법 조항이 헌법 정신에 어긋난다는 헌법재판소의 결정이 나왔다. 혼인 신고 때 친족 관계를 확인하기 어려운 현실을 고려하면 당사자들의 자율성을 대폭 인정한 결정으로 평가된다. 다만 헌재는 **8촌 이내 근친혼 자체를 금지한 조항은 문제가 없다고 봤다.**

헌재는 10월 27일 이혼 소송의 당사자인 A 씨가 8촌 이내 근친혼을 혼인 무효 사유로 규정한 민법 815조 2호에 대해 제기한 헌법소원 심판에서 재판관 전원 일치 의견으로 ■**헌법불합치** 결정을 내렸다. 또 8촌 이내 근친혼을 금지한 민법 809조 1항에 대해서는 재판관 5 대 4 의견으로 합헌 결정을 했다.

헌재는 근친혼 금지가 가족제도 기능 유지에 필요하다고 인정했다. 하지만 이를 이유로 혼인 관계를 일률적으로 무효로 하면 자녀들은 혼외자가 되고, 배우자는 사회보장 수급권과 상속권을 잃어 예측하기 어려운 상황에 처할 수 있다고 봤다.

A 씨는 미국에서 만난 B 씨와 수년 동안 결혼생활을 하다가 귀국한 이후 B 씨가 이혼을 요구하자 거절했다. 그러자 B 씨는 두 사람이 6촌 사이임을 들어 혼인 무효 확인 소송을 냈다. A 씨는 1, 2심에서 모두 패소하자 대법원 판단을 앞두고 헌법소원을 냈다.

■ **헌법불합치 (憲法不合致)**

헌법불합치는 법 규정의 위헌성이 드러났지만 위헌결정을 내릴 경우 그날부터 해당 규정의 효력이 상실됨에 따라 생기는 법적 혼란을 막기 위해 관련법이 개정될 때까지 한시적으로 법적 효력을 인정해 주는 헌법재판소의 변형결정 중 하나다. 즉, 법조문을 그대로 남겨 둔 채 입법기관이 새로 법을 개정하거나 폐지할 때까지 효력을 중지시키거나 시한을 정해 법 규정을 잠정적으로 존속시키는 것이다.

광명 '세 모자 살해' 40대 가장 구속 송치

경기 광명에서 아내와 10대인 두 아들을 살해한 40대가 검찰에 넘겨졌다. 경기 광명경찰서는 살인 혐의로 구속한 A 씨를 11월 1일 오후 수원지

검 안산지청에 송치했다.

A 씨는 10월 25일 오후 8시 10분~8시 20분 사이 자택인 광명시 한 아파트에서 40대 아내 B 씨와 아들인 중학생 C 군 및 초등학생 D 군을 흉기와 둔기로 살해한 혐의를 받고 있다.

그는 사건 당일 세 사람을 차례로 살해한 뒤 폐쇄회로(CC)TV 사각지대를 이용해 밖으로 나가 범행 도구를 버리고, 인근 PC방에서 2시간가량 머물다 오후 11시 30분쯤 귀가해 "외출 후 돌아오니 가족들이 죽어있었다"고 119에 신고했다.

경찰은 주변 수색 및 CCTV 분석을 통해 아파트 인근에서 범행 도구를 발견한 뒤, 이를 토대로 추궁한 끝에 A 씨로부터 자백을 받아냈다. A 씨는 "가정불화로 인해 범행했다"며 "범행은 사흘 전부터 계획했다"고 진술했다.

A 씨는 10월 28일 구속 영장이 발부되었다. 영장에는 살인 혐의가 적시됐다. **형법상 부모를 살해한 경우엔 존속살인죄가 적용돼 가중 처벌된다. 그러나 배우자와 자녀 등 손아랫사람**(영아 제외)**을 살해한 경우엔 일반 살인죄가 적용된다.** 이에 법을 개정해야 한다는 주장이 나오고 있다.

비속 살인죄 가중처벌론

광명 세모자 살해 사건으로 인해 부모가 자녀를 살해하는 행위도 강력하게 처벌해야 한다는 목소리가 커졌다. 실제 직계존속에 대한 범죄는 가중처벌 조항이 적용된다. 자기 또는 배우자의 직계존속을 살해한 자는 '존속살해죄'를 적용받아 사형, 무기 또는 7년 이상의 징역에 처해질 수 있다. 사형, 무기 또는 5년 이상의 징역에 처해질 수 있는 살인죄보다 형이 무거운 것이다.

그러나 현행법상 직계비속에 대한 강력범죄를 가중처벌 하는 조항은 따로 마련돼있지 않다. 비속 관련 범죄는 존속관련 범죄 못지않게 빈번하게 발생하고 있다. 2021년 기준 아동을 대상으로 한 신체학대 및 성학대 등 강력범죄만 해도 총 3435건 발생했고, 아동학대 행위자의 80.1%가 친부나 친모라는 점을 고려한다면 친부모에 의한 아동 관련 강력범죄가 약 2748건 발생한 것으로 추정할 수 있다. 따라서 비속범죄도 조속히 법안을 마련해 가중 처벌해야 한다는 주장이 나온다. 자식이 부모에게 범죄를 저질러도 가중처벌을 하는데, 부모가 어리고 약한 자식에게 범죄를 저지르는 것은 가중처벌을 할 수 없다는 것은 공정하지 못하다는 것이다.

2021년 2월 26일 구자근 국민의힘 의원이 대표 발의한 형법 일부개정법률안(비속살해죄 신설안)이 현재 법안심사를 받고 있다. 이 법은 존속살해 관련 법 조항인 형법 제250조의 제목 중 '존속살해'를 '존·비속살해'로 하고, 같은 조 제2항 중 '직계존속'을 '직계존·비속(직계비속의 경우 13세 미만에 한정한다)'으로 한다는 내용을 담고 있다.

잇따른 사망·안전사고 일어난 코레일…"고강도 혁신해야"

올해 중대재해처벌법 시행에도 한국철도공사(코레일) 소속 직원들의 작업 중 안전사고와 열차 탈선이 잇따라 안전대책에 비상이 걸렸다. 고속철도에 이어 무궁화호까지 **올해만 11차례 탈선 사고가 발생했으며 작업 중 사망사고도 4건이 발생**했다.

올해 1월 5일 경부선 영동역과 김천구미역 사이 충북 영동터널 부근에서 서울발 부산행 KTX-산천 객차 1량이 궤도를 이탈해 승객 7명이 다쳤다. 7월 1일에는 부산역을 출발해 서울 수서역으로 가던 SRT 열차가 대전조차장역 인근에서 탈선했다.

2건의 고속열차 탈선에 이어 11월 6일 일반열차인 무궁화호 열차가 서울 영등포역에 진입하다 탈선했다. 승객 34명이 경상을 입었고, KTX와 일반열차 80여대 운행이 최장 3시간 이상 차질을 빚었다. 수도권 전철 1호선에서는 11월 7일 오전 전동차 운행 지연에 따른 출근 대란이 벌어졌다. 파장이 크지는 않았지만 호남선 익산역과 충북선 오송역 등지에서도 크고 작은 탈선 사고 8건이 발생했다.

무궁화호 탈선 사고 하루 전인 11월 5일에는 경기 의왕시 오봉역에서 화물열차 연결·분리 작업 중이던 코레일 소속 직원 1명이 숨지고 1명이 다쳤다. 고용노동부는 중대재해처벌법 위반 여부를 조사 중이다. 이 사고는 이 법 시행 이래 코레일 작업 현장에서 발생한 4번째 사망 산업재해다.

노동부는 4건 중 대전에서 발생한 첫 번째 사고와 관련해 **나희승 코레일 사장을 중대재해처벌법 위반 혐의로 입건**한 상태다. 공공기관장 중에서는 처음이다.

나희승 코레일 사장은 지난해 11월 취임 일성으로 "탄탄한 방역과 안전을 최우선으로 하는 철도, 강력한 경영개선으로 만년 적자의 오명에서 벗어나는 튼튼한 철도를 만들겠다"고 강조했다. 하지만 이 각오는 이미 빛을 잃었다.

원희룡 국토교통부 장관은 "사고가 끊이지 않는 코레일은 이제 하나에서 열까지 모든 것을 바꿔야 한다"고 질타했다.

공공기관의 분류

종류		내용
공기업	시장형	▲한국전력공사 ▲인천항만공사 ▲한국석유공사 ▲(주)강원랜드 등
	준시장형	▲한국도로공사 ▲한국마사회 ▲한국조폐공사 ▲한국철도공사 등
준정부기관	기금관리형	▲신용보증기금 ▲국민연금공단 등
	위탁집행형	▲한국농어촌공사 ▲한국관광공사 등
기타 공공기관		▲한국산업은행 ▲한국투자공사 등

11월 24일부터 일회용품 규제 시행 ...단속은 1년 유예

11월 24일부터 편의점에서 비닐봉지 사용이 금지되는 등 일회용품 사용 제한 범위가 확대됐다. 다만 정부는 일회용품 제한 확대로 인한 혼란과 불편이 최소화하도록 1년 동안은 계도기간을 두어 위반 시에도 과태료를 부과하지 않도록 했다.

환경부가 11월 24일부터 편의점 비닐봉지 사용

금지를 포함한 일회용품 사용 제한을 확대한다고 밝힘에 따라 **식품접객업소에서는 종이컵과 플라스틱 빨대 사용을 금지하고, 매장 면적이 33m²를 넘는 편의점 등 종합소매업체와 제과점에서는 값을 내면 살 수 있었던 비닐봉지를 사용할 수 없게 됐다.**

일회용품 사용 제한을 지키지 않으면 300만원 이하 과태료가 부과되는데, 계획에 없던 1년간의 계도기간을 운영하기로 했다. 계도기간에는 과태료 부과가 유예된다. 대신 ▪**넛지** 효과가 발생하게끔 캠페인을 전개한다. 일회용품을 소비자 입장에서 보이지 않는 곳에 비치하거나, 키오스크로 주문할 때 '일회용품 비제공'을 기본값으로 설정하는 식이다.

환경부는 분기별 소비자 인식조사 등을 통해 캠페인의 실효성을 지속해서 점검하고, 일회용품 감축 캠페인에 참여하지 않는 매장의 경우 직접 방문해 규제 내용을 설명하고 동참을 끌어낼 계획이다.

계도기간 부여를 두고 일각에서는 연이은 일회용품 정책 후퇴라는 지적이 나왔다. 이번 일회용품 제한 확대 조치는 이미 지난해 12월 31일 공포된 자원재활용법 시행규칙 개정안에 따른 것인데,

1년 가까운 기간 정부가 충분한 준비를 하지 않다가 결국 또다시 정책 후퇴 결정을 내린 게 아니냐는 것이다.

일회용품 정책이 후퇴하고 있다는 지적은 현 정부 들어 잇따라 나왔다. 환경부는 커피전문점 등에서 일회용 컵 사용량을 줄이고 재활용률을 높이기 위한 보증금제 시행을 6월에서 12월로 6개월 미루고, 시행지역을 전국에서 세종·제주로 축소했다.

환경부는 이날 식품접객업소 신고를 했더라도 편의점의 경우 즉석조리식품 취식을 위해 나무젓가락 사용을 허용하는 내용의 규제 완화 계획을 밝히기도 했다. 아울러 생분해성 플라스틱을 활용한 일회용품을 2024년까지 사용을 허용하는 등 예외 사항을 두기로 했다.

■ **넛지 (nudge)**

넛지란 '팔꿈치로 슬쩍 찌르다'란 뜻으로 사람들의 선택을 유도하는 부드러운 개입을 말한다. 넛지는 미국 시카고대의 행동경제학자 리처드 세일러와 법률가 캐스 선스타인이 공저한 『넛지(Nudge)』란 책을 통해 널리 알려졌다. 넛지는 더 나은 선택을 하도록 유도하지만 유연하고 비강제적인 접근으로 선택의 자유를 침해하지 않는다는 '자유주의적 개입주의'(libertarian paternalism)에 바탕하고 있다. 어떤 선택을 금지하거나 경제적 인센티브를 크게 변화시키지 않고 예상 가능한 방향으로 사람들의 행동을 변화시키는 것이다.

전쟁·경제난 속 기후위기 해법 모색…COP27 개막

인류가 맞이한 최대의 위기인 기후변화에 맞서기 위한 새로운 질서를 모색하는 회의가 올해도 어김없이 열렸다. **제27차 유엔기후변화협약 당사국회의**(COP27)가 11월 6일(현지시간) 이집트 시나이반도에 위치한 샤름 엘셰이크에서 개막했다.

11월 18일까지 이어진 올해 총회에는 약 200개국의 대표단과 환경·기후 관련 시민단체, 기업인, 언론인 등 4만여 명이 참여했다고 주최국인 이집트 정부가 밝혔다. 조 바이든 미국 대통령과 리시 수낵 영국 총리를 비롯해 80여 개국 정상과 국가수반급 인사도 참석해 인류가 직면한 기후위기 해법을 찾는데 머리를 맞댔다.

역대 회의가 그랬듯 올해 총회에서도 큰 줄기의 논의는 온실가스 배출량 감축과 기후변화 적응 등 문제로 모아졌다. 특히 올해 총회에는 인위적인 기후 변화로 초래된 기상변화나 해수면 상승 등의 **피해를 본 개발도상국에 선진국이 보상하는 문제인 '손실과 피해'**(loss and damage) **문제도 공식 의제로 상정**됐다.

선진국들은 2010년 멕시코 칸쿤 총회(COP16) 당시 개도국 온실가스 감축과 기후변화 적응에 2020년까지 매년 1000억달러(약 141조원)를 공여하겠다고 약속했다. 그러나 선진국의 실제 공여 이행률은 80% 선에도 미치지 못한 것으로 추산됐다.

개도국들은 선진국의 약속 불이행을 질타하는 한편, 애초 약속한 액수도 충분하지 않다며 올해 총회에서 손실과 피해 문제를 정식 의제로 논의해야 한다고 주장해 왔다. 개발도상국들은 또 기후위기와 전쟁 등이 촉발한 식량 및 에너지 가격 상승 등을 반영해 기후기금의 구조 자체를 다시 짜야 한다는 주장도 펼쳤다.

'손실과 피해' 신규 기금 조성 문제는 기후총회 결의안에 포함됐으며 기금 조성 추진 논의를 앞으로 2년 더 진행한다는 내용도 담겼다. 그러나 COP27에서는 이와 관련해 선진국과 개도국 간 의견 차이가 확연한 상황이다.

+ 생태학적 난민 (ecological refugee)

생태학적 난민은 환경 파괴로 인해 발생하는 난민을 말한다. 유엔환경계획(UNEP) 등에서 전쟁 난민과 구별하기 위해 사용하기 시작한 용어로, 환경 파괴로 초래된 가뭄, 홍수, 해일, 사막화 등에 의해 발생하는 난민을 말한다. 매년 홍수, 가뭄, 해일 등의 기상 이변으로 세계 곳곳에서 수만 명이 목숨을 잃거나 수백만에 달하는 생태학적 난민이 발생하고 있다.

국내 연구진, '바이오연료 2배 생산' 자생 미생물 배양

환경부 소속 국립생물자원관은 기존 미생물(미세조류)보다 빠르게 증식, **바이오연료**를 2배 생산할 수 있는 자생 미생물을 최근 배양하는 데 성공했다고 11월 3일 밝혔다.

연구진은 혼합영양 배양 과정에서 휘발성지방산 중 아세트산나트륨을 첨가했을 때 최적의 배양기간을 4일까지 단축시켰다. 부틸산을 첨가했을 경우 1일당 바이오연료 생산량이 2배 이상 향상되는 것도 확인했다. 이는 미세조류의 상위 20% 이내에 해당하는 바이오연료 생산성을 보인 것이다.

아세트산이나 부틸산은 음식물쓰레기와 같은 유기물이 분해될 때 얻을 수 있는 물질로 바이오연료 생산 비용을 절감하고 자원순환에도 기여할 것으로 연구진은 기대했다.

연구진은 아세트산을 활용한 바이오연료 생산 연구 결과를 SCIE급 학술지인 한국미생물공학회지 제이엠비(JMB) 10월호에 게재했다. 부틸산을 활용한 바이오연료 생산향상 결과는 바이오연료 관련 저명 학술지인 바이오리소스 테크놀로지에 게재할 예정이다.

김창무 국립생물자원관 미생물자원과장은 "미세조류는 이산화탄소를 흡수하는 온실가스 저감효과도 있어 차세대 바이오연료 소재로 유망한 생물"이라며 "앞으로 다양한 연구를 통해 실제 바이오연료로 활용하는 방안을 연구할 계획"이라고 말했다.

■ **바이오연료 (biofuel)**

바이오연료란 동물이나 식물과 같은 재생 자원으로 만든 연료를 말한다. 바이오연료는 저장과 재생이 쉬우며, 물과 온도 조건만 맞으면 어디에서나 생산할 수 있는 에너지다. 처음 생산 비용이 풍력이나 조력에 견주어 적어 비교적 낮은 자본으로 개발과 생산을 할 수 있고, 이산화탄소 발생도 적어 신재생에너지로 각광받고 있다.

다만 바이오연료의 원료가 식량이다보니 식량·사료와의 원료 확보 경쟁이 붙어 국제 곡물 가격에 영향을 주기도 한다. 또한 연료용 곡물 생산을 위한 경작지 확대를 위해 열대 우림이나 삼림 지역을 개간하게 되면 이산화탄소 흡수 감소로 대기 중 온실가스를 더욱 증가시킨다는 우려를 받고 있다. 이에 바이오연료는 다른 재생에너지원과 달리 글로벌 경지 면적의 7%만 바이오 원료로 활용하게 하는 등 제한을 받는다.

첫 일자리가 계약직인 청년 141만 '역대 최다'

첫 일자리가 계약직인 청년이 141만 명으로 집계돼 통계 작성 이후 최대로 나타났다. 취업한 청년 10명 중 6명은 주당 근로시간이 36시간 미만인 단기 근로자였다. **일자리 안정성과 근로시간이 줄어드는 등 청년 고용의 질이 떨어지고 있다는 지적**이 나온다.

10월 26일 통계청 국가통계포털(KOSIS)에 따르면 취업 경험이 있는 첫 일자리가 계약직인 15~29세 청년은 올 상반기(1~6월) 기준 140만7000명으로 집계됐다. 이는 관련 통계를 조사하기 시작한 2008년(80만6000명)보다 74.6%(60만1000명) 급증한 규모다. 이 중 시간제 근로 일자리를 얻은 청년은 85만2000명으로 같은 기간 31.1% 늘었다.

반면 고용 안정성이 높은 일자리 문턱은 점점 높아지고 있다. 계약기간을 정하지 않고 계속 근무가 가능한 일자리를 첫 일자리로 구한 청년은 222만7000명으로 2008년(289만8000명)보다 23.2%(67만1000명) 줄었다.

청년들이 받은 첫 월급은 150만~200만원 미만(36.6%)의 비율이 가장 높았다. 200만~300만원 미만은 28.4%였고, 300만원 이상은 3.7%에 그쳤다. 취업한 청년의 67.9%가 200만원에 못 미치는 첫 월급을 받은 것이다.

취업한 청년의 약 60%는 단기 일자리를 얻은 것으로 조사됐다. 올 9월 청년 취업자 396만7000명 중 62.6%(248만5000명)는 주당 근로시간이 36시간 미만인 단기 근로자였다. 1년 전(26.9%)에 비해 단기 근로자 비중이 큰 폭으로 오른 것이다.

+ 긱 이코노미 (gig economy)

긱 이코노미(긱 경제)는 기업들이 사람이 필요할 때마다 계약직 혹은 임시직으로 사람을 고용하는 경제를 말한다. '긱(gig)'은 즉흥적인 일이란 뜻으로 1920년대 미국 재즈클럽에서 단기적으로 섭외한 연주자를 '긱'이라고 부른 데서 유래하였다. 긱 경제는 미국, 영국 등 선진국 중심으로 활성화됐다.

긱 경제가 활성화되는 이유는 지식 정보 산업의 활성화로 다양한 플랫폼이 생겨나고 일과 삶의 균형을 중시하는 풍조가 활성화된 것을 들 수 있다. 긱 경제의 노동자는 유연한 근무 시간으로 추가 수익을 올릴 수 있지만 임시직이기 때문에 수입이 불안정하다. 기업이 필요할 때마다 사람을 고용하게 되며 일자리가 오히려 줄어들 것이란 우려도 있다.

분야별 최신상식

국제 외교

룰라, 브라질 대선 승리… 브라질 첫 3선 대통령

'좌파 대부' 룰라, 1.8%p 차 신승

■**루이스 이나시우 룰라 다 시우바** 전 대통령(사진)이 10월 30일(현지시간) 치러진 브라질 대선에서 자이르 보우소나루 대통령과의 초접전 대결 끝에 승리했다.

룰라 당선인은 이날 대선 결선 투표에서 99.99% 개표가 완료된 가운데 50.9%의 득표율로, 49.1%를 득표한 자이르 보우소나루 대통령을 가까스로 따돌리고 당선을 확정 지었다. 임기는 내년 1월 1일부터 4년이다.

두 전·현직 대통령 간 득표율 차이는 불과 1.8%p다. 1989년 브라질에 직선제를 도입한 이후 가장 작은 득표차다. 직전 기록은 2014년 대선이었다. 당시 연임에 성공한 지우마 호세프 대통령은 결선에서 51.64%를 얻어, 48.36%의 아에시우 네베스 후보를 3.28%p 차로 제쳤다.

브라질 역사상 첫 3선 대통령

지난 2003~2010년 8년간 재임하며 인구 2억1000만 명의 남미 대국을 이끌었던 룰라 당선인은 이날 승리로 브라질 역사상 첫 3선 대통령이 됐다.

■ **루이스 이나시우 룰라 다 시우바 (Luiz Inacio Lulada Silva, 1945~)**
루이스 이나시우 룰라 다 시우바는 브라질 역사상 첫 3선 대통령으로 초등학교 학력에 산업재해로 손가락을 잃고 노동운동에 뛰어들어 대통령을 지낸 입지전적인 인물이다. 2003년 대통령 취임 후 급진적 노선을 중도좌파로 유연하게 바꾸고 사회 전반의 복지 프로그램을 실시해 브라질의 심각한 빈부격차를 줄였다. 퇴임 당시 지지율이 90%대를 기록했다. 그러나 브라질이 2014년경 사상 최악의 경제 침체에 빠지게 되면서 거액의 뇌물수수 혐의로 2018년 12년형을 선고 받기도 했다.

임기를 종료한 전직 대통령이 다시 대선에 나서 현직 대통령의 연임을 저지한 사례도 이번이 처음이다.

올해 브라질 대선은 특히 유력한 제3의 후보자가 없는 가운데 사실상 좌·우파 후보의 일대일 대결 구도로 치러지면서 진영 간 극단적인 이념대결로 전개됐고, 브라질 사회는 양분된 모습을 보였다.

이에 따라 새로 출범하는 룰라 정부는 향후 국정 운영에서 국민적 분열과 갈등을 극복하는 게 주요한 과제로 지적되고 있다.

룰라 당선인도 스스로 이 사실을 잘 인식하고 있다는 듯 당선 소감 첫 일성으로 "두 개의 브라질은 없다. 증오로 물든 시간에서 벗어나야 한다"며 화합을 호소했다.

핑크 타이드의 부활

'좌파 대부' 룰라 당선인의 화려한 부활로, 중남미에 일렁이는 좌파 물결은 하나의 현상으로 자리매김하게 됐다. 멕시코를 시작으로 아르헨티나, 페루, 칠레, 콜롬비아 국민들이 잇따라 좌파 정부를 택한 데 이어 변화를 열망하는 브라질 민심도 '좌향좌'를 선택했기 때문이다.

이러한 경향으로 말미암아 **중남미 국가에서의 좌파 집권 흐름을 뜻하는 '핑크 타이드'**(분홍 물결)가 1990년대 말~2000년대 초에 이어 다시 등장하게 됐다는 분석도 나온다.

+ '좌파 대부' 룰라의 국정과제

현재 브라질(인구 약 2억1000만 명)은 극심한 기아에 시달리는 사람과 빈곤층이 각각 3300만 명, 1억 명으로 빈부격차가 몇 년 새 최고 수준이다. 최근 10년간 경제성장률은 0.3%에 불과했고, 물가상승률은 12%에 달했다. 이에 룰라 당선인은 빈곤층 구제 프로그램의 일환으로 극빈층 가정에 매달 보조금을 지급할 것이라 했으며 이 밖에도 남녀 임금 격차 해소, 최저임금 인상, 보육시설 확충, 의료 서비스 지연 해소 등도 약속했다. 또 '지구의 허파'인 아마존 열대우림 보존 정책에 대한 의지를 분명히 했다. 그러나 룰라 대통령 당선인이 이런 공약을 어떻게 이행할지는 여전히 의문으로 남아있다는 평가다. 공약들이 구체적인 실행 방안이나 비용에 대한 내용 없이 발표됐다는 지적이 있었다.

POINT 세 줄 요약

❶ 루이스 이나시우 룰라 다 시우바 전 대통령이 10월 30일(현지시간) 치러진 브라질 대선에서 승리했다.
❷ 올해 브라질 대선은 사실상 좌·우파 후보의 일대일 대결 구도로 치러졌다.
❸ 중남미 국가에서의 좌파 집권 흐름을 뜻하는 '핑크 타이드'(분홍 물결)가 1990년대 말~2000년대 초에 이어 다시 등장하게 됐다.

이스라엘 총선서 우파 승리... 네타냐후 재집권

▲ 베냐민 네타냐후 이스라엘 전 총리

이스라엘 역대 최장수 총리 재임 기록을 가진 베냐민 네타냐후 전 총리가 극우 정당의 도움을 받아 1년 반 만에 다시 총리 자리로 돌아오게 됐다.

이스라엘 선거관리위원회는 11월 3일(현지시간) 총선 개표 결과 네타냐후 전 총리가 이끄는 우파 진영이 120석의 크네세트(의회) 의석 중 절반이 넘는 64석을 확보한 것으로 집계됐다고 밝혔다.

네타냐후 전 총리가 대표로 있는 우파 정당 리쿠드당이 32석, 극우 정당연합인 '독실한 시오니즘 당'은 14석, 초정통파 유대교 정당인 샤스는 11석, 보수 유대 정치연합인 토라유대주의연합(UTJ)은 7석을 확보했다.

반면 반(反)네타냐후 연정에 참여했던 정당들의 의석수는 51석에 불과하다. 반네타냐후 연정 설계자인 야이르 라피드 현 총리가 이끄는 예시 아티드 24석, 베니 간츠 국방부 장관 주도의 국가통합당 12석, 세속주의 우파 정당 이스라엘 베이테이누 6석, 아랍계 정당 라암은 5석이었다.

이로써 지난해 6월 반네타냐후 연정에 밀려 실권했던 네타냐후는 우파 정당만으로 연정을 꾸리고 1년 반 만에 총리직에 복귀할 수 있게 됐다.

다만, 네타냐후의 우파 블록이 확보한 의석수가 과반의 턱걸이에 불과해 안정적인 국정 운영을 장담하기는 어렵다. 또 우파 정당 내에서 **극우 정당 연합의 지분이 커짐에 따라 차기 정부의 대팔레스타인 대아랍권 정책이 더 강경해질 것**이라는 예상도 나온다.

이스라엘-레바논, 해상 경계 획정안에 공식 서명

이스라엘과 레바논이 해상 경계 획정안에 공식 합의해 10년 넘게 끌어온 영유권 분쟁을 일단락 지었다. 이로써 양국 분쟁 수역에 풍부하게 매장된 천연가스와 석유 등 탐사와 개발이 급물살을 타게 됐다.
최종 획정안에는 860km^2에 달하는 양국 분쟁 수역에 대한 권리를 레바논이 갖는다. 이스라엘은 안보 차원에서 중요한 해상 경계인 '부표 라인'(Line of Buoys)을 국제적으로 공인받게 된다. 부표 라인은 이스라엘이 해상 안보를 위해 양국 육상 경계로부터 5km까지 그어 놓은 해상 경계선이다. 영유권 분쟁 해역에 있는 카리시(Karish) 가스전은 이스라엘이, 카나(Qana)·시돈(Sidon) 가스전은 레바논이 각각 개발한다. 이스라엘은 수익의 일부를 사용료로 받는다.

튀르키예 10월 물가상승률 85% 돌파...25년 새 최고

튀르키예의 10월 소비자 물가가 지난해 같은 달보다 85.51%, 전월보다 2.54% 상승했다고 튀르키예 통계청이 11월 3일(현지시간) 밝혔다. 이는

1997년 이후 25년 만에 최고치다. 그러나 실제 물가상승률은 공식 통계보다 훨씬 높다는 지적도 끊이지 않는다.

튀르키예 민간 ENAG 연구소 조사 결과에 따르면 10월 물가상승률은 185.34%에 달한다. 만성적 고물가에 시달리는 튀르키예는 코로나19 대유행이 유발한 경제 위기에다 러시아의 우크라이나 침공으로 인한 에너지·곡물 가격 급등까지 겹쳐 물가가 급등세를 보이고 있다.

그러나 이 같은 **비상식적인 물가상승률은 고금리가 물가 상승을 부추긴다는 레제프 타이이프 에르도안 튀르키예 대통령의 믿음 탓**이라고 전문가들은 지적한다. 고금리가 유동성을 줄인다는 기초적인 경제학 원리를 무시한 에르도안 대통령의 고집은 튀르키예 경제를 망가뜨리고 있다. 에르도안 대통령이 내년 대선을 앞두고 물가 상승보다 경기 둔화 흐름을 더 우려한다는 분석도 제기된다.

이 같은 경제 정책에 발맞추고 있는 튀르키예 중앙은행은 10월 기준금리를 12%에서 10.5%로 올해 최대 폭으로 인하하는 등 3개월 연속 금리 인하를 단행했다. 이는 서방의 중앙은행이 물가 인상 압력에 대응해 금리 인상에 나서고 있는 것과는 정반대의 행보다.

+ 쿠르드족 (Kurds)

쿠르드족은 튀르키예(1470만 명)와 이란(810만 명), 이라크(550만 명), 시리아(170만 명) 등 중동 지역에 흩어져 살고 있는 세계 최대의 유랑 민족이다. 3000~4000만 명의 단일민족이 고유 문화·언어·사회구조를 유지하고 있음에도 국가 없이 중동 산악지대에 흩어져 살고 있다. 중세 아라비아의 통치를 받은 이후 이민족의 지배하에 있었고, 제1차 세계대전 이후부터 수차례 독립을 시도했으나 그때마다 주변국의 방해 등으로 실패했다. 특히 제1차 세계대전 당시 연합국의 일원으로 오스만제국(튀르키예 전신)에 대항한 쿠르드족은 1920년 세브르 조약을 통해 독립을 보장받았다. 하지만 1923년 영국은 자신들의 신탁통치를 받던 바그다드에 쿠르디스탄(쿠르드족의 땅) 지역 통제권을 넘겨줬으며, 이후 영국·프랑스가 주도해 만들어진 국경선에 따라 쿠르드족은 튀르키예·시리아·이라크·이란·아르메니아 등으로 뿔뿔이 흩어지게 되었다.

리시 수낵 영국 총리 공식 취임

▲ 리시 수낵 영국 총리

■**리시 수낵** 신임 영국 총리가 10월 25일(현지시간) 취임했다. 수낵 총리는 '경제 안정과 신뢰 회복'을 최우선 국정 과제로 내세웠다. 수낵 총리는 전임 리즈 트러스 전 총리에 관해 "실수를 저질렀

다"면서 바로잡겠다고 밝혔다. **트러스 전 총리의 감세안 발표로 야기된 시장 혼란**을 바로잡고 경제를 안정화하는 데 총력을 기울이겠다고 다짐한 것이다.

수낵 총리는 이날 오전 런던 버킹엄궁에서 찰스 3세 국왕을 만나 악수를 함으로써 총리 임명을 위한 상징적 의식을 치른 다음 관례대로 **다우닝가 10번지 총리실** 앞에서 취임 후 첫 대국민 연설을 했다. 그는 "성장 추구는 숭고한 목표이지만 트러스 총리는 몇 가지 실수를 했고 나는 이를 바로 잡으라고 우리 당의 대표이자 여러분의 총리로 뽑혔다"면서 "즉시 일을 시작할 것"이라고 말했다.

수낵 총리는 "나는 일이 얼마나 어려운지 충분히 이해하고 있다"라면서 "더 강한 국민건강보험(NHS), 더 나은 학교, 더 안전한 거리, 우리 국경 통제, 환경 보호, 군대 지원 및 향상"을 약속했다.

트러스 전 총리는 이날 마지막 내각 회의를 주재하고 총리실 앞에서 대국민 연설을 한 뒤 찰스 3세를 만나 보고하는 것으로 사임 절차를 마무리했다. 그는 연설에서 자신이 추진한 감세를 통한 고성장 전략이 여전히 옳다고 믿는다고 말했다.

■ 리시 수낵 (Rishi Sunak, 1980~)
리시 수낵은 제79대 영국 총리로, 영국 보수당의 당수이기도 하다. 수낵은 영국 역사상 최초의 인도계이자 유색인 총리다. 또한 210년 만에 최연소 총리다. 신분제도가 있는 인도에서 수낵 가문은 최상위 계층인 브라만 계급이었다. 1980년 의사 아버지와 약사 어머니 사이에서 태어나 부유한 유년시절을 보냈다. 유명 남성 사립 기숙 고등학교인 '윈체스터 칼리지'를 거쳐, 영국 옥스퍼드대 학부에서 철학·정치·경제(PPE)를 전공하고 미국 스탠퍼드대에서 경영학 석사(MBA) 학위를 받았다. 정계에는 지난 2015년 입문했다. 2020년 보리스 존슨 전 총리에 의해 파격적으로 재무장관에 발탁된 뒤 코로나19 관련 지원책으로 대중 인지도를 높였다. 그는 자신을 발탁한 보리스 존슨 전 총리가 코로나19 방역 기간 중 '파티 게이트'로 정치적 위기에 처했을 때 가장 먼저 사표를 내면서 존슨 전 총리 사임을 촉발하기도 했다.

우크라 재건 '21C 마셜플랜' 논의 시작

▲ 폰데어라이엔 EU 집행위원장

러시아 침공으로 폐허가 된 우크라이나 재건을 위한 이른바 '21C **■마셜플랜**' 논의가 본격화할지 주목된다. **우르줄라 폰데어라이엔 유럽연합(EU) 집행위원장**이 10월 25일(현지시간) EU 집행위원회와 주요 7개국(G7) 의장국인 독일이 공동 주최한 우크라이나 재건을 위한 국제 콘퍼런스에서 "허비할 시간이 없다"면서 국제사회가 신속히 우크라이나를 지원해야 한다고 촉구했다.

폰데어라이엔 집행위원장은 특히 **■세계은행(WB)**이 우크라이나의 피해 규모를 3500억유로(약 496조원)로 추산한 것을 언급하면서 "이는 특정한

국가나 (국가)연합이 홀로 제공할 수 있는 것보다 더 많은 액수"라고 말했다. 그러면서 "G7, EU, 유럽 국가와 미국, 캐나다, 일본, 영국, 한국, 호주, 뉴질랜드와 같은 강력한 파트너들과 그 외 다른 국가들이 동참해달라"고 호소했다.

그는 이후 기자회견에서 "우리가 쓰는 한푼 한푼은 우크라이나에 대한 투자면서 동시에 전 세계적 민주적 가치에 대한 투자이기도 하다"고 말했다. 올라프 숄츠 독일 총리도 "관건은 21C를 위한 새로운 마셜 플랜을 마련하는 것"이라면서 "지금 당장 시작해야 할 세대에 걸친 과제"라고 역설했다.

이날 회의는 폰데어라이엔 집행위원장과 숄츠 총리 주도로 열린 **우크라이나 재건을 위한 전문가 콘퍼런스로, 유럽 각국과 G7, 주요 20개국**(G20), **각종 국제기구 대표들과 소속 전문가들이 참여**했다. 논의에서 전문가들도 전쟁이 진행 중이더라도 재건 지원에 착수해야 한다는 의견을 내놓았다.

패널로 참석한 베르너 호이어 유럽투자은행(EIB) 총재는 재건 시기가 늦어질수록 더 큰 비용이 들 것이라면서 "지금 당장 에너지가 필요하고, 기본적인 서비스가 제공돼야 하며 교통수단이 작동하거나 다시 회복돼야 한다"고 말했다.

콘퍼런스에 화상으로 참여한 볼로디미르 젤렌스키 우크라이나 대통령은 국제사회에 자국의 내년도 재정 적자 규모로 예상되는 380억달러(약 55조원) 규모의 지원을 호소했다. 이날 회의에 직접 참석한 데니스 슈미할 우크라이나 총리는 "당장 이번 겨울 인도주의적 재앙으로부터 사람들을 살리기 위해 자금 지원이 긴급히 필요하다"고 호소했다.

그러면서 우크라이나 지원은 "유럽 대륙을 '난민의 쓰나미'로부터 구하는 것"이라고 규정했다. 우크라이나 전쟁 이후 급증한 난민 문제로 유럽 각국이 고심하는 것을 우회적으로 언급한 것이다.

■ 마셜플랜 (Marshall Plan)

마셜플랜은 제2차 세계대전 후 미국이 서유럽 16개국에 행한 대외원조계획으로 1947년부터 1951년까지 약 120억달러의 원조를 단행했다. 당시 미 국무장관 조지 마셜의 이름에서 따왔다. 당시 미국은 서유럽 경제를 재건시켜야 공산주의 확대와 전쟁을 막을 수 있다고 판단해 이를 실행했다.

■ 세계은행 (World Bank)

세계은행(WB)은 전 세계의 빈곤 퇴치와 개발도상국의 경제 발전을 목표로 1945년 설립된 다자개발은행이다. 국제통화기금(IMF), 세계무역기구(WTO)와 함께 3대 국제경제기구로 꼽힌다. 세계은행은 1970년대까지 설립 취지에 따라 최빈국의 빈곤 퇴치와 개발도상국의 경제 발전을 정책 목표로 삼고 프로젝트 융자 중심으로 자금을 지원했다. 이후 1980~90년대에는 거시경제 안정화와 수원국의 구조 개혁에 중점을 두고 프로그램 융자를 확대하였다. 빈곤 퇴치와 더불어 보건, 교육, 환경 등 사회 개발 분야에 대한 지원에 역점을 두고 추진하고 있다.

40조 푼 빈 살만…
제2의 중동특수 기대

세계 최고 부자로 꼽히는 무함마드 빈 살만 사우디아라비아 왕세자의 별명은 '미스터 에브리싱(Mr. Everything)'이다. '오일머니'로 축적한 2조달러(약 2688조원)의 재산과, 86세의 고령인 부왕(父王 : 아버지인 왕) 살만 빈 압둘아지즈 알사우드

▲ 윤석열 대통령이 11월 17일 서울 용산구 한남동 대통령 관저에서 무함마드 빈 살만 사우디아라비아 왕세자 겸 총리와 회담을 마친 후 단독 환담을 나누고 있다.

를 대리해 사우디를 사실상 통치하고 있는 권력으로 무엇이든 할 수 있다는 뜻이다.

빈 살만 왕세자가 11월 17일 한국–사우디 수교 60주년을 기념해 1박 2일 일정으로 한국을 방문했다. 1박에 2200만원대인 서울 소공동 롯데호텔 한 동 전체를 예약했고 왕세자가 오기 전 이미 사우디에서 온 선발대가 투숙하고 있었다.

국빈급 예우와 경호를 받은 빈 살만 왕세자가 머무는 동안 롯데호텔 주변은 삼엄한 경비로 곳곳이 통제됐다. 왕세자는 한국에서 20시간 남짓 머무는 동안 **기미상궁**(氣味尙宮 : 임금 수라상 음식을 사전에 맛보고 검식하는 사람)까지 데려온 것으로 알려졌다.

빈 살만 왕세자는 11월 17일 한남동 대통령 관저에서 윤석열 대통령과 2시간 30분간 회담 및 오찬을 갖고 양국관계 발전과 실질적인 협력을 증진할 방안을 논의했다. 윤 대통령은 이 자리에서 빈 살만 왕세자에게 "▪**네옴**과 같은 메가 프로젝트 참여, 방위산업 협력, 수소와 같은 미래에너지 개발, 문화교류·관광 활성화 분야의 협력을 한층 확대하고 발전시켜 나가기를 기대한다"고 전했다.

이에 빈 살만 왕세자는 "에너지, 방위산업, 인프라·건설의 3개 분야에서 한국과 협력을 획기적으로 강화하고 싶다"고 말했다고 대통령실은 밝혔다. 빈 살만 왕세자가 언급한 협력 분야의 경우 에너지 분야에선 수소에너지 개발, 탄소포집 기술, 소형모듈원자로(SMR) 개발과 원전 인력 양성과 관련한 협력을 기대했다고 대통령실은 전했다.

이어 방산 분야에선 사우디 국방역량 강화를 위한 하드웨어와 소프트웨어 협력을, 인프라 분야에서는 네옴시티를 포함해 '사우디 비전 2030'의 일환으로 한국의 중소기업을 포함한 여러 기업이 적극 참여해줄 것을 빈 살만 왕세자가 요청했다고 덧붙였다.

빈 살만 왕세자는 11월 17일 이재용 삼성전자, 정의선 현대자동차, 최태원 SK그룹 회장 등 국내 기업 총수와 만나 각 참석자에게 사우디에서 하고 싶은 사업과 그와 관련한 애로사항을 일일이 질문했고 사우디 비전 2030 실현을 위한 한국 기업과의 협력 강화를 특히 강조한 것으로 알려졌다.

빈 살만 왕세자의 방한 기간 주요 한국 기업과 사우디 간 다양한 산업 분야에 걸쳐 총 300억달러(40조2000억원) 규모로 26건의 투자 계약 및 양해각서(MOU)가 체결되면서 '제2의 중동특수' 기대감이 커졌다.

▪ **네옴 (NEOM)**

네옴(시티)은 사우디아라비아 북서부에 서울의 44배인 2만6500㎢가량 부지에 건설되는 초대형 미래도시다. 너비 200m, 길이 170㎞의 직선형 도시 '더 라인', 바다 위에 떠 있는 팔각형 첨단 산업단지 '옥사곤', 산악관광단지 '트로제나'

등 3개 세부 사업으로 나뉜다. 네옴시티는 그동안 석유에 의존해온 경제를 첨단 제조업 중심으로 전환하는 '사우디 비전 2030'의 핵심 프로젝트다. 5000억달러를 투입해 아랍에미리트 두바이를 능가하는 최첨단 미래도시를 건설하는 게 목표다.

러시아, 대규모 핵훈련 실시 통보

러시아가 미국에 대규모 핵전쟁 훈련인 '그롬'(Grom · 우뢰)을 실시하겠다고 미국 측에 통보했다. 러시아가 이른바 '더티 밤'(dirty bomb : 방사능 물질이 든 재래식 폭탄)을 사용할 가능성이 있다는 관측이 나오는 가운데 조 바이든 미국 대통령은 어떤 전술 핵무기 사용도 심각한 실수가 될 것이라면서 러시아를 경고했다.

더티 밤은 재래식 폭탄에 방사성 물질을 채운 저위력 방사성 폭탄을 말한다. 피해가 막대한 핵무기와 달리 일정한 지역에 대한 핵 오염을 노리는 무기다. 푸틴 대통령은 10월 26일 **■독립국가연합(CIS)** 정보기관장들과 회의에서 "우리는 우크라이나의 더티 밤 사용 계획을 알고 있다"고 말했다.

러시아는 매년 10월 말 그롬 훈련을 해왔다. 미국은 러시아가 과거에 대륙간탄도미사일(ICBM)을 발사한 전례가 있다는 이유로 이번에도 미사일 발사 훈련을 할 것으로 보고 있다. 러시아가 핵 연습에 들어가면서 일각에서는 우크라이나와 서방 국가를 상대로 핵무기 사용 위협 발언을 해온 러시아가 군사훈련을 핵무기 이동의 명분으로 사용하는 것 아니냐는 관측도 나온다.

미국 국방부는 우크라이나가 더티 밤을 사용할 가능성이 있다는 러시아의 주장과 관련, "우크라이나가 더티 밤을 만들고 있다는 주장은 사실이 아니다"라고 반박했다. 서방 국가들과 우크라이나는 오히려 러시아가 더티 밤을 사용하고 이를 우크라이나에 뒤집어씌우기 위해 이른바 '거짓깃발'(위장) 전술을 구사하는 것 아니냐는 반응을 보였다.

조 바이든 대통령은 이날 코로나19 백신 접종 뒤 러시아가 더티 밤이나 핵무기 배치를 준비하고 있느냐는 언론 질문에 "나는 오늘 그것을 논의하면서 많은 시간을 보냈다"고 말했다. 이어 "러시아가 전술 핵무기를 사용한다면 러시아는 믿을 수 없을 정도로 심각한 실수를 하는 것"이라고 말했다.

한편, 바이든 대통령은 이날 러시아 법원이 징역 9년을 선고받은 미국 여자프로농구 스타 **■브리트니 그라이너**의 항소를 기각한 것과 관련, "그라이너와 다른 사람들을 석방하기 위해 러시아와 지속해서 접촉하고 있으나 긍정적인 반응은 아직 없다. 우리는 노력을 중단하지 않았다"고 답했다.

■ 독립국가연합 (CIS, Commonwealth of Independent States)

독립국가연합(CIS)은 1991년 소비에트연방(구소련) 해체로 독립한 공화국들의 동맹체다. 현재(2022년 기준) 소속국은

▲러시아 ▲몰도바 ▲벨라루스 ▲아르메니아 ▲아제르바이잔 ▲우즈베키스탄 ▲카자흐스탄 ▲키르기스스탄 ▲타지키스탄 등 9개국이다.
우크라이나는 원래 CIS 소속이었지만 친서방 정부가 들어선 뒤 러시아와 대립하다가 2018년 CIS에서 사실상 탈퇴했다. 조지아 역시 CIS 회원국이었지만 2003년 장미 혁명으로 친서방 정부가 집권해 2008년 남오세티야 독립을 두고 러시아와 전쟁을 치른 이듬해 CIS에서 탈퇴했다.

■ **브리트니 그라이너 (Brittney Yevette Griner, 1990~)**
브리트니 그라이너는 미국여자프로농구(WNBA)의 간판스타로 올림픽에서 미국 2연패를 이끌었다. 그라이너는 2022년 8월 대마초 보유 혐의로 러시아 사법당국에 징역 9년형을 선고받았다. 미국 정부는 러시아 무기상 빅토르 보트와 그라이너를 교환하는 제안을 러시아 정부에 제안한 바 있다.

미 중간선거, 공화당 압승 없었다… 민주당 예상 밖 '선전'

'레드웨이브'(공화당 압승)로 점쳐졌던 미국 중간선거에서 민주당이 예상 밖 선전을 이어가 접전이 벌어졌다. 하원에서는 공화당이 다수당이 됐지만 예상보다 격차가 줄었고 상원에서는 민주당이 과반을 지켜냈다. 이번 선거를 통해 재기를 노렸던 도널드 트럼프 미 전 대통령에게는 타격이 불가피할 전망이다.

11월 16일(현지시간) 로이터통신은 **총 100석의 상원은 민주당 50석, 공화당 49석, 하원은 전체 의석 435석 중 민주당은 211석, 공화당은 218석을 차지**했다.

4년 만에 하원에서 공화당의 승리지만 상하원 석권 전망에는 미치지 못하는 결과다. 공화당이 하원 다수당이 되면 기존 정부의 정책을 집중적으로 견제·비판하며 뒤집기를 시도하는 등 조 바이든 미국 대통령의 국정 운영에 제동이 걸릴 전망이지만 의석 격차가 크지 않은 만큼 그 영향력은 제약이 따를 가능성도 배제할 수 없다.

2024년 대선을 앞두고 바이든 대통령과 도널드 트럼프 전 대통령의 대리전 성격도 있었던 점을 고려하면 트럼프도 일정 부분 타격을 입었다는 분석이 지배적이다. 중간선거 승리를 발판으로 자신의 영향력을 키워가려고 했던 트럼프 전 대통령은 책임론에 휘말릴 수도 있게 됐다.

바이든 대통령과 민주당 입장에선 의외의 선전에 안정적 후반기 집권의 토대를 마련했다. 의회의 견제를 감수해야 하는 상황이 됐지만 일단 최악의 위기는 피했다는 것이다.

+ 레드웨이브와 블루웨이브
레드웨이브(red wave)는 빨간색을 상징으로 삼는 공화당이 대선과 미국 상·하원 선거에서 모두 압승을 거두어 대통령직과 의회를 장악한 상황을 뜻한다. 반대로 미국 민주당이 대선과 상·하원 선거에서 모두 승리하는 것은 민주당의 상징색인 파란색을 따 블루웨이브(blue wave)라고 한다. 여기에 대통령과 하원은 민주당이, 상원은 공화당이 차지하는 현상은 퍼플웨이브(purple wave)라고 한다.

전쟁 호황 석유기업 '횡재세' 논란

미국의 석유회사들이 우크라이나 전쟁 이후 에너지 값이 급등해 2000억달러가 넘는 순수익을 거둔 것으로 조사돼 바이든 미 행정부가 주장하는 ■**횡재세** 도입에 힘이 실리고 있다.

미국 석유회사들은 우크라이나 전쟁이 발발한 이후인 올해 2·3분기 6개월 동안 순수익이 2002억 4000만달러(약 282조5000억원)로 집계됐다. 이는 에스앤피 글로벌 원자재 인사이트가 조사해 나온 결과다.

지난 2월 말 우크라이나 전쟁이 시작된 뒤 6개월 동안 엑손모빌 등 대형 메이저 석유회사는 물론 중소 규모의 쉐일 에너지 업체 등 미국에서 활동하는 모든 에너지 기업들이 기록적인 수익을 올렸다.

조 바이든 대통령은 우크라이나 전쟁 이후 에너지 값 급등으로 석유회사들이 높은 수익을 올리는 반면 시민들은 고통받고 있다며, 이들이 거둔 지나친 수익에 '횡재세'를 부과해야 한다고 주장해 왔다.

바이든 대통령은 최근 석유회사들의 기록적인 수익을 "전쟁 횡재"라고 부르며, 이들이 러시아의 우크라이나 침공으로 "폭리를 취하고 있다"고 비난했다. 그는 석유 회사들이 이렇게 올린 수익을 석유 채취 개발에 투자하지 않으면, 더 많은 세금을 부과하도록 의회에 요청하겠다고 밝혔다.

미국에서 횡재세가 도입될지는 분명치 않지만, 유럽에선 이미 현실화되고 있다. **유럽연합(EU)은 에너지 기업들의 과도한 이익에 대해 33%의 '사회연대 기여' 세율**을 도입했다. **영국도 기존 세율에 25%를 더 부과하는 "에너지 이익세"를 도입**해 2025년 말까지 에너지 기업들의 이익에 최대 65%의 세율을 적용할 수 있도록 했다. 리시 수낵 영국 총리는 추가 세율을 30%까지 올리고 2028년까지 연장하는 것을 고려하는 중이다.

미국 최대의 석유회사인 엑손모빌의 최고경영자(CEO) 대런 우즈는 횡재세에 대해 회사의 두둑한 배당금을 통해 "우리 이익을 미국 국민들에게 직접적으로 돌려주는" 방법이 고려돼야만 한다고 주장했다. 급등한 이익에 세금을 부과하는 대신 더 많은 배당을 하겠다는 주장이다.

다만 11월 1일 미 민주당 인사이자 빌 클린턴 정부에서 재무장관을 지낸 래리 서머스는 자신의 트위터에 "나는 에너지 기업 횡재세 주장을 이해하지 못하겠다"며 바이든을 반박했다. 서머스는 "수익성을 낮추면 투자를 위축시켜 우리의 목표와 정반대로 가게 할 것"이라고 주장했다.

■ **횡재세 (windfall profit tax)**

횡재세란 일정 기준 이상의 이익을 얻은 법인 및 자연인에 대하여 그 초과분에 보통소득세 외에 추가적으로 징수하는 소득세로, 정식 명칭은 '초과이윤세'다. 세계적인 에너지 대란 속에 정유사들의 초과 이윤을 세금으로 환수하자는 주장이 제기된다. 영국은 정유사에 대한 초과이윤세를 도입했고, 미국도 도입을 추진 중이다.
네덜란드 정부는 2022년 11월 1일 발표에서 올해 자국 화석연료 업체들을 대상으로 횡재세를 소급 부과하겠다며 ▲석유 ▲천연가스 ▲석탄 ▲석유정제 분야에서 활동하는 기업의 초과이익에 33%의 세금을 부과하기로 했다.

인도 보행자용 다리, 축제 인파 몰려 붕괴

인도 서부에서 10월 30일(현지시간) 종교 축제를 즐기던 사람들이 만든 지 100년이 넘은 오래된 보행자 전용 현수교에 몰려 이 다리가 무너지면서 141명이 사망했다. 현지 구조 당국은 당초 사망자가 약 60명이라고 밝혔으나 구조·수색 작업이 지속될수록 사망자가 증가했다.

사망자 대부분은 익사한 것으로 밝혀졌다. 일몰 직후 현수교를 지탱하던 케이블이 끊어지면서 수 초 만에 다리가 무너졌고, 그 위에 있던 사람들이 그대로 강물에 빠졌다. 당시 다리 위에는 어린이를 포함해 150여 명이 올라가 있었던 것으로 인도 당국은 추정하고 있다.

다리 밑으로 떨어진 시민 중 일부는 헤엄쳐 나왔고, 일부는 케이블 등 다리 잔해를 붙잡고 강둑으로 기어 올라와 겨우 목숨을 건졌다. 한 생존자는 현지 언론에 어린이가 다수 강물에 떨어진 것을 보았고 이들을 함께 데리고 나오고 싶었지만, 물살에 휩쓸려가거나 익사했다고 말하기도 했다.

사고가 난 다리는 길이 233m, 폭 1.5m의 보행자 전용 다리로 영국 식민지 시대인 1880년에 개통했다. 7개월간의 보수공사를 거쳐 10월 26일에 재개장했으나 사고 발생 전날인 29일에도 다리가 심하게 흔들리는 모습이 포착됐다.

인도에서는 매해 10~11월 ■디왈리, 차트 푸자 등 축제가 열린다. 이 다리는 축제 기간 인파가 몰려드는 지역 관광 명소로 꼽힌다. 이날 다리 인근에는 400명의 인파가 몰렸고 관광객들이 한꺼번에 몰리면서 사고가 발생한 것으로 보인다.

한편 외신은 인도 다리 붕괴 사고가 한 달 내 아시아에서 인파가 몰리면서 발생한 세 번째 사건이라고 전했다. 10월 29일 발생한 이태원 압사 참사와 함께 10월 1일 인도네시아 축구경기장에서 발생한 압사 사고를 앞선 두 사례로 언급했다.

■ 디왈리 (Diwali)
디왈리는 인도의 전통 축제로, 힌두 달력 여덟 번째 달(매년 10~11월경) 초승달이 뜨는 날을 중심으로 5일간 집과 사원 등에서 이어지는 인도의 최대 축제다. 홀리(Holi)·두세라(Dussehra)와 함께 힌두교 3대 축제로 손꼽힌다. 인도 전역에서 펼쳐지는 디왈리는 지역별로 숭배하는 신이 달라 행하는 의식에 조금씩 차이가 있지만, 공통적으로 등불, 촛불 등으로 집과 사원을 밝혀 '빛의 축제'라고 불린다. 인도인들은 빛을 많이 밝힐수록 더 큰 행운이 찾아온다고 믿는 것으로 알려져 있다.
2019년 10월 25~29일 열린 디왈리 축제에서 40만9000개의 등불이 켜져 기네스 기록에 올랐다. 2019년 10월 27일 힌두스탄타임스 등에 따르면 10월 26일 아요디아시의 사라유 강둑에서 해 질 녘부터 대학생 등 6000여 명의 자원봉사자가 40만9000개의 토기 등잔에 불을 밝히는 데 성공했다. 기네스 세계 기록 관계자들은 드론 카메라를 이용해 점등 과정을 지켜본 뒤 아요디아시(市)가 속한 우타르프라데시 주(州) 당국에 기네스 기록 증명서를 수여했다.

美 하원의장 남편, 자택서 둔기피습

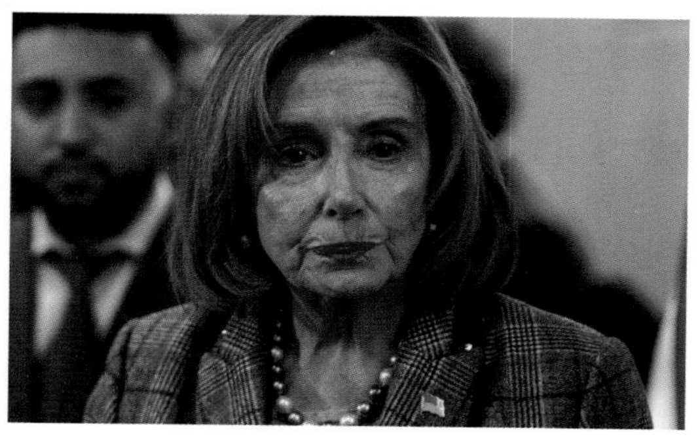

▲ 낸시 펠로시 미국 하원의장

미국 내 권력 서열 3위인 낸시 펠로시 하원의장의 남편이 자택에 침입한 40대 남성에게 폭행을 당했다. 미 정부는 **11월 8일 중간선거**를 앞두고 정치인을 겨눈 폭력이 심각하다는 경고 내용의 공보를 전국 사법기관에 게시했다.

10월 29일(현지시간) 펠로시 의장 소유인 샌프란시스코 퍼시픽하이츠의 3층짜리 타운하우스에 둔기를 소지한 범인에 의해 펠로시 의장의 남편 폴 펠로시가 둔기에 맞았다. 폴 펠로시는 두개골이 골절됐으며 오른팔과 양손에 심한 상처를 입었다.

부인 펠로시 의장과 동갑(82세)인 폴 펠로시는 부동산 투자 등 금융업에 종사하는 부유한 사업가로, 1963년 결혼한 뒤 자녀 5명을 뒀다. 지난 5월에는 음주운전으로 인한 자동차 사고로 체포돼 8시간의 사회봉사 활동을 하기도 했다.

폭행 사건의 범인인 데이비드 데파페는 캐나다 시민권자로, 범행 당시 미국에 불법체류 상태였다고 미 당국이 밝혔다. 당시 그는 펠로시 의장을 노리고 집에 들어갔다가 혼자 있던 남편을 공격했으며, 펠로시 의장을 인질로 삼으려 했던 것으로 조사됐다.

또 SNS와 블로그 계정에 반유대주의 밈(인터넷 유행 콘텐츠)과 **미 대선 부정선거를 주장하며 트럼프 전 대통령을 지지했던 극우 음모론 집단인 '큐어넌'**(QAnon)의 주장이 담겨 있었다는 것이 밝혀졌다.

백악관은 성명을 내고 "조 바이든 대통령이 펠로시 의장과 통화했으며 모든 폭력행위를 규탄한다"고 밝혔다. 미국 언론은 2021년 1월 트럼프 전 대통령 지지자의 의회 난입사건 이후 정치인을 향한 폭력이 증가하는 현상을 '민주주의의 위기'로 진단했다.

+ 미국 의전서열

미국 의전서열은 미국의 국가 행사 시 참석한 고위 공직자들의 예우를 위해 마련되어 있다. 대체로 행정부, 입법부, 사법부의 순이다. 대통령, 부통령, 해당 주의 주지사, 연방 하원의장, 연방 대법원장 순서이다.

분야별
최신상식

북한
안보

한·미·일 대북 확장억제 프놈펜 성명…
尹, 한국판 인도-태평양 전략 선언

■ **아세안 (ASEAN, Association of South-East Asian Nations)**
아세안이란 동남아시아 국가 간 전반적인 상호협력 증진을 위한 기구다. 1967년 인도네시아·말레이시아·필리핀·싱가포르·태국 5개국이 서명하면서 출범되었고, 1984년 브루나이에 이어 1995년 베트남, 1997년 라오스·미얀마, 1999년 4월 캄보디아가 정식 가입해 회원국은 총 10개국이 되었다. 한국은 1991년부터 미국·일본·호주·유럽연합(EU)·인도·중국 등 10개국과 아세안지역안보포럼(ARF : ASEAN Regional Forum)에 참석하고 있다.

"北 미사일 경보 정보 실시간 공유"

■**아세안(ASEAN·동남아시아국가연합)**과 G20(주요 20개국 협의체) 회의에 참석하기 위해 11월 1일~16일 동남아를 순방한 윤석열 대통령이 11월 13일 캄보디아 프놈펜에서 조 바이든 미국 대통령, 기시다 후미오 일본 총리와 정상회담을 잇달아 열고 북핵 및 안보, 경제, 글로벌 협력 방안에 대해 논의했다.

3국 정상은 이날 15분의 회담을 마치고 **한·미·일 정상 공동성명**(일명 프놈펜 성명)을 채택하며 "대북 확장억제 강화를 위해 협력할 것"이라고 밝혔다(사진). **3국 정상이 북한 문제 단일 현안을 넘어 경제·안보 등을 망라한 포괄적 공동 성명을 발표한 것은 처음**이다. 3국 정상은 먼저 북한의 핵미사일 도발을 한목소리로 강력히 규탄하며 "안보리 결의에 따른 한반도의 완전한 비핵화를 위한 공약을 재확인한다"고 말했다. 이어 "북한이 핵실험을 감행하면 국제사회의 강력하고 단호한 대응에 직면하게 될 것"이라고 경고했다.

3국 정상은 확장억제 강화 방안으로 "북한 미사일로 야기될 위협에 대한 각국의 탐지·평가 능력을 향상하기 위해 북한 미사일 경보 정보를 실시간으

로 공유하고자 한다"고 밝혔다.

한국판 인태 전략 첫 발표

윤석열 대통령은 11월 11일에는 프놈펜의 한 호텔에서 열린 한-아세안 정상회의에 참석해 한국판 '인도-태평양 전략'을 공개했다. 윤 대통령이 밝힌 **한국판 인태전략의 핵심은 '포용·신뢰·호혜'의 3대 원칙하에 역내 국가들이 연대해 보편적 가치에 기초한 규칙 아래 역내 질서를 지키고, 개방적이고 공정한 경제질서를 통해 인태지역의 '자유·평화·번영'을 실현한다는 것**이다.

윤 대통령은 "힘에 의한 일방적인 현상 변경은 결코 용인돼선 안될 것"이라며 "규칙에 기반해 분쟁과 무력 충돌을 방지하고 대화를 통한 평화적 해결 원칙이 지켜지도록 노력해 나갈 것"이라고 강조했다. 이는 미국과 중국이 패권 경쟁을 벌이고 있는 가운데 확실히 미국에 보조를 맞추겠다는 뜻으로 풀이된다. 다만 이를 두고 **균형 외교를 통한 국익 도모에 역행**할 것이란 비판도 나온다.

3년 만의 한중 정상회담

윤 대통령은 11월 15일 시진핑 중국 국가주석과도 정상회담을 가졌다. 한중 정상회담은 3년 만에 열렸다. 윤 대통령은 북한 핵 문제 해결을 위해 중국이 적극적인 역할을 해주길 기대한다고 했고, 시 주석은 한국이 남북관계를 개선하길 희망한다며, 북한이 호응하면 우리 정부의 ■**담대한 구상**이 잘 이행되도록 지지하고 협력하겠다고 말했다.

윤 대통령은 "동아시아와 국제사회 자유·평화·번영을 추구하는 것이 우리 정부의 외교 목표"라며 "국제사회의 자유·평화·번영을 증진하기 위해 양국이 긴밀히 소통하고 협력하자"고 했다. 이에 대해 시 주석은 "중국은 진정한 다자주의를 함께 만들어 세계에 더 많은 긍정적인 에너지와 안정성을 제공하기를 원한다"고 말했다. 이는 미국이 주도하는 대중국 견제 전략과 인도-태평양 전략을 견제하는 의미로 해석된다.

■ **담대한 구상**

담대한 구상은 윤석열 대통령이 2022년 8월 15일 광복절 경축사에서 발표한 대북 구상으로서 북한의 비핵화 대화 복귀를 견인하고 비핵화 협상에서 과감한 초기 조치와 포괄적 합의를 이끌어내며 북한이 비핵화에 나설 경우 포괄적 상응 조치를 하겠다는 내용이다.

POINT 세 줄 요약

❶ 한·미·일 3국 정상이 프놈펜 성명을 통해 대북 확장 억제 강화를 위해 협력하기로 했다.
❷ 3국은 북한 미사일 경보 정보를 실시간으로 공유하기로 했다.
❸ 윤석열 대통령은 한국형 인도-태평양 전략을 통해 미국의 대중 견제 전략에 보조를 맞추기로 했다.

"北 핵실험 규탄" 유엔총회 1위원회서 압도적 가결...중국도 찬성

▲ 유엔총회

북한의 7차 핵실험이 우려되는 상황에서 북한의 과거 6차례 핵실험을 규탄하는 내용에 대해 중국을 비롯한 대다수 유엔 회원국들이 찬성한 것으로 파악됐다.

11월 1일 외교부에 따르면 유엔총회 제1위원회(군축·군제안전 담당)는 10월 28일(현지시간) **'포괄적 핵실험 금지'를 촉구하는 결의안 52호**를 179개국의 압도적인 찬성으로 채택했다. 이 결의안은 모든 핵무기 실험에 반대하며 ***포괄적핵실험금지조약(CTBT)** 발효를 촉구하는 내용을 담았다. 중국과 러시아도 찬성했으며 북한만 반대표를 행사했다.

특히 결의안 52호 내용 중 '북한의 6차례 핵실험을 규탄하고 핵무기 프로그램을 포기할 것을 촉구'하는 5항을 유지할지에 대해 분리 표결이 이뤄졌다. 표결에선 결의안 52호를 공동제안한 한국과 미국, 일본 등은 물론 중국을 비롯한 160개국이 찬성했고 북한만 반대했다. 러시아와 시리아 등 9개국은 기권했다.

10월 31일에는 **북한 핵무기·대량살상무기 폐기를 촉구하는 결의안 61호**도 채택됐다. 이 결의안에는 북한을 비롯해 중국·러시아·니카라과·남아프리카공화국·시리아 등이 반대표를 던졌다.

결의안에는 "관련 안보리 결과에 따라 북한의 모든 핵무기와 현존하는 핵 프로그램, 모든 대량살상무기, 탄도미사일 프로그램의 완전하고 검증 가능하며 되돌릴 수 없는 폐기를 달성하겠다는 의지와 모든 유엔 회원국이 관련 결의를 완전히 이행할 의무가 있음을 재확인한다"고 적혀있다.

이들 **결의안은 12월 유엔총회 본회의 표결을 거쳐 최종 채택될 전망이지만 법적 구속력은 없다.** 결의안 52호와 61호는 지난해에도 채택된 바 있다.

■ **포괄적핵실험금지조약 (CTBT, Comprehensive Nuclear Test Ban Treaty)**

포괄적핵실험금지조약(CTBT)은 핵보유국 및 비핵보유국의 새로운 핵개발을 막으면서 부분핵실험금지조약(PTBT)에서 제외된 지하핵실험 등 모든 핵실험을 금지하기 위해 1996년 국제연합(UN) 총회에서 결의한 조약이다. 186개국이 서명하고 174개국이 비준했지만 CTBT 발효를 위해서는 5대 핵보유국(미국·러시아·중국·영국·프랑스) 및 발전용·연구용 원자로 보유국 44개국 전체의 비준이 필요해 2022년 11월 기준 미발효 상태다.

한미 연합공중훈련 '비질런트 스톰' 시작

F-35A와 F-35B 등 한미 군용기 240여 대가 참가하는 연합공중훈련 '비질런트 스톰'(Vigilant Storm)이 10월 31일 시작됐다. 북한의 7차 핵실

험 가능성이 제기되는 가운데 한미는 이번 훈련으로 강력한 대북 경고 메시지를 발신했다.

공군과 미 7공군사령부가 이날부터 11월 5일까지 진행한 비질런트 스톰 훈련에는 한국 공군의 F-35A, F-15K, KF-16 전투기, KC-330 공중급유기 등 140여 대와 미군의 F-35B 전투기, EA-18 전자전기, U-2 고공정찰기, KC-135 공중급유기 등 100여 대 등 모두 240여 대가 투입됐다.

이번 훈련에서 한미 전력 출격 횟수는 총 1600여 소티(sortir : 출격 횟수)에 이른다. 미 태평양공군은 이번 훈련의 비행 횟수가 '역대 최대 규모'라고 강조했다. 한국과 미국이 이처럼 대규모 연합공중훈련을 시행한 것은 2017년 12월 이후 5년 만이다.

한미 공군은 북한의 장거리 미사일 등 도발을 억제·대응할 수 있는 연합 공군의 강력한 항공작전 능력을 투사해 공중작전 수행 능력을 향상하고 전시 항공작전 절차에 숙달하기 위해 **2015년 ▪비질런트 에이스란 명칭으로 이 훈련을 처음 시행**했다.

북한은 이에 대해 외무성 대변인 담화에서 "미국이 계속 엄중한 군사적 도발을 가해오는 경우 보다 강화된 다음 단계 조치들을 고려하게 될 것"이라고 위협했다. 박정천 북한 노동당 중앙군사위원회 부위원장은 한미가 북한을 겨냥해 무력을 사용할 경우 "끔찍한 대가를 치르게 될 것"이라고 말했다.

▪ 비질런트 에이스 (Vigilant ACE)

비질런트 에이스는 한국과 미국 간 상호운용능력과 전투 효율성을 높이기 위해 실시하는 대규모 연합공중훈련을 말한다. Vigilant ACE의 ACE(Air Component Exercise)는 공군 구성군 훈련을 뜻하는 약자로, 훈련은 2015년 Pen-ORE(한반도 전시작전 준비훈련)라는 명칭으로 처음 실시됐다. 이는 과거 베벌리 불독(Beverly Bulldog) 훈련으로 불리던 미 공군의 전투태세훈련을 비질런트 에이스라는 명칭으로 개편하여 확대한 훈련이다.

독거 40대 탈북민, 자택서 백골 상태로 발견

홀로 생활하던 40대 탈북민 여성이 숨진 지 약 1년 만에 발견됐다. 서울 양천경찰서는 10월 19일 서울 양천구의 한 임대아파트에서 40대 탈북민 여성 A 씨의 시신을 발견했다.

서울주택도시공사(SH)는 계약 갱신 시기가 지났음에도 A 씨와 연락이 닿지 않자 올해 초 A 씨를 상대로 ▪**명도소송**을 제기했다. SH는 소송에서 승소했고, SH 관계자가 강제퇴거 절차를 위해 집을 찾았다가 부패가 상당히 진행돼 백골에 가까운 시신을 발견했다. A 씨는 발견 당시 겨울옷을 입고 있었다. 경찰은 A 씨 사망과 관련해 범죄 혐의점은 없다고 보고, 국립과학수사연구원에 분석을 의뢰한 상태다.

2002년 입국한 A 씨는 2017년 말까지 남북하나재단에서 다른 탈북민을 상담해주는 '전문상담사'로 일한 것으로 확인됐다. 한때는 성공적인 국내 정착 사례로 언론에 소개되기도 했다. 하지만 전문상담사 일을 그만둔 뒤로는 주변 지인들과도 연락이 끊긴 것으로 전해졌다.

이번 사건을 계기로 **사회복지 사각지대에 있는 탈북민들에 지속적인 관심을 기울여야 한다는 지적**이 나온다. 2019년 7월 서울 관악구의 한 임대아파트에서 탈북민 모자가 사망한 채 발견되자 통일부가 '탈북민 생활안정 종합대책'을 내놨지만 같은 일이 여전히 반복돼서다.

감사원은 지난 2월 통일부 및 소속기관에 대한 종합감사를 진행한 뒤 통일부의 탈북민 위기가구 전수조사 및 긴급지원 업무가 '부적정'하다고 밝힌 바 있다.

▪ **명도소송 (明渡訴訟)**

명도소송이란 경매를 통해 부동산을 낙찰받고 대금을 지급한 후 6개월이 지났음에도 인도명령 대상자 등이 부동산의 인도를 거절할 때 매수인이 관할법원에 부동산을 명도(건물을 비워 넘겨줌)해달라고 제기하는 소송이다. 승소 판결을 받게 되면 강제로 점유자를 내보낼 수 있다.

+ 탈북민 33%, 월가구소득 100만원 미만

탈북민의 고용 상황과 소득 수준이 국내 결혼 이민자와 비교해도 열악한 것으로 나타났다. 윤인진 고려대 사회학과 교수는 최근 학술지 '현대사회와 다문화'에 실은 '전체인구와 결혼이민자와 비교한 탈북민의 사회통합 수준'이라는 논문에서 이같이 분석했다.

논문에 따르면 탈북민의 경제활동참가율은 60.1%로 전체인구(61.6%)는 물론 결혼이민자(69.5%)보다도 낮았다. 고용률도 탈북민이 54.5%로 가장 낮았고 전체인구(59.1%), 결혼이민자(66.4%)가 그 뒤를 이었다. 실업률 역시 탈북민(9.4%)이 가장 높고, 그다음으로 결혼이민자(4.5%), 전체인구(4.1%)순이었다. 탈북민의 평균 근속 연수는 31.6개월로 전체인구(97.9개월)의 32%에 불과했다.

소득과 자산 측면에서도 탈북민은 상대적으로 열악한 상황에 놓인 것으로 나타났다. 월 가구소득 100만원 미만 비율은 탈북민이 33.8%에 달하는 데 반해 전체인구에서는 6.8%, 결혼 이민자의 경우 8.8% 수준이었다. 윤 교수는 "돈이 없어서 끼니를 거르거나 병원비가 부담돼 진료를 받지 못한 경험, 공과금을 기한 내 납부하지 못한 경험을 가진 탈북민 비율은 전체인구에서의 관련 비율 대비 3배에 달한다"고 짚었다.

이종섭 "北, 초음속 순항미사일 개발 중"

이종섭 국방부 장관이 10월 31일 북한 초음속 ▪**순항미사일** 속도가 빨라져 위협이 증대되고 있다고 밝혔다.

이 장관은 이날 국회 국방위원회 전체회의에서 "이제는 북한도 (우리 군처럼) 초음속 순항미사일을 개발하고 있고 추후 순항미사일에 핵탄두 탑재를 시도할 것으로 본다"고 전했다.

앞서 군 당국은 북한이 10월 13일과 올해 1월 등 발사한 순항미사일에 대해 속도가 마하 0.5~0.7 정도의 아음속일 것으로 평가했다.

우리 군은 지난해 9월 초음속 순항미사일을 공개하며 자세한 제원은 밝히지 않았으나 속도가 음속(마하 1)의 수 배라고 분석한 바 있다.

국방위원회 소속 여야 의원들은 이날 회의에서 국방부가 지난 9월 제출한 2023년 예산 정부안에 반영하지 않은 '한국형 3축 체계' 관련 사업 예산을 국회 심의 단계에서라도 반영해야 한다고 주장했다.

2023년 정부 예산안에는 ▲차세대전투기(FX) 2차 사업 ▲중거리 지대공미사일 철매-Ⅱ 성능개량 2차 ▲장거리 유도탄 ▲전술지대지유도무기(KTSSM) 연구·개발 ▲230mm 다연장 로켓 3차 양산 등 예산 3100억여원이 사업타당성 조사가 직전에 끝난 탓에 담기지 않았다.

한편 김승겸 합동참모본부 의장은 이날 공군작전사령부 항공우주작전본부(KAOC)를 찾아 영공 방위태세를 점검하고 **한미 연합공중훈련 '비질런트 스톰'**에 참여하는 장병들을 격려했다.

김 의장은 전·평시 항공작전태세를 보고받은 뒤 "연이은 북한의 탄도미사일 발사와 다수 항공기를 동원한 활동 등 다양한 위협에 대해 철저한 대비태세를 유지하라"면서 "적 도발 시에는 자위권 차원에서 단호하게 대응해 적을 철저히 응징할 수 있도록 작전태세를 유지하라"고 주문했다.

■ 순항미사일 (cruise missile)

순항미사일은 비행기처럼 날개와 제트엔진을 사용해서 수평비행을 하는 미사일이다. 일정한 고도와 속도로 순항하여 목표에 도달하는 미사일의 총칭이다. 최근의 순항미사일은 사정거리가 장거리화되고 주로 터보팬 엔진을 사용하고 있으며 아음속(亞音速)으로 비행한다. 장거리에서의 명중 정확도 확보를 위한 관성 항법장치의 정밀도 향상이 중요하고 또한 목표에 이르는 지형 데이터를 조합하는 방식(지형조합유도방식·TERCOM)도 겸용된다. 최근에는 GPS 항법도 추가로 사용한다. 순항미사일 본체의 크기는 무인항공기의 기체와 같이 작으며 대부분의 비행시간 동안 대기로부터 산소를 빨아들여야 하는 공기흡입 엔진(제트엔진)에 의해 추진된다. 또한 컴퓨터로 목표까지의 지도를 기억시켜 레이더로 본 지형과 대조하면서 진로를 수정하는 TERCOM이라는 유도방식의 채택으로 명중정확도가 매우 높아졌다.

北 "러시아와 무기 거래 없었고 안 할 것"

미국이 북한과 러시아간 무기 거래설을 제기한 가운데 북한이 이를 부인하고 나섰다. 미 정보 당

국은 지난 9월 **러시아가 우크라이나전에 쓰려고 북한에서 포탄과 로켓 수백만 발을 구매**하고 있다고 밝혔고 11월 2일 이 같은 주장을 재확인했다.

11월 8일 북한 조선중앙통신에 따르면 북한 국방성 명의로 된 담화를 통해 "우리는 러시아와 무기거래를 한 적이 없으며 앞으로도 그럴 계획이 없다는 것을 다시 한 번 분명히 밝힌다"는 입장을 내놨다.

담화는 "최근 미국이 우리와 러시아 사이의 무근거한 '무기 거래설'을 계속 여론화하면서 어떻게 하나 이를 기정사실화 해보려고 책동하고 있다"면서 "미국이 제기한 무기 거래설은 반공화국모략설"이라고 규탄했다.

러시아 측도 북한으로부터 무기를 공급받지 않았다고 주장했다. 북한 주재 러시아 대사관은 '북한이 비밀리에 러시아에 포탄을 제공하고 있다'는 미국의 주장에 대해 "처음부터 끝까지 거짓"이라고 반박했다고 ■**자유아시아방송(RFA)**이 이날 보도했다.

푸틴, 韓 무기 수출 견제

한편, 블라디미르 푸틴 러시아 대통령은 10월 27일(현지시간) 모스크바에서 열린 국제 러시아 전문가 모임인 '발다이 클럽' 회의에서 "지금 한국이 우크라이나에 무기와 탄약을 공급하기로 결정한 것으로 알려졌다"며 "한국이 우크라이나에 무기를 제공할 경우 한국과 러시아 관계가 파탄 날 것"이라고 주장했다.

우리 정부는 우크라이나에 살상 무기를 제공한 적이 없고 앞으로 제공할 의향도 없다는 입장을 밝혔는데 푸틴 대통령이 한국을 지목해 이러한 주장을 한 의도에 여러 해석이 나온다.

우크라이나에 무기를 지원한 폴란드에 한국이 무기를 수출하는 상황을 경계했거나 우크라이나에 무기를 지원하지 말라는 사전 경고 차원이 아니냐는 등 해석이 분분하다.

우리 정부는 지금까지 우크라이나에 비무기체계 군수물자만 지원했다. 10월 28일 국방부에 따르면 화생방 장비인 방독면과 정화통, 천막, 모포, 전투식량, 의약품, 방탄조끼 등의 물품이 우크라이나에 지원됐다. 이들 물품 지원은 모두 인도주의적 차원에서 이뤄진 것이다.

■ **자유아시아방송 (RFA, Radio Free Asia)**

자유아시아방송(RFA)은 1994년 미국 의회가 입법한 '국제 방송법'에 의해, 1996년 미국 의회의 출자·투자로 설립된 대북 전문 국제 방송국이다. RFA는 정보와 뉴스에 자유롭게 접근하지 못하는 북한 주민들을 대리한다는 목적에 따라 설교나 강의, 직접적 메시지 전달 방식을 피하고 사실의 전달에만 치중하고 있다.

北, 사상첫 NLL 이남으로 탄도미사일 도발...울릉도 공습경보

북한이 11월 2일 분단 이후 처음으로 동해상 ■**북방한계선(NLL)** 이남 우리 영해 근처로 탄도미사일 도발을 감행했으며, 이날에만 10여 발의 각종 미사일을 발사했다. 그간 해안포와 방사포를 NLL 이남으로 쏜 적은 있으나 **탄도미사일은 분단 이후 처음**이다. 북한의 도발 수위가 점점 공세

적으로 치닫고 있다.

합동참모본부에 따르면 북한은 이날 오전 8시 51분께 강원도 원산 일대에서 동해상으로 단거리탄도미사일(SRBM) 3발을 발사했으며 이 중 1발은 동해 NLL 이남 공해상에 떨어졌다. 미사일은 NLL 이남 26km, 속초 동방 57km, 울릉도 서북방 167km에 낙하했다. 공해상이기는 하지만 영해가 기준선에서 12해리(약 22km)임을 고려하면 영해에 대단히 근접해 탄착한 것이다.

미사일 방향이 울릉도 쪽이었던 까닭에 공군 중앙방공통제소(MCRC) 및 탄도탄 경보 레이더 등과 연계된 중앙민방위경보통제센터에서 울릉군에 공습경보를 발령했다. 북한이 탄도미사일을 울릉도가 포함된 남쪽으로 발사한 것은 사실상 처음인 것으로 파악된다.

아울러 북한은 NLL을 넘어온 1발이 포함된 이들 **SRBM 3발을 포함해 최소 10발 이상의 다종으로 추정되는 미사일을 이날 서쪽과 동쪽 지역에서 발사**했다. 서쪽에서는 NLL을 넘어 낙탄된 미사일은 없었다.

북한은 올해 6월 5일 SRBM 8발을 섞어 쏜 적은 있었지만 이날의 10발 이상은 올해 처음이다. 다종의 미사일을 섞어 쏘면 요격이 쉽지 않다는 점을 노린 것으로 분석된다.

尹, NSC서 "대가 치르도록 엄정 대응" 지시

윤석열 대통령은 이날 오전 북한 도발에 대응해 긴급 국가안전보장회의(NSC)를 주재하고 "북한의 도발이 분명한 대가를 치르도록 엄정한 대응을 신속히 취하라"고 지시했다. 윤 대통령은 이날 북한의 도발이 분단 이후 처음으로 NLL을 침범해 자행된 미사일에 의한 실질적 영토침해 행위라고 지적했다.

합동참모본부는 북한이 NLL 이남으로 탄도미사일을 발사한 것에 대응해 NLL 이북 공해상으로 공대지미사일 사격을 실시했다고 밝혔다. 합참은 "우리 공군 F-15K, KF-16의 정밀 공대지미사일 3발을 동해 'NLL 이북 공해상, 북한이 도발한 미사일의 낙탄 지역과 상응한 거리'의 해상에 정밀 사격을 실시했다"고 말했다.

■ 북방한계선 (NLL, Northern Limit Line)

북방한계선이란 1953년 정전 협정 이후 국제연합(UN) 사령관에 의해 일방적으로 설정된 남북 간의 해양 경계선이다. 동해는 군사분계선 끝점에서 정동으로 200마일, 서해는 서해 5도(▲백령도 ▲대청도 ▲소청도 ▲연평도 ▲우도)를 따라 그어져 있다. 북한은 NLL이 유엔군 측의 일방적 조치라며 그 효력을 부인하고 있어 1999년과 2002년 연평도 인근에서 전투가 발생하는 등 NLL 해상에서 긴장이 계속 이어졌다.

분야별
최신상식

문화
미디어

티빙-시즌 합병 공식 승인… OTT 판도 변화 불가피

■ **RMC (Ready Made Contents)**
RMC(기성제작콘텐츠)는 전문가들이 만든 드라마, 다큐멘터리 등 동영상 콘텐츠를 뜻한다. 기존 방송국에서 만든 프로그램이 대표적이다. RMC의 반대 개념은 UGC(User Generated Contents·사용자가공콘텐츠)로서 유튜브 동영상처럼 사용자가 직접 만드는 고객 참여형 콘텐츠를 말한다.

티빙-시즌 합쳐도 넷플릭스 절반 못 미쳐

국내 OTT(Over The Top·온라인동영상서비스) 서비스인 '티빙'과 '시즌'의 합병이 공식 승인됐다. 10월 31일 공정거래위원회는 **CJ 계열사인 티빙이 KT 계열사인 시즌을 흡수합병하는 기업결합 신고를 심사한 결과 관련 시장 경쟁이 제한될 우려가 없다고 판단해 승인** 결정을 내렸다.

지난 7월 티빙은 시즌의 흡수합병 결정을 발표하고 공정위에 기업결합을 신고했다. 공정위는 기업결합에 따른 ▲소비자 구독료 인상 우려 ▲CJ 계열사가 콘텐츠를 합병 OTT에만 공급할 우려(배타적 콘텐츠 공급) ▲반대로 합병 OTT가 자신의 계열사로부터만 콘텐츠를 공급받을 우려(배타적 콘텐츠 구매)가 없다고 판단했다.

먼저 공정위는 티빙이 시즌을 흡수합병해도 OTT 구독료를 인상하기 어려울 것으로 봤다. 티빙과 시즌의 유료구독형 ■RMC(기성제작콘텐츠) OTT 서비스 시장 점유율(2022년 1~9월 기준)이 각각 13.07%, 4.98%인데 이를 합한 점유율(18.05%)도 1위인 넷플릭스(38.22%)의 절반에 미치지 못하기 때문이다.

공정위는 "CJ 계열사들이 경쟁 OTT로 콘텐츠 공급을 중단할 경우 포기해야 하는 매출의 규모가 상당하다"며 배타적 콘텐츠 공급 우려가 없다고 보았다. 또한 콘텐츠의 다양성이 OTT의 지속적 이용 가능성을 결정하는 가장 중요한 요인인 만큼 시즌과 결합된 티빙이 CJ 계열사 콘텐츠만 구매·납품받는 것은 스스로를 불리하게 만드는 꼴이어서 배타적 콘텐츠 구매 가능성도 없다고 설명했다.

티빙–시즌 토종 OTT 점유율 1위 부상

정부가 합병을 공식 승인하면서 티빙–시즌 합병법인은 12월 1일 출범할 예정이다. 시즌은 하루 전인 11월 30일 서비스를 종료할 예정이다. 시즌을 품은 티빙은 국내 토종 OTT 사업자 중 SK텔레콤과 지상파 방송 4사가 합작해 운영하는 웨이브를 제치고 점유율 1위로 올라설 전망이다.

빅데이터 분석 솔루션 모바일인덱스에 따르면 지난 6월 기준 티빙과 시즌의 **월간활성이용자수**(MAU, Monthly Active Users)는 각각 402만 명, 157만 명으로 집계됐다. 이를 합치면 559만 명으로 기존 토종 OTT 1위였던 웨이브를 능가한다.

OTT 제로섬 경쟁…경쟁 심화

넷플릭스와 티빙을 쫓는 경쟁자들의 움직임도 바빠졌다. 토종 OTT 1위 타이틀을 내주게 된 웨이브는 가입자 유치를 위한 프로모션은 물론 2025년까지 1조원의 콘텐츠 투자를 통해 경쟁력을 강화하겠다는 구상이다.

쿠팡의 유료 회원 서비스인 '와우 멤버십'의 미끼상품 성격이 강한 쿠팡플레이도 로켓배송 서비스를 얹어 폭발적인 성장세를 기록하고 있다. 업계에서는 **여러 사업자들이 한정된 구독자들을 대상으로 막대한 투자를 한 만큼 OTT 사업체의 구조조정이 불가피**하다고 보고 있다.

주요 OTT 사용자 수 순위 (2022년 8월 기준·자료 : 모바일인덱스)

순위	업체	사용자 수
1	넷플릭스	1241만 명
2	웨이브	432만 명
3	티빙	429만 명
4	쿠팡플레이	380만 명
5	시즌	169만 명
6	디즈니플러스	168만 명
7	왓챠	94만 명

POINT 세 줄 요약

❶ 공정위가 티빙과 시즌의 합병을 공식 승인했다.
❷ 티빙과 시즌이 합병해도 넷플릭스 점유율의 절반에 미치지 못한다는 점이 합병 승인의 골자다.
❸ 티빙은 웨이브를 제치고 토종 1위 OTT로 떠오를 전망이다.

설치미술가 양혜규 '세계 100대 미술작가' 선정

▲ 설치미술가 양혜규 (양혜규 인스타그램 캡처)

독일 경제잡지 '캐피탈'이 최근 선정한 올해 '세계 100대 작가'에 한국 작가 양혜규가 포함됐다. 작고 작가 명단에는 비디오아트 창시자인 백남준도 꼽혔다.

세계 100대 작가 순위 명단은 해마다 **'쿤스트 콤파스**(Kunst kompass : 1969년 독일의 빌라 본가르트에 의해 만들어진 이후 매년 선정되는 서방 세계의 정상급 작가 100명의 명단)'라는 표제 아래 선정·발표된다. 올해로 52번째다. 작가 순위 선정 기준은 세계 주요 미술관에서의 개인전 여부, **■베네치아 비엔날레** 등 주요 국제 미술행사의 참여도, 주요 미술관의 해당 연도 작품 소장과 건수, 주요 미술상 수상 등이다.

한국미술품감정연구센터는 "쿤스트 콤파스 세계 100대 작가 순위 선정 기준은 단순한 시장 평가를 넘어 미술가와 미술품의 예술적·미술적 가치를 종합적으로 평가한다는 점에서 주목할 만하다"고 밝혔다.

올해 생존 작가 중 가장 중요한 예술가로 이름을 올린 작가는 독일의 게르하르트 리히터로 19년째 1위를 지켰다. 아시아권 작가로는 중국의 아이 웨이웨이, 일본의 오노 요코와 히로시 스기모토도 포함됐다.

올해 가장 주목할 작가로는 국제적으로 왕성한 작품 활동을 하고 있는 조각가 토니 크랙이 꼽혔으며, 콩고 출신의 노르웨이 미술가 산드라 무징가와 스위스 화가이자 페미니스트인 미리암 칸 등이 주목받았다. 작고 작가 명단에는 백남준이 15위로 유일한 한국 작가이며, 독일의 요셉 보이스가 1위에 선정됐다.

■ 베네치아 비엔날레 (Venice biennale)

베네치아 비엔날레는 이탈리아 베네치아에서 열리는 국제미술전시회로, '미술계의 올림픽'이라고도 불린다. 1895년 시작된 베네치아 비엔날레는 홀수 해에 6월 초에서 11월 말까지 약 5개월 동안 개최되며 2년마다 열린다. 베네치아 비엔날레는 100년이 넘는 역사를 통해 아방가르드, 추상표현주의, 팝아트 등 세계 미술계에 떠오르는 새로운 사조들을 조명하며 현대미술의 흐름을 함께 해왔다. 미국의 휘트니 비엔날레(Whitney biennale), 브라질의 상파울루 비엔날레(bienal de São Paulo)와 함께 세계 3대 비엔날레로 손꼽힌다. 그중에서도 규모와 내용 면에서 전 세계 미술계에 가장 영향력 있는 미술 행사라 할 만큼의 명성과 권위를 갖고 있다.

MBN, 6개월 업무정지 취소 소송 패소

매일방송(MBN)이 2020년 방송통신위원회가 내린 6개월 업무정치 처분에 불복해 제기한 행정소송 1심에서 패소했다. 지난해 2월 법원의 결정으로 한시적으로 중단됐던 방통위 처분이 30일 뒤 재개되면 내년 상반기에 6개월간 방송이 중단되는 '블랙아웃'으로 이어질 수도 있다.

서울행정법원 행정2부(신명희 부장판사)는 11월 3일 MBN이 방통위를 상대로 낸 '업무정지 등 처분 취소' 소송을 원고 패소로 판결했다. 재판부는 방통위의 업무정지 처분 근거가 된 사유 가운데 대부분을 유효한 것으로 인정했다.

아울러 "원고의 비위행위가 매우 위법한 것으로 보인다"며 "일반 사기업과 달리 공공성이 있고 높은 책임이 요구되는 사업을 하면서도 비위를 저질러 신뢰를 훼손했다"고 지적했다. MBN은 방송을 중단하는 것이 지나치게 무거워 부당하다고 주장했으나 인정되지 않았다.

방통위는 2020년 11월 25일 **MBN이 자본금을 불법 충당해 방송법을 위반**했다는 이유로 6개월의 업무정지 처분을 내렸다. 다만 협력사들의 피해를 최소화하기 위해 처분을 6개월 유예해 실제 방송 중단은 이듬해 5월 말부터였다.

MBN은 방통위 처분에 불복해 취소 소송을 제기했다. 아울러 유예 기간이 3개월가량 지나간 지난해 2월 24일 '1심 판결 후 30일간 방통위 처분의 효력을 중단한다'는 취지의 효력정지(집행정지) 결정을 받아내고 방송을 계속할 수 있었다.

이날 1심 판결이 그대로 확정되면 30일 뒤 방통위 처분의 효력이 다시 살아나게 되고, 남은 유예기간 3개월을 거쳐 **내년 3월 초부터 업무가 6개월간 중단될 전망**이다. 다만 MBN이 이번 판결에 불복해 항소하면서 고등법원에 재차 효력정지를 신청할 수 있다.

옴부즈맨 제도 (ombudsman system)

옴부즈맨 제도란 책임 있는 언론과 대중의 권익 보호를 위한 자율규제제도를 말한다. 1809년 스웨덴에서 국민을 대신해 정부나 기업, 단체 등의 활동을 감시하고 견제하는 행정 감찰 제도로 창안된 이후 언론·기업 등 사회 각 분야에 도입되어 시청자와 소비자의 불만을 수렴하고 시정하는 제도로 발전했다. 국내 방송사들도 '열린TV 시청자세상', 'TV비평 시청자데스크' 등 시청자와의 대화, 시청자의 불만 조사 및 수렴, 그에 대한 제작진의 입장을 표명하는 옴부즈맨 프로그램을 제작 방영하고 있다.

문화재 보존지역 다시 손본다... "불필요 규제 풀 것"

정부가 1600여 건의 문화재를 기준으로 설정된 '역사문화환경 보존지역' 범위를 다시 검토해 규제 범위를 조정한다. 문화재청은 11월 9일 국무총리 주재로 열린 '제2차 규제혁신전략회의'에서 역사문화환경 보존지역 내 행위규제 사항을 합리적으로 조정하는 내용 등을 담은 문화재 규제 개선방안을 발표했다.

▪**역사문화환경 보존지역**은 지정문화재를 보호하기 위해 정하는 구역으로, 문화재의 외곽 경계로부터 500m 이내에서 시·도지사가 문화재청장과 협의해 이를 조례로 정하도록 한다. 관련 제도는 2000년 처음 도입됐다.

이후 2002년 서울시를 시작으로 광역 지자체가 순차적으로 범위 기준을 정했고 최근에는 **서울·제주를 제외한 대부분 지자체가 주거·상업·공업지역은 200m, 녹지지역 등은 500m 등으로 운영**하고 있다.

그러나 일부 문화재는 용도 구분 없이 일률적으로 500m로 범위가 지정된 데다 해당 구역 안에서 이뤄지는 건축 행위 등 대부분을 문화재청의 개별 허가를 받게 돼 있어 개선이 필요하다는 의견이 있었다.

이에 문화재청은 지자체 조례에 근거해 사적, 천연기념물 등 국가지정문화재의 역사문화환경 보존지역 범위를 명확히 할 계획이다. 지난해 말 기준으로 국가지정문화재와 관련된 역사문화환경 보존지역 면적은 2577km²이다. 문화재청은 이 가운데 서울, 제주를 제외한 2296km² 면적을 대상으로 범위를 재검토할 예정이다.

규제구역 내에서 문화재청의 허가를 받아야 했던 개별 심의 구역은 최소화하고, 각 지자체에서 자체적으로 판단할 수 있는 자율권을 늘리는 등 규제 강도도 줄여나갈 예정이다. 허용 기준을 검토할 구역은 약 1665곳에 이른다.

▪ **역사문화환경 보존지역 (歷史文化環境保存地域)**

역사문화환경 보존지역이란 시·도지사가 지정 문화재(동산에 속하는 무형문화재 및 무형문화재 제외)의 역사문화환경 보호를 위하여 문화재청과 협의하여 조례로 정한 지역을 말한다.
건설공사의 인허가 등을 담당하는 행정기관은 지정문화재의 외곽 경계의 외부 지역에서 시행하려는 건설공사로서 시·도지사가 문화재청장과 협의하여 조례로 정한 역사문화환경 보존지역 안의 건설공사에 관하여는 그 공사에 대한 인허가 등을 하기 전에 해당 건설공사의 시행이 지정문화재 보존에 영향을 미치는지 여부를 검토하여야 한다.
역사문화환경 보존지역의 범위는 해당 지정문화재의 역사적·예술적·학문적·경관적 가치와 그 주변 환경 및 그 밖에 문화재 보호에 필요한 사항 등을 고려하여 그 외곽 경계로부터 500m 안으로 한다.

제30회 대산문학상에 시인 나희덕·소설가 한강

▲ 제30회 대산문학상 수상자 나희덕 시인·한강 작가·한기욱 평론가(왼쪽부터)

제30회 대산문학상 **수상자로 한강**(소설), **나희덕**(시), **한기욱**(평론), **한국화·사미 랑제라에르**(번역)**가 각각 선정**됐다. 한강 작가는 소설 『작별하지 않는다』, 나희덕 시인은 『가능주의자』, 한기욱 평론가는 『문학의 열린 길』, 한국화·사미 랑제라에르 번역가는 황정음의 『백의 그림자』(Cent ombres)로 수상의 영예를 안았다.

심사위원들은 소설 『작별하지 않는다』가 광주와 ▪**제주 4·3 사건**을 잇고 뒤섞으며 지금 이곳의 삶에 내재하는 그 선혈의 시간을 온몸으로 애도하고 '작별하지 않겠다'는 결연한 의지를 보여줬다고 평했다.

시집 『가능주의자』는 반딧불이처럼 깜빡이며 가닿아도 좋을 빛과 어둠에 대해, 현실 너머를 사유하는 결연한 목소리로 들려준 점을 높이 평가했다. 평론집 『문학의 열린 길』은 동시대 문학 공간과 문제적 문학에 대한 치열한 비평적 대화를 끈질기게 추구한 점을 선정 이유로 들었다.

프랑스어로 번역돼 현지 베르디에 출판사에서 출간된 『백의 그림자』는 원문에 얽매이기보다 작가 특유의 울림과 정서가 외국 독자에게도 잘 전달될 수 있도록 가독성을 높여 문학성을 살린 점을 인정했다.

대산문학상은 대산문화재단(이사장 신창재)이 운영하는 국내 최대 종합문학상이다. 희곡과 평론 부문은 격년제 심사를 해 올해는 평론 부문 수상자를 발표했다. 수상자에게는 각 5000만원씩, 총 2억원의 상금을 준다. 양화선 조각가의 청동 조각 '소나무' 상패도 수여된다.

▪ **제주 4·3 사건**

제주 4·3 사건은 1948년 4월 3일부터 1954년 9월 21일까지 제주도에서 민간인이 대량 학살된 사건이다. 제국주의 일본 패망 이후 남북한의 이념 갈등을 발단으로 남로당 무장대가 봉기하며 미군정·국군·경찰과 충돌했고 극우파 민간 무장단체들의 폭력사태를 이승만 정권과 미국 정부가 묵인하면서 민간 학살이 발생했다. 1만4028명이 희생됐고 2만8561명의 유족을 남겼으며 피해 규모와 진상 규명이 아직도 진행되고 있다.

백제 '왕궁급 건물' 추정 건물지 2동 부여서 발견

▲ 와적기단 세부모습 (자료 : 문화재청)

문화재청 국립문화재연구원 국립부여문화재연구소는 ▪**부여 부소산성** 군창지 주변 시·발굴조사에서 백제 사비기 대형 와적기단[瓦積基壇 : 기와를 쌓아 만든 기단(집터 위에 한층 높게 쌓은 단)] 건물지 2동을 확인했다고 11월 7일 밝혔다.

부여 부소산성은 백제 사비도성의 북쪽 중앙부에 위치하고 있는 산성으로 사비 도읍기 왕성, 후원, 배후산성 등의 역할을 했던 곳으로 알려져 있다. 1981년부터 2002년까지 문화재청 국립문화재연구원(당시 국립문화재연구소)과 국립부여문화재연구소에서 발굴조사를 진행했다. 당시 조사에서는 백제에서 조선시대에 이르는 성벽과 성내시설물(주거지, 저장구덩이, 우물지 등)이 확인된 바 있다.

이번 조사는 향후 중·장기적으로 진행될 부소산성의 성내 평탄지 핵심 건물군을 확인하기 위한 사전조사다. 부소산성 남동쪽의 군창지부터 남서쪽의 반월루 주변까지 평탄지 전체 지역에 대한 조사 계획을 수립하기 위해 추진됐다.

와적기단 건물지는 백제의 대표 사찰 유적인 정림사지, 왕흥사지, 군수리사지 등에서 주로 확인된다. 사비기 후기 왕궁지로 거론되는 부여 관북리 유적, 익산 왕궁리 유적 등 백제 왕도의 핵심 유적에서 주로 확인된 건물지 형태다.

특히 이번에 조사된 부소산성의 와적기단 건물지는 동서길이가 각각 16m 이상인 북쪽 건물과 14m 이상인 남쪽 건물지 두 동이 평행하게 배치된 것을 확인했다. 또한 기단이 최대 20단 가까이 남아있는 것으로 확인돼 지금까지 알려진 와적기단 건물지의 기단이 평균 5~6단 남아있는 것과 비교하면 수평으로 쌓은 와적기단 중 가장 잘 보존된 형태라고 할 수 있다.

부소산성 군창지 일대는 1993년 조사에서 '대당(大唐)'명 와당, 중국제 자기 등 중요 유물이 출토됐다. 이번 조사에서 대형 와적기단 건물지가 **일정 배치를 가지는 점, 와적기단을 다른 재료를 거의 섞지 않고 정선된 기와로 축조한 점 등을 고려할 때 백제 왕궁급 건물의 모습을 추론해 볼 수 있는 매우 귀중한 자료**로 판단된다.

■ 부여 부소산성 (夫餘扶蘇山城)

부여 부소산성은 백마강 남쪽 부소산을 감싸고 쌓은 산성으로 백제의 도성이다. 웅진에서 사비로 수도를 옮기던 백제 성왕 16년(538)에 왕궁을 보호하기 위해 이중(二重)의 성벽을 쌓은 것으로 보인다. 그러나 동성왕 22년(500)경에 이미 산 정상을 둘러쌓은 테뫼식 산성(정상부를 테처럼 둘러서 쌓은 산성)이 있던 것을 무왕 6년(605)경에 지금의 모습으로 바꾼 것으로 짐작되어 백제 성곽사를 보여주는 중요한 자료다. 성 안에는 군창터 및 삼국시대 건물터와 영일루·사비루·고란사·낙화암 등이 남아있다. 성 안에 군창터와 건물터 등이 있는 것으로 보아, 유사시에는 방어적 목적으로 사용하고, 평상시에는 백마강과 부소산의 아름다운 경관을 이용하여 왕과 귀족들이 즐기던 곳으로 쓰인 듯하다. 이 산성은 사비시대의 중심 산성으로서 백제가 멸망할 때까지 수도였던 곳으로서 역사적 의미가 있다.

한국의 탈춤, 12월 '인류무형문화유산' 등재 확실시

전통문화 '탈춤'이 유네스코 인류무형문화유산이 될 가능성이 유력해졌다. 북한의 '평양랭면 문화' 역시 함께 오를 가능성이 크다.

유네스코가 11월 1일 홈페이지에 발표한 '2022년 인류무형문화유산 대표목록 등재 후보 심사' 결과에서 탈춤이 '등재 권고' 판정을 받았다. 유네스코 무형유산위원회 산하 평가기구는 유산을 심사한 뒤 '등재', '정보 보완', '등재 불가'로 분류한다. 등재 권고 판정을 받으면 결과가 바뀌는 경우가 거의 없다. 최종 결과는 11월 28일 모로코에서 열리는 '제17차 무형문화유산보호협약 정부간위원회'에서 확정된다.

탈춤은 춤, 노래, 말, 동작 등을 통해 사회를 풍자하는 종합 예술이다. **'양주별산대놀이'를 포함한 13개 국가무형문화재와 '속초사자놀이'를 포함**

한 5개 시도무형문화재 종목 등이 '한국의 탈춤'을 구성하고 있다.

인류무형문화유산이 되려면 단순히 오랜 역사를 넘어 보편적인 가치를 지녀야 한다. 문화재청은 탈춤이 부조리와 갈등을 풍자하는 데 그치지 않고 화해의 춤으로 마무리해 화해와 조화를 위한 전통유산이라는 점을 강조했다.

또한 현대의 예술창작에도 끊임없이 영감을 제공함으로써 공동체에 정체성과 연속성을 부여한다는 점도 부각했다. 평가기구는 탈춤의 등재 신청서에 대해 "특정 무형유산의 대표목록 등재가 어떻게 무형유산 전체의 중요성에 대한 가시성과 인식을 제고할 수 있는지 잘 보여 준다"고 평가했다.

탈춤이 최종 등재되면 한국은 2020년 '연등회'에 이어 22번째 인류무형문화유산을 보유하게 된다. 유네스코는 많은 나라가 인류무형문화유산을 등재할 수 있도록 한국처럼 다등재국은 등재 심사를 2년에 1건으로 제한하고 있다. 다음 등재 신청 종목은 '한국의 전통 장(醬)문화'다.

평가기구가 이번에 심사한 46건 중 31건이 '등재', 14건이 '정보 보완', 1건이 '등재 불가'를 권고받았다. 2020년 '조선옷차림풍습(한복)'으로 도전했다 실패했던 북한은 '평양랭면 문화'로 등재 권고 판정을 받았다. 북한은 "오랜 역사를 거쳐 현대까지 즐겨 먹는 음식"이며 "조선국수의 대명사"라고 소개했고 옥류관, 조선료리협회 등 관련 단체들도 적극적으로 지지의 뜻을 나타냈다. **'평양랭면 문화'가 등재되면 북한은 아리랑, 김치담그기, 씨름(남북공동등재)에 이어 네 번째 인류무형문화유산을 보유**하게 된다.

한국의 유네스코 유산 (2022년 11월 기준)

구분	유산
세계유산(문화·자연·복합유산)	▲한국의 갯벌 ▲한국의 서원 ▲산사, 한국의 산지승원 ▲백제역사유적지구 ▲남한산성 ▲한국의 역사 마을 : 하회와 안동 ▲조선 왕릉 ▲제주 화산섬과 용암 동굴 ▲고창, 화순, 강화의 고인돌 ▲경주 역사지구 ▲창덕궁 ▲수원 화성 ▲해인사 장경판전 ▲종묘 ▲석굴암과 불국사
인류무형문화유산	▲연등회 ▲씨름(남북한 공동 등재) ▲제주해녀문화 ▲줄다리기 ▲농악 ▲김장문화 ▲아리랑(남북한 개별 등재) ▲줄타기 ▲택견 ▲한산 모시짜기 ▲대목장(大木匠) ▲매사냥 ▲가곡 ▲처용무 ▲강강술래 ▲제주칠머리당 영등굿 ▲남사당놀이 ▲영산재 ▲강릉단오제 ▲판소리 ▲종묘제례 및 종묘제례악
세계기록유산	▲국채보상운동 기록물 ▲조선통신사에 관한 기록 ▲조선왕실 어보와 어책 ▲한국의 유교책판 ▲KBS 특별생방송 '이산가족을 찾습니다' 기록물 ▲새마을 운동 기록물 ▲난중일기 ▲5·18 광주 민주화운동 기록물 ▲일성록 ▲동의보감 ▲고려대장경판 및 제경판 ▲조선왕조 의궤 ▲불조직지심체요절 하권 ▲승정원일기 ▲조선왕조실록 ▲훈민정음 해례본

넷플릭스, 월 5500원에 광고 요금제 시작

글로벌 1위 OTT 넷플릭스가 11월 4일 오전 1시 한국을 비롯해 미국·브라질·영국·프랑스·독일·이탈리아·일본·호주 등 9개 나라에서 광고 요금제를 시작했다.

'베이식 위드 애즈(Basic with ads)'로 명명된 이번 요금제는 콘텐츠에 광고를 포함하는 대신 기존 요금제보다 월정액을 낮춘 것으로, 한국에서는

월 5500원, 미국에선 월 6.99달러로 책정됐다.

12개 나라에 우선 도입되는 이번 요금제는 11월 1일 캐나다와 멕시코에 먼저 적용됐고, 스페인에서는 오는 11월 10일 서비스를 시작한다. 넷플릭스는 향후 다른 나라에도 광고 요금제를 적용할 계획으로 알려졌다.

광고 요금제를 선택할 경우, 국내 이용자들은 기존 **'베이식 요금제'**(월 9500원)**보다 4000원 저렴한 가격으로 넷플릭스를 감상할 수 있다. 다만 시간당 평균 4~5분 광고를 시청해야만 한다.** 15초 또는 30초 길이 광고가 콘텐츠 재생 시작 전과 도중에 노출되는 방식이다.

광고 요금제 이용자는 베이식 요금제와 마찬가지로 노트북과 TV, 스마트폰, 태블릿에 접속해 720p·HD 화질의 콘텐츠를 시청할 수 있다. 하지만 콘텐츠 내려받기 서비스는 이용 불가다. 아울러 광고 게재 권한을 놓고 라이선스 문제가 불거진 일부 콘텐츠도 광고 요금제에서는 당분간 시청할 수 없다.

월스트리트저널(WSJ)은 넷플릭스가 해당 문제를 해결하기 위해 디즈니, NBC유니버설, 소니픽처스, 워너 브라더스 등과 협상을 진행 중이라고 보도했다.

넷플릭스는 광고 요금제 도입으로 실적이 개선될 것으로 기대하고 있다. 넷플릭스는 "이번 광고 요금제가 광고주들에게 흥미로운 기회를 제공할 것"이라며 "젊은 시청자 등 다양한 사용자들에게 고해상도 광고로 다가갈 기회"라고 설명했다.

+ "넷플릭스 광고 요금제, 시간·요금 모두 불만족"

넷플릭스의 광고 요금제에 대한 소비자의 만족도가 크게 떨어지는 것으로 나타났다. 11월 10일 소비자 리서치 연구기관 컨슈머인사이트에 따르면 올해 하반기 소비자 1473명에게 넷플릭스의 '광고형 저가 요금제'에 대한 인식 조사를 진행한 결과 광고형 저가 요금제를 이용하고 싶다고 응답은 13%에 불과했다.

가입하지 않겠다는 응답자의 대다수가 '광고 시청 자체가 싫어서'를 꼽았다. 기존 가입자는 51%, 비가입자는 35% 수준이다. 기존 가입자는 '광고 시청 시간이 너무 길어서'(14%), '화질이 낮아서'(12%), '동시 시청이 1명밖에 되지 않아서'(11%), '요금이 별로 저렴하지 않아서'(8%) 등을 선택했다. 비가입자들은 '요금이 별로 저렴하지 않아서(21%)', '광고 시청 시간이 너무 길어서(13%)', '화질이 낮아서(9%)', 동시 시청이 1명밖에 되지 않아서(5%)' 등이다.

소비자들이 뽑은 광고형 요금제의 적정 구독료는 4200원으로 집계됐다. 적정 광고 시간은 2분 내외로 조사됐다. 소비자들이 광고 자체에 대한 거부감이 컸고, 추가로 광고 시간과 요금에 민감하게 반응했다.

'한국 마이스 엑스포' 3년 만에 대면 개최

문화체육관광부가 주최하고 한국관광공사, 인천관광공사가 주관하는 코리아 **▪마이스(MICE : 회의·포상관광·컨벤션·전시회)** 엑스포(KME)'가 11월 9일 인천 송도컨벤시아에서 개막, 10일까

▲ 마이스 엑스포 2022 포스터 (자료 : 문화체육관광부)

지 열렸다. 올해 23회째를 맞은 국내 유일의 마이스 전문 박람회가 오프라인에서 열리는 건 지난 2019년 이후 3년 만이다.

올해 KME 주제는 'Meet the Change, Find the Chance'다. 미증유의 코로나19 사태로 바뀐 시장환경에서 재도약의 기회를 찾는다는 의미를 담고 있다. 이번 KME엔 전국 21개 지자체에서 226개 기관과 기업이 참여해 치열한 마케팅 경쟁을 벌였다.

서울은 29개 얼라이언스 회원사가 참여한 단체관에서 자체 개발한 가상 플랫폼 '버추얼 서울' 홍보에 나섰다. 경기와 전북은 최근 두드러진 경향 중 하나인 행사 소형화 추세에 맞춰 전략적으로 유니크 베뉴 등 중소 시설을 앞세운 '스몰 마이스' 마케팅으로 눈길을 끌었다.

대구와 광주, 경남, 울산, 고양 등은 지역 특화산업과 연관된 국제행사·단체 유치를 위해 국내외 바이어와 상담을 이어갔다. 올해 처음 KME에 참가한 안동은 지난 9월 오픈한 안동국제컨벤션센터 홍보에 나섰다. 한국마이스협회는 AI(인공지능), VR·AR(가상현실·증강현실), 빅데이터 등 마이스 업계의 미팅 테크놀로지(회의기술) 활용 사례를 모아놓은 DX(디지털 전환) 전시관을 선보였다.

행사장엔 국내외 바이어 300여 명이 방문해 이날 하루에만 1000여 건이 넘는 비즈니스 상담이 이뤄졌다. 3년 만에 오프라인으로 열린 이번 KME는 유럽과 미주, 중동 등 19개 국가에서 106명의 바이어를 초청했다. 특히 새로운 타깃 시장인 동남아시아에서 전체 바이어의 절반이 넘는 68명이 참여했다.

올해 KME는 **폐기물을 줄인 친환경 부스, 사회공헌 팀빌딩 프로그램 등 이전 행사에선 볼 수 없었던 ▪ESG(환경·사회·지배구조) 트렌드를 반영**해 눈길을 끌었다. ESG가 마이스 주요 수요층인 기업체의 당면과제가 되면서 기업회의, 포상관광 등 행사 개최장소와 방문 목적지를 선택하는 기준이 되면서 나타난 변화다.

▪ 마이스 (MICE)

마이스(MICE)는 기업의 회의(Meeting), 포상관광(Incentives), 컨벤션(Convention), 이벤트와 전시(Events & Exhibition)의 머리글자를 딴 것이다. 국제회의를 뜻하는 '컨벤션'이 회의나 포상 관광, 각종 전시·박람회 등 복합적인 산업의 의미로 해석되면서 생겨난 개념이다. 비즈니스관광(BT)이라고도 한다.

▪ ESG (Environment·Social·Governance)

ESG란 기업의 비재무적 요소인 환경(Environment)·사회(Social)·지배구조(Governance)를 뜻하는 말이다. 투자 의사결정 시 사회책임투자의 관점에서 기업의 재무적 요소들과 함께 고려한다. 사회책임투자란 사회·윤리적 가치를 반영하는 기업에 투자하는 방식이다. 기업의 ESG 성과를 활용한 투자 방식은 투자자들의 장기적 수익을 추구하는 동시에 기업 행동이 사회에 이익이 되도록 영향을 줄 수 있다.
지속가능한 발전을 위한 기업과 투자자의 사회적 책임이 중요해지면서 세계적으로 많은 금융기관이 ESG 평가 정보를 활용하고 있다. 영국(2000년)을 시작으로 스웨덴, 독일, 캐나다, 벨기에, 프랑스 등 여러 나라에서 연기금을 중심으로 ESG 정보 공시 의무 제도를 도입했다. 유엔은 2006년 출범한 유엔책임투자원칙(UNPRI)을 통해 ESG 이슈를 고려한 사회책임투자를 장려하고 있다.

분야별
최신상식

과학
IT

폴란드에 한국형 원전 보낸다… 최대 40조 수출 눈앞

■ **APR1400**
APR1400은 국내 기술로 개발한 3세대 가압경수로써, 2017년 10월 유럽 사업자요건(EUR) 인증을 받았으며, 2019년 8월에는 미국 외 노형 중 최초로 미국 원자력규제위원회(NRC)의 설계인증(DC)을 취득하였다. 국내 신고리 3·4·5·6호기, 신한울 1·2·3·4호기가 APR1400 노형을 사용한다. APR1400은 기존 한국형 원전인 OPR1000과 비교했을 때 발전 용량이 1000MW에서 1400MW로 향상되었고, 설계수명은 40년에서 60년으로 연장되었다. 또, 발전원가가 10% 이상 더 줄었다. 또한, 원전 사고를 예방할 수 있는 다중 안전장치를 갖췄다.

UAE 이후 13년만

한국형 차세대 원자력발전소(원전)인 ■APR1400의 수출길이 13년 만에 열렸다. 2009년 아랍에미리트(UAE) 바라카 원전 수주에 이어 **유럽 국가 중에서는 처음으로 폴란드에 한국형 원전을 수출**하게 되는 것이다. 산업통상자원부와 폴란드 국유재산부는 10월 31일 서울 중구 더플라자에서 이창양 산업부 장관과 야체크 사신 폴란드 부총리 겸 국유재산부 장관이 참석한 가운데 폴란드 퐁트누프 지역의 원전 개발 계획 수립과 관련한 양해각서(■MOU)를 체결했다.

이 프로젝트는 한국수력원자력(한수원), 폴란드의 민간발전사 제팍(ZE-PAK), 폴란드전력공사(PGE) 3개사가 폴란드 수도 바르샤바에서 서쪽으로 240km 떨어진 퐁트누프 지역에 APR1400 기술을 기반으로 한 원전을 짓는다는 내용을 골자로 한다. 퐁트누프에 가동 중인 석탄화력발전소를 철거하고 원전을 새로 짓는다.

美 원전기업 소송 우려

한수원이 지난해 폴란드 원전 수출 추진을 최종 결정하기 위해 개최한 회

의에서 **미국 원전업체 웨스팅하우스가 수출통제 소송을 제기할 수 있다는 가능성을 논의하지 않은 것으로 파악**됐다. 지난 2009년 아랍에미리트(UAE) 원전 수출 당시에도 웨스팅하우스가 우리나라 기술의 지식재산권을 문제 삼은 만큼 보다 철저한 대비가 필요했다는 지적이 나온다.

앞서 웨스팅하우스는 한수원이 개발한 APR1400 및 APR1000 원전에 사용한 기술이 수출통제 대상에 해당한다며 지난 9월 워싱턴DC 연방지방법원에 소송을 제기했다.

미국연방규정 제10장 810절은 민감 원자력 기술에 해당하지 않는 원전 기술을 외국에 수출할 경우 수출 후 30일 이내에 사후 보고하도록 규정하고 있다. 이는 한수원처럼 미국 기업으로부터 기술을 이전받은 외국 기업이 기술을 재이전하는 경우에도 똑같이 적용된다.

한수원 측은 이와 관련해 "폴란드와 체코는 수출 사후 보고만 하면 되는 국가이기 때문에 아직까지 미 에너지부에 현황 보고 등을 하지 않았다"며 "웨스팅하우스는 원전 사업 입찰서를 제출하는 단계에서부터 기술이 재이전된다고 보고 수출통제를 요구한 것"이라고 밝혔다.

■ **MOU (Memorandum Of Understanding)**

MOU(양해각서)란 정식계약을 체결하기 전에 투자에 관해 합의한 사항을 명시한 문서를 말한다. MOU는 거래를 시작하기 전에 서로의 입장을 확인하는 계약으로, 일반적인 계약서와는 달리 구속력을 가지지 않는다. MOU는 실제 계약을 할 때 원활히 할 수 있도록 도와주며, 대외 홍보 역할을 한다는 장점이 있다.

+ 고농축우라늄 (HEU, Highly Enriched Uranium)

고농축우라늄(HEU)은 핵무기나 원자로에 쓰이는, 우라늄의 방사성 동위원소인 우라늄-235의 비율을 높인 우라늄을 말한다. 우라늄-235는 중성자와 충돌해 쉽게 핵분열을 일으키므로 핵연료로 쓰인다. 천연우라늄은 우라늄-235의 비율이 매우 낮기 때문에 여러 가지 방법을 통해 우라늄-235의 비율이 높은 농축우라늄을 만든다. HEU는 이 가운데 우라늄-235의 비율이 20%를 넘도록 농축된 우라늄이다.

POINT 세 줄 요약

❶ 한국형 차세대 원자력발전소(원전)인 APR1400이 유럽 국가 중에서는 처음으로 폴란드에 수출한다.
❷ 2009년 아랍에미리트(UAE) 바라카 원전 수주에 이어 13년 만의 수출이다.
❸ 미국 원전업체 웨스팅하우스가 수출통제 소송을 제기할 수 있다는 가능성이 있어 철저한 대비가 필요하다.

롤드컵 중계 20만 명 몰리자 네이버 접속 오류

[점검완료] 서비스 페이지 접속 지연 안내

네이버 고객센터
2022.11.06

안녕하세요. 네이버 고객센터입니다.

일시적인 네트워크 트래픽 증가로 e스포츠, 카페, 지도, 쇼핑, 웹툰 등 서비스 페이지 접속 지연 현상이 발생하였고, 긴급점검을 진행하여 현재는 정상적으로 서비스를 이용하실 수 있습니다.

보다 안정적인 서비스를 위해 최선을 다하는 네이버가 되겠습니다.

감사합니다.

▲ 네이버 접속 장애 안내문 (네이버 홈페이지 캡처)

지난 10월 15일 판교 데이터센터 화재로 카카오 주요 서비스가 먹통이 되며 이용자들이 큰 불편을 겪은 지 오래되지 않아 11월 6일 네이버 주요 서비스에서 서비스 장애가 발생했다.

이날 오후 2시경부터 네이버 쇼핑, 스마트스토어, 지도, 카페, 블로그, 웹툰, 시리즈 등 주요 서비스에서 접속 장애 현상이 이어졌다. 네이버 측은 공지사항을 통해 오후 2시부터 20분간 평소보다 높은 접속량으로 일시적으로 오류가 있었으나 ■**e스포츠** 외에 모두 정상화됐다고 안내했다.

구체적인 원인은 밝혀지지 않았지만 일각에서는 이날 오후 1시부터 네이버 e스포츠에서 동영상으로 제공한 **2022 리그 오브 레전드**(LOL) **월드 챔피언십**(롤드컵) 결승전에 이용자들이 한꺼번에 몰려 ■**트래픽**이 증가한 탓이라고 추정했다. 네이버 e스포츠에서는 롤드컵 결승전 4세트를 중계했고 당시 약 20만 명에 달하는 이용자가 동시에 몰렸다.

전 세계적으로 인기가 높은 롤드컵은 이날 샌프란시스코에서 결승전이 열렸는데 5년 만에 결승전에서 한국팀 간 맞대결이 벌어져 생중계를 보기 위해 국내 e스포츠 팬들의 관심이 뜨거웠다. 한편, 이날 DRX는 **'게임계의 메시'라고 불리는 페이커**(이상혁)를 중심으로 한 정상급 구단인 T1을 이기며 창단 첫 우승을 거머쥐었다.

■ **e스포츠 (electronic sports)**
e스포츠(일렉트로닉스포츠)는 컴퓨터 통신이나 인터넷 등을 통해서 온라인상으로 이루어지는 게임을 통틀어 이르는 말이다. 과거 전자오락은 말 그대로 오락의 범주에서 벗어나지 못했지만 1990년대 '스타크래프트'와 PC방의 등장으로 게임 산업이 급격히 발전하며 사회적 인식이 발달하면서 e스포츠라는 단어가 통용되기 시작했다. 몸을 쓰는 일반적인 스포츠와 달리 정신적인 능력을 위주로 하여 체스와 바둑 같은 정신스포츠로 인식되고 있으며 2022 항저우 아시안 게임부터 e스포츠가 정식 종목으로 채택됐다.

■ **트래픽 (traffic)**
트래픽은 원래 교통량을 나타내는 단어이지만 보통 통신장치나 전송로상에서 일정 시간 내에 흐르는 데이터의 양, 전송량을 지칭한다. 웹트래픽은 웹사이트에 방문하는 사람들이 데이터를 주고받은 양으로서 방문자 수와 방문 페이지 수에 따라 결정된다.
트래픽량의 단위는 '얼랑(erl)'이다. 1얼랑은 1회선이 최대로 운반할 수 있는 트래픽량을 말한다. 예를 들어 1회선이 1시간 동안 30분 사용되면 30분÷60분=0.5얼랑이 된다. 또한 1/36 얼랑은 100초호(秒呼)라 한다.

전기차 무선충전 상용화… 12개 규제혁신 과제 발표

과학기술정보통신부가 윤석열 정부의 규제 완화 기조에 맞춰 정보통신(ICT) 산업 관련 12개 규제를 푼다. 11월 9일 과기정통부는 총리 주재 제2차 규제혁신전략회의에서 '디지털산업 활력제고

과학기술정보통신부

규제혁신 방안'을 공개했다.

과기정통부는 IMD 디지털경쟁력 지수에서 종합 8위(총 63개국)**를 기록한 한국이 규제 여건에선 23위로 떨어지는 점을 지적**하며 기업, 지자체 등이 건의한 12개 규제개선 과제를 본격 추진할 방침이다.

우선 충전할 때 플러그 연결이나 카드 태깅이 필요하지 않아 전기차 보급의 핵심으로 꼽히는 무선 충전 기술을 상용화한다. 무선 충전을 하려면 활성화된 주파수가 필요한 만큼 정부는 연말까지 전용 주파수(85kHz)를 공고할 계획이다.

정부는 또 스마트폰에 탑재하면 스마트 도어락 작동, 분실물 탐색 등 사물 인터넷 서비스를 더 편리하게 쓸 수 있는 저전력·초정밀 **■초광대역 무선 기술(UWB)** 휴대형 기기 사용을 허가하기로 했다.

정부는 또 반도체 제조시설에서 전파 이용 장비마다 검사를 따로 받던 것을 건물 밖에서 건물 단위로 검사하는 방식으로 절차를 간소화한다. 이로써 검사 소요 시간이 현행 7일에서 1일로 단축되고 검사 시 각 공정을 중단했던 불편이 줄 것으로 기대된다.

특히 정부는 이동통신사가 아니어도 토지나 건물 단위로 직접 5G망을 깔아 사용하는 '이음 5G 서비스'를 활성화하고자 주파수 공급 절차를 지금보다 간소화하고, 로봇, 지능형 CCTV 등 이음 5G와 연결되는 단말기라면 스마트폰처럼 무선국 허가 절차를 없앤다.

이밖에 구리선 기반으로만 허용됐던 유선전화를 새로 설치할 때 광케이블을 통한 인터넷 전화(VoIP)로 서비스하는 방안도 허용한다. 이로써 2500억원 상당의 광대역 통신망 투자가 촉진될 전망이다.

전자파 위해도가 낮은 저출력 무선 충전 기기는 제품별 인증 제도를 단계적으로 도입, 같은 종류 기기는 한 번만 전자파 적합성 인증을 받으면 된다.

전자파 위험이 낮은데도 제품마다 전자파 적합성 시험과 등록을 해야 했던 LED 조명기기 등은 자율 규제인 '전자파 자기 적합 선언제'를 도입한다.

정부는 이런 규제 개선을 위한 각종 법령 개정을 늦어도 내년 중 모두 마칠 계획이다. 이종호 과기정통부 장관은 "디지털 산업 규제를 과감하고 신속히 혁파해 산업 현장 활력을 높이고 디지털 모범국가로 나아가는 토대를 마련하겠다"고 말했다.

■ 초광대역 무선 기술 (UWB, Ultra Wide Band)

초광대역 무선 기술(UWB)은 중심 주파수의 20% 이상의 점유 대역폭을 차지하는 시스템이나 500MHz 이상의 점유 대역폭을 차지하는 무선 전송기술을 말한다. UWB는 미국연방통신위원회(FCC)가 2002년 상업적 사용을 허가함에 따라 본격적으로 상용화된 기술이다. 기존 무선기술인 블루투스가 2.4GHz, 무선 랜이 5GHz로 특정 주파수 대역을 사용하는 반면 UWB는 3.1GHz에서 10.6GHz에 이르는 주파수 대역을 사용할 수 있어 주파수 부족 문제를 획기적으로 해결할 수 있다. 또 UWB는 500Mbps의 고속 전송이 가능해 대용량의 고화질·고음질 동영상 정보의 기기 간 전송이 원활해진다. 이외에도 소모 전력이 휴대폰이나 무선 랜에 비해 100분의 1 수준이고, 기술 상용화에 드는 비용이 적다는 점도 UWB의 대표적인 장점이다.

50년 만의 달 탐사…
아르테미스 1호 발사 성공

아폴로 프로젝트 이후 50여 년 만에 진행하는 미국의 달 탐사 계획인 아르테미스 프로젝트의 첫 무인 달 탐사 로켓이 발사에 성공했다.

미 항공우주국(NASA)에 따르면 아르테미스 1호 로켓은 11월 16일 새벽 1시 48분(현지시간)께 미국 미국 플로리다주 케네디우주센터에서 발사됐다. 이번 발사는 다섯 번째다.

아르테미스 1호는 지난 8월 29일 발사할 예정이었지만 로켓 엔진의 온도 센서 결함과 기상 악화로 발사가 연기됐고 2차 발사일인 9월 3일에는 수소 연료 누출이 감지되며 작업이 중단됐다. 3, 4차 시도도 허리케인으로 연기됐다.

아르테미스 프로젝트는 반세기 전의 아폴로 계획을 이어받아 달에 다시 인류를 보내려는 미국의 원대한 우주 계획이다.

아르테미스 1호에는 사람 대신 마네킹 3개가 실리며 총 42일에 걸친 달 궤도 비행을 시도한다. 이번 비행이 성공할 경우 2024년에는 비행사 4명이 탑승해 유인비행을 하며, 2025년에는 유인 착륙을 추진할 계획이다.

나사는 2025년까지 이 프로젝트에 930억달러(약 123조원)를 지출할 예정이다. 나사는 궁극적으로 달에 상주 기지와 우주정거장을 건설해 달 자원을 개발하고 화성 유인 탐사의 전진기지로 활용하는 것을 목표로 삼았다.

한편, 중국 우주발사체 창정-5B 잔해물이 11월 4일 태평양으로 추락했다. 과학기술정보통신부는 "11월 3일 오후 7시 1분께 남아메리카 서쪽 태평양 적도 부근(남위 2.2도, 서경 114.1도)에 잔해물이 최종 추락한 것으로 확인했다"고 밝혔다.

중국은 지난 10월 31일(현지시간) 원창 위성 발사센터에서 자체 우주정거장인 ■**톈궁** 건설을 위한 마지막 모듈인 멍톈을 발사했다. 창정-5B 로켓에 실린 멍톈은 지구 저궤도 약 380km에 이미 구축된 톈궁1·2 모듈과 성공적으로 결합했다.

'우주 굴기'를 내세운 중국은 모듈 결합 성공 사실을 대대적으로 공개하며 자국의 과학기술 발전을 자축했지만, 문제는 이 과정에서 또 다시 대형 로켓 잔해의 위험이 생겼다는 사실이다.

중국은 미국이 안보상 문제를 들어 1992년 국제우주정거장(ISS) 건설에 중국 참여를 막자 독자적인 우주정거장 건설을 추진해 왔다.

■ **톈궁 (天宮)**

톈궁은 중국의 독자 우주정거장으로 중국 4대 명저 중 하나인 『서유기』에서 손오공이 천상의 궁궐(톈궁)에 올라가 소란을 피운 고사에서 따온 이름이다. 중국의 독자 우주정거장 건설은 미국과의 '우주 굴기' 경쟁에서 시작됐다. 1992년 미국을 포함한 러시아·캐나다·영국·일본 등 16개국이 국제우주정거장(ISS, International Space Station) 프로젝트에 참여했지만 중국은 기술 유출 등의 이유로 배제됐다. 이에 중국은 2011년 자체 개발한 시험용 우주정거장 톈궁 1호를 발사해 미국, 러시아에 이어 3번째로 도킹 기술을 보유한 국가가 됐다. 우주정거장을 위한 시험을 마친 중국은 본격적인 구축에 돌입해 2021년 4월 톈궁의 핵심 모듈인 톈허를 발사하는 등 독자 우주정거장 건설을 완성할 계획이다.

머스크 인수 후 칼바람 부는 트위터

일론 머스크 테슬라 최고경영자(CEO)가 SNS 트위터 인수를 확정한 가운데 첫 행보로 임원진 정리와 직원 정리해고에 나섰다.

로이터통신과 일간 워싱턴포스트(WP) 등에 따르면 10월 28일(이하 현지시간) 머스크는 트위터 경영권을 확보한 직후 파라그 아그라왈 CEO, 네드 시걸 최고재무책임자(CFO), 비자야 가데 최고법률책임자(CLO) 등 핵심 임원진 3명에게 일괄 해고를 통보했다.

이후 부사장과 이사급에 대한 감원을 실시했으며 11월 4일에는 직원들에게 이메일로 해고 대상자 여부를 통보했다. 머스크는 정리 해고와 함께 회사 인프라 부문에서 연간 최대 10억달러(1조 4000억여원) 비용을 절감하라고 지시한 것으로 알려졌다.

이와 함께 머스크는 직원들의 달력에서 휴무일을 삭제했으며 원격근무 제도도 폐지했다. 정리해고 대상에서 제외된 직원들의 경우 사무실로 복귀해 풀타임 근무를 하도록 할 계획이라고 전해졌다.

트위터 광고주 '등 돌린다'

한편 '표현의 자유'를 외치는 머스크의 트위터가 게시물 정책을 변경할 가능성이 높아지자 광고주들은 잇따라 트위터 광고를 일시 중단하고 있다.

미국 식품 제조회사 제너럴 밀스, 제약사 화이자, 자동차 회사 폭스바겐 그룹의 아우디 등은 트위터 광고를 일시 중단한다고 밝혔다.

이들 광고주는 **혐오 콘텐츠 증가 우려, 주요 임원 퇴사로 인한 불확실성 증대** 등을 이유로 이 같은 결정을 내린 것으로 알려졌다. 월스트리트저널(WSJ)에 따르면 광고업계는 앞으로도 더 많은 광고주가 트위터에서 이탈할 것으로 예상하고 있다.

+ 허슬 컬처 (hustle culture)

허슬 컬처는 개인의 생활보다 일을 중시하고 일에 열정적으로 임하는 라이프 스타일을 말하며, 열정적으로 일하는 것을 높이 평가하는 문화를 의미한다. '허슬'은 '떠밀다', '재촉하다', '속이다' 등의 의미로 최근에는 '어떤 일을 일어나게 하다' 혹은 '가능성이나 장애물에도 불구하고 한 길로 나아가다'라는 의미로 쓰인다. 이에 허슬 컬처는 '어떤 장애물이 있더라도 온몸을 바쳐 열심히 일하라'는 의미가 됐다.

삼성전자, 세계 최고 용량 '8세대 V낸드' 양산

▲ 삼성전자 8세대 V낸드 (자료 : 삼성전자)

삼성전자는 세계 최고 용량인 '1Tb(테라비트) 8세대 V낸드' 양산을 시작했다고 11월 7일 밝혔다. 지난해 하반기 7세대 낸드 양산에 들어간 지 1년 만이다.

기존 7세대 제품(176단)보다 더 많이 쌓은 삼성전자 최초의 '200단 이상' 낸드 제품으로, 그간 후발주자들이 불을 지펴온 200단 고층 싸움에 삼성전자도 참전한 것이다. 삼성전자는 구체적인 단수를 공개하지 않았지만, 236단인 것으로 추정된다.

이번 제품은 업계 최고 용량인 1Tb다. 삼성전자는 7세대 제품보다 집적도를 높여, 업계 최고 수준의 비트(bit : 저장용량의 단위) 집적도를 갖췄다고 밝혔다. 동시에 최신 낸드플래시 인터페이스 '토글 DDR 5.0'을 적용해 데이터 입출력 속도도 전 세대 대비 1.2배 향상했다고 밝혔다.

삼성전자는 8세대 V낸드를 앞세워 **차세대 엔터프라이즈 서버 시장의 고용량화를 주도하고, 높은 신뢰성이 필요한 자동차 전기장치(전장) 시장까지 사업 영역을 넓힌다는 계획**이다. 특히 전장 시장은 2030년 이후에는 서버, 모바일과 더불어 3대 낸드 응용처로 부상할 것으로 회사 측은 예상한다.

삼성전자는 10월 초 미국 실리콘밸리 '삼성 테크데이'에서 올해 8세대 V낸드 생산에 이어 2024년에 9세대 V낸드를 양산할 계획이라고 발표했다. 또 2030년까지 데이터 저장장치인 셀을 1000단까지 쌓는 V낸드를 개발하겠다는 목표도 밝혔다.

➕ 황의 법칙 (Hwang's law)

황의 법칙은 반도체 메모리의 용량이 1년마다 2배씩 증가한다는 법칙이다. 2002년 2월 미국에서 열린 국제반도체회로 학술회의에서 당시 삼성전자의 황창규 기술총괄 사장이 '메모리 신성장론'을 통해 발표한 내용으로, 반도체의 집적도가 2배 증가하는 시간이 1년으로 단축되었으며, 모바일 기기와 디지털 가전제품 등 non-pc 분야가 이를 주도한다는 것이다. 이 법칙은 무어의 법칙을 능가하는 것으로 반도체 업계의 새 정설로 인정받았다.

아마존, 31개월 만에 시총 '1조달러 클럽' 탈락

세계 최대 전자상거래 업체 아마존이 31개월 만에 시가총액 '1조달러(1420조원) 클럽'에서 탈락했다. 이로써 뉴욕 증권거래소에서 **시총이 1조달러를 넘는 종목은 애플, 마이크로소프트(MS), 알파벳 3개**로 줄어들었다.

아마존은 11월 1일(현지시간) 뉴욕 증권거래소

에서 전날보다 5.52% 떨어진 96.79달러(13만7538원)에 거래를 마쳤다. 이는 2020년 4월 3일 95.33달러(13만5178원) 이후 최저수준이며, 이로써 시가총액은 9870억달러 수준으로 떨어졌다. 아마존 주가는 전반적인 증시 하락과 함께 뒷걸음질 쳐 올해에는 42% 떨어졌다.

아마존은 코로나19 팬데믹이 불러온 온라인 수요 확대와 기술주 랠리에 힘입어 지난해 7월 시총이 1조8800억달러까지 급증했다. 하지만 전반적인 증시 하락에다 실적 부진까지 겹치면서 불과 1년 4개월여 만에 시총의 절반을 반납했다.

아마존의 3분기 매출은 1271억1000만달러로 금융정보업체가 집계한 전문가 예상치인 1274억6000만달러를 밑돌았다. 특히 함께 발표한 4분기 가이던스에 대한 실망감이 주가를 끌어내렸다. '▪**캐시카우**'로 꼽히던 클라우드 사업의 둔화도 투자자들의 실망감을 증폭시켰다.

소비 트렌드의 변화도 아마존을 흔들고 있는 악재 중 하나로 꼽힌다. 팬데믹 기간 몰렸던 소비자들이 오프라인 매장으로 돌아가고 있는 것이다.

이에 아마존은 본격적인 '허리띠 졸라매기'에 들어갔다는 분석이 나온다. 이미 물류창고를 줄이는 등 비용 절감 조치에 착수했으며 원격 의료 서비스인 '아마존 케어'도 3년 만에 중단했다. 아마존에서 가장 많은 수익을 올리는 부서 중 하나인 광고 사업부의 채용도 동결했다고 전해진다.

▪ **캐시카우 (cash cow)**

캐시카우는 처음 시작할 때 필요한 현금 경비를 훨씬 초과하여 꾸준한 이익 창출을 일으키는 사업부문을 의미한다. 수많은 기업이 캐시카우를 획득하거나 창출하려고 시도하는데, 그 이유는 캐시카우가 기업의 이윤을 늘리고 비용은 줄이는 데 기여하기 때문이다. 캐시카우라는 용어는 젖을 내기 위해 농장에서 사용되는 젖소를 의미하는 데어리카우(dairy cow)의 은유인데, 적은 유지관리로 꾸준한 소득원을 제공하는 것에서 비롯되었다.

전 세계 화이트해커 모인 '코드게이트' 대회서 韓 해커팀 우승

디지털 대전환 시대 사이버 안전을 책임질 최고 수준의 ▪**화이트해커** 발굴을 위한 **국제해킹방어대회 '코드게이트 2022'가 11월 7~8일 서울 코엑스 그랜드볼룸에서 개최됐다. 이 대회에서 한국의 'The Duck(더 덕)' 팀이 우승**하여 과기정통부 장관상과 상금 3000만원을 수상했고, 대학생부에서는 한국과학기술원(KAIST) 'GoN'팀이, 주니어부(만 19세 이하)에서는 한국디지털미디어고등학교 '허승환'이 우승해 각각 과기정통부 장관상과 상금 500만원을 수상했다.

지난 2008년 시작되어 올해로 14번째 대회를 맞는 '코드게이트 2022'는 세계 최고의 화이트해커들이 실력을 겨루는 국제적인 해킹방어대회로, 2019년 대회 이후 3년 만에 오프라인으로 열렸다. 이번 대회에는 일반부 48개국 2647개팀, 대학생부 국내 8개 대학 225개팀, 주니어부 27개국 196명이 참가했다.

코드게이트 대회와 함께 열린 글로벌 보안 컨퍼런스에서는 '새로운 시대, 새로운 위협 : 사이버보안 전략 개편'이라는 주제로 양자내성암호, 제로트러스트, 메타버스 보안 등 미래 디지털 환경의 보안 패러다임에 대한 국내·외 사이버보안 전문가들의 강연이 이어졌다.

이종호 과기정통부 장관은 "디지털 환경의 확산과 기술 발전으로 우리 일상은 보다 더 편리해졌으나, 사이버위협이 사이버공간에 머무는 것을 넘어 우리 삶에 직접적으로 영향을 끼치게 됐다"며 "사이버보안은 국민 안전, 기업 경제는 물론이고 국가 안보를 위한 필수적인 요소"라고 강조했다.

그러면서 "정부에서도 우리의 사이버보안을 책임질 역량 있는 인재를 길러내기 위해 '사이버 10만 인재 양성방안'을 마련해 적극 추진 중"이라며 "미래 사이버공간의 안전과 발전을 위해 핵심적 역할을 해달라"고 당부했다.

■ **화이트해커 (white hacker)**

화이트해커는 '선의의 해커'라는 의미로 보안 전문가들을 통칭한다. 인터넷시스템과 개인 컴퓨터시스템을 고의적으로 파괴하는 '블랙해커(black hacker)'나 '크래커(cracker)'와 대비되는 개념이다. 화이트해커는 블랙해커나 크래커의 공격에 대비해 보안 시스템의 취약점을 찾아 관리자에게 알린다. 화이트해커 가운데 아키텍처(설계)를 분석해 시스템에 존재하는 취약점을 찾아내서 공격 시나리오를 짤 수 있는 최고수준의 인력을 엘리트해커라고도 한다. 2016년 당시 기준으로 중국은 30만 명, 미국은 8만 명, 북한은 6000여 명의 엘리트해커 부대를 육성하고 있는 것으로 업계는 추정하고 있다. 반면 한국은 이러한 보안 인력이 턱없이 부족한 실정이다.

'천왕성' 품은 '붉은 달'… 200년 안에 못 볼 '우주쇼'

지구의 그림자가 붉은 달을 가리고, 그 달은 다시 천왕성을 가렸다. 2022년 11월 8일 우리 가을밤 하늘에서 관측된 진귀한 밤하늘 쇼다. 한국천문연구원에 따르면, 이날 저녁 달이 지구의 그림자에 완전히 가려지는 ■**개기월식**과 **지구 그림자에 가려진 달이 다시 천왕성을 가리는 '천왕성 엄폐'** 현상이 동시에 진행됐다.

우리나라에서 볼 수 있는 개기월식은 지난해 5월 26일 이후 약 1년 반 만이다. 이번 월식은 달이 지구 본그림자에 부분적으로 가려지는 '부분식'부터 시작됐다. 달이 지구 그림자에 가장 깊게 들어가는 '최대식' 시각은 오후 7시 59분쯤이었는데, 이때 달의 고도가 약 29도로 동쪽에 시야가 트여 있는 곳에서 맨눈으로 관측할 수 있었다.

달과 같이 가까이 있는 천체의 뒷면에 멀리 있는 천체가 위치해 가려지는 현상을 '엄폐'라고 부르는데, 이번 개기월식에는 천왕성이 오후 8시 23분 달 뒤로 숨었다가 9시 26분 다시 나타났다. 최대식에 이르렀을 때 맨눈으로 볼 수 있었던 개기월식과 달리 천왕성 엄폐 현상은 쌍안경·망원경 등을 이용해야 했다.

이처럼 두 천문현상이 함께 일어나는 다음 시기는 76년 후인 2098년 10월 10일(개기월식)과 114년 뒤인 2136년 3월 18일(부분월식)으로 예상되고 있지만, 두 차례 모두 한국에서는 관측할 수 없다. 학계에서는 **향후 200년 안에 한국에서 두 천문현상을 동시에 관측할 수 있는 일이 일어나지 않을 것**으로 보고 있다.

■ **개기월식 (皆旣月蝕)**

개기월식이란 월식에서 달이 완전히 지구의 본그림자에 가려지는 현상을 말한다. 지구의 본그림자에 달의 일부가 들어갈 때 부분월식이 일어나며, 달의 전부가 들어갈 때 개기월식이 일어난다. 이때 지구 대기를 통과한 빛 중 붉은 빛만 굴절되어 달에 도달하게 되고, 이 빛이 다시 반사되어 희미한 붉은 색으로 보이기도 한다.

윤 대통령 "12대 국가전략기술에 5년간 25조원 투입"

정부가 미래 먹거리를 창출하고, 경제안보 능력을 강화하는 것을 목표로 하는 '12대 국가전략기술'을 10월 27일 국가과학기술자문회의를 통해 발표했다. 이날 회의에서 윤 대통령은 "**국가전략기술의 R&D에 향후 5년간 25조원 이상을 투자해 초일류·초격차 기술을 확보**할 것이다"고 말했다.

국가과학기술자문회의는 과학기술정책을 총괄하는 최상위 의사결정기구로 민간위원과 과기정통부, 기획재정부 등 관계부처 장관들로 구성된다. 의장은 대통령이다. 이날 회의는 이번 정부 들어 처음 열렸다.

정부는 우선 내년에 12대 전략기술 분야 R&D에 4조1200억원을 투입한다. 올해 같은 분야에 투입한 3조7400억원보다 10.1% 늘어난 액수다. 이 같은 예산 증가율은 전체 R&D 예산 증가율(3.0%)을 크게 상회한 것이다. 긴축 재정 기조 속에서 정부가 12대 전략기술을 중심으로 특정 R&D에 '선택과 집중'을 하겠다는 의지를 보인 것으로 풀이된다.

12대 전략기술은 미래 먹거리를 만들고, 특히 최근 새로 등장한 개념인 '경제안보'에 대응하는 게 목표다. 미국과 중국의 반도체 패권 경쟁에서 보듯 공급망을 주도하는 과학기술 능력은 국가 안위와 직결되는 개념으로 떠올랐다.

정부는 전략기술 분야를 시기를 나눠 순차적으로 지원할 예정이다. 우선 내년에는 차세대 원자력과 양자 기술을 밀어준다. 2028년까지 혁신형 SMR을 개발해 세계 시장을 선점하고, 2030년까지 한국형 양자컴퓨터를 개발해 이 분야의 4대 강국으로 도약하는 게 목표다.

+ 12대 국가전략기술 목록

▲반도체·디스플레이 ▲2차전지 ▲첨단바이오 ▲수소 ▲사이버보안 ▲인공지능 ▲차세대 통신 ▲첨단로봇·제조 ▲양자 ▲우주항공 ▲첨단 모빌리티 ▲차세대 원자력

분야별
최신상식

스포츠
엔터

SSG, 창단 첫 KBO 통합 우승

■ 와이어 투 와이어 (wire to wire)

와이어 투 와이어는 자동차 경주, 경마, 육상 경기, 골프 등에서 사용되는 스포츠 용어로 경기 내내 1등을 놓치지 않으며 우승한 것을 말한다. 18C 영국 경마장에서 출발선에 설치된 가는 철사 줄(wire)을 가장 먼저 끊고 스타트한 말이 다시 1등으로 결승 철사 줄(wire)을 끊었을 때 사용하던 용어에서 유래됐다.

역대 최초 와이어 투 와이어 우승

프로야구 출범 40주년을 맞은 2022년의 주인공은 SSG 랜더스였다. SSG는 11월 8일 인천 미추홀구 SSG랜더스필드에서 열린 2022 신한은행 쏠(SOL) KBO 한국시리즈(KS·7전 4승제) 키움 히어로즈와의 6차전에서 4 대 3으로 승리했다.

5차전에서 9회 말 대타 김강민의 극적인 역전 끝내기 3점 홈런으로 시리즈 전적 3승 2패를 만든 SSG는 마지막 1승을 추가하면서 정규시즌과 한국시리즈 통합 우승을 달성했다. 정규리그 1위로 12년 만에 한국시리즈에 직행한 SSG는 대망의 챔피언을 가리는 한국시리즈에서 키움 히어로즈를 4승 2패로 꺾고 창단 2년 만에 처음이자 전신 SK 와이번스 시절을 포함해 통산 5번째 축배를 들었다.

특히 미국프로야구 메이저리그(MLB)에서도 역대 5번에 불과한 ■**와이어 투 와이어** 우승을 KBO리그에서 최초로 이뤘다는 점에서 SSG는 한국 야구사에 뚜렷한 발자취를 남겼다. SSG는 개막 10연승으로 정규 시즌을 시작해 개막일부터 종료일까지 한 번도 1위를 뺏기지 않고 정규시즌을 제패한 데

이어 한국시리즈마저 석권했다. SK 시절을 합치면 정규리그·한국시리즈 통합 우승은 2007~2008년, 2010년에 이어 4번째다.

PS 흥행 주도한 키움

키움은 넥센 시절을 포함해 2014년, 2019년에 이어 세 번째로 대권에 도전했지만, 체력의 한계에 부닥쳐 이번에도 아쉽게 준우승에 머물렀다.

그러나 안우진과 이정후 등 20대 초반의 투타 간판선수들을 앞세워 준플레이오프에서 kt wiz, 플레이오프에서 LG 트윈스를 각각 3승 2패, 3승 1패로 따돌렸다. 한국시리즈에서도 20일 이상의 휴식으로 절대 유리했던 SSG와 접전을 벌이는 등 두려움 없는 야구로 ▪**포스트시즌(PS)** 흥행을 주도했다.

'야구 진심' 정용진 리더십

정용진 구단주와 KS 최우수선수(MVP)상을 받은 김강민은 우승기를 그라운드에 꽂았고, 폭죽이 솟구쳐 올랐다. 연신 주먹을 불끈 쥐며 관중들에게 인사를 보내던 정용진 구단주는 마이크를 잡고 "여러분 덕분에 이 자리에 섰다"며 "우리는 올 시즌 정규리그 개인 타이틀을 한 개도 차지하지 못했지만, 홈 관중 1위를 차지했다"고 말했다.

SSG의 통합 우승은 '야구에 진심'이었던 정용진 구단주의 아낌없는 투자가 결실을 맺은 것이란 평가다. 작년 1월 SK 와이번스를 1352억원에 인수한 정 부회장은 SSG가 창단 2년 만에 통합 우승을 차지할 수 있도록 전폭적으로 지원했다.

정 부회장은 미국 MLB에서 활약했던 추신수와 김광현을 전격 영입한 것은 물론 2군 소속 선수들의 얼굴과 이름을 외우고 선수들을 초청해 직접 만든 요리를 대접하기도 했다. **야구단의 성적과 흥행은 본업인 이마트와 SSG닷컴 등 유통업의 시너지 효과**를 일으켰다.

▪ **포스트시즌 (PS, Post Season)**

포스트시즌은 리그 방식으로 열리는 정규리그가 종료된 후 최종 순위를 토대로 토너먼트 방식에 따라 최종 승자를 정하는 경기 일정을 말한다. 한국 프로야구에서는 정규리그 4위 팀과 5위 팀이 맞붙는 ▲와일드카드 결정전(2선승제·4위 팀에 1승 어드밴티지 주고 시작), 와일드카드 결정전의 승리 팀과 정규 시즌 3위 팀이 맞붙는 ▲준플레이오프(5전 3선승제), 준플레이오프 승리 팀과 정규 시즌 2위 팀이 맞붙는 ▲플레이오프(5전 3선승제) 그리고 플레이오프 승리팀과 정규리그 1위 팀이 맞붙는 ▲한국시리즈(7전 4선승제)로 구성된다.

POINT 세 줄 요약

❶ SSG가 2022년 KBO 리그 통합 우승을 차지했다.
❷ SSG은 한국 프로야구 첫 와이어 투 와이어 우승 기록을 남겼다.
❸ 정용진 구단주의 아낌 없는 지원은 SSG 우승의 원동력이 됐다.

손흥민 안와골절 부상... 마스크 투혼 예고

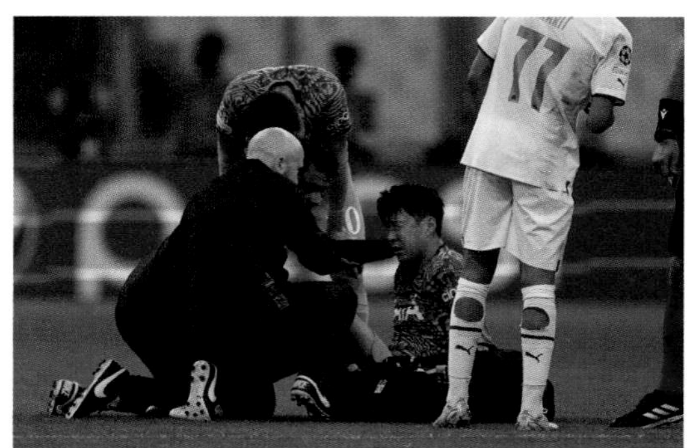

▲ 마르세유 원정경기에서 안와골절 부상을 당하고 고통스러워하는 손흥민

대한민국 축구 국가대표팀의 주장이자 전력의 핵심인 손흥민(토트넘 홋스퍼)이 2022 카타르 월드컵을 3주 남긴 상황에서 큰 부상을 입고 수술을 받았다.

손흥민은 **11월 2일 프랑스 마르세유와의 UEFA**(유럽축구연맹) **챔피언스리그 조별리그 D조 최종 6차전 원정 경기에서 선발로 출전**했지만 전반 23분께 공중볼 경합을 하다 마르세유 찬셀 음벰바의 어깨에 안면을 강하게 충돌하며 쓰러져 교체됐다. 이날 토트넘은 마르세유를 2 대 1로 이기고 챔피언스리그 16강 진출에 성공했다.

부상 당시 손흥민은 왼쪽 얼굴이 심하게 부어올랐고 코에서 출혈이 발생했다. 영국 매체 텔레그래프에 따르면 손흥민은 눈 주위 네 군데 ■**안와골절**을 당했고 11월 4일 수술대에 올라 성공적으로 수술을 받았다.

이에 그의 월드컵 출전이 불투명해졌으나 손흥민은 마스크 투혼을 예고하며 2022 카타르 월드컵에 참전할 것을 밝혔으며 11월 12일 발표된 월드컵 대표팀 최종 명단에도 이름을 올렸다. 이로써 손흥민은 2014년 브라질, 2018년 러시아 대회에 이어 생애 3번째 월드컵 도전에 나서게 됐다.

다만 실제 경기에 나설 수 있을지, 만약 나선다고 해도 제 기량을 발휘할 수 있을지는 향후 얼마나 빨리 회복이 되느냐에 달려있다. 파울루 벤투 한국 축구대표팀 감독은 기자회견에서 손흥민의 훈련 가능 시점과 관련해 "선수가 편안하게 느끼는 게 가장 중요하다. 그 이후에 최종 결정을 내리겠다"고 밝혔다.

■ **안와골절 (眼窩骨折)**

안와골절은 안구를 둘러싸고 있는 얇고 섬세한 뼈인 안와가 골절되는 것이다. 주로 사고, 폭행, 운동 등으로 눈, 눈 주위, 광대, 뺨 등 얼굴 부위에 충격이 가해져 발생한다. 안와가 골절되면 눈이 붓고 코피가 날 수 있으며 시력 감소, 시신경 손상 등이 동반될 수 있다. 안와골절은 보통 수술 후 회복까지 한 달 정도 소모된다.

2022~2023 시즌 UEFA 챔피언스리그 16강 대진표

조별 리그 2위		조별 리그 1위
라이프치히 (독일 분데스리가)	VS	맨 시티 (잉글랜드 프리미어리그)
클뤼프 브뤼허 (벨기에 퍼스트 디비전A)	VS	벤피카 (포르투갈 프리메이라리가)
리버풀 (잉글랜드 프리미어리그)	VS	레알 마드리드 (스페인 프리메라리가)
밀란 (이탈리아 세리에A)	VS	토트넘 (잉글랜드 프리미어리그)
프랑크푸르트 (독일 분데스리가)	VS	나폴리 (이탈리아 세리에A)
도르트문트 (독일 분데스리가)	VS	첼시 (잉글랜드 프리미어리그)
인테르 (이탈리아 세리에A)	VS	포르투 (포르투갈 프리메이라리가)
파리 (프랑스 리그1)	VS	바이에른 (독일 분데스리가)

19세 루네, 조코비치 꺾고 파리 마스터스 테니스 우승

▲ 홀게르 루네

2003년생 신예 홀게르 루네(18위·덴마크)가 노박 조코비치(7위·세르비아)를 물리치고 남자프로테니스(ATP) 투어 롤렉스 파리 마스터스 단식에서 우승했다. 루네는 11월 6일(현지시간) 프랑스 파리에서 열린 대회 마지막 날 단식 결승에서 조코비치에게 2 대 1 역전승을 거뒀다.

이로써 루네는 1986년 18세 나이로 이 대회에서 우승한 보리스 베커(독일) 이후 36년 만에 이 대회 최연소 우승자가 됐다. **4대 메이저 대회 바로 아래 등급인 마스터스 대회**에서 처음 정상에 오른 루네는 세계 랭킹에서 10위에 오를 것으로 예상된다.

지난해 US오픈 1회전에서 조코비치에게 1 대 3으로 졌던 루네는 1년여 만에 다시 만난 조코비치를 상대로 이번에는 역전승을 거뒀다. 자신보다 16살이 더 많은 조코비치를 처음으로 꺾은 루네는 "내 생애 가장 기쁜 날"이라며 "작은 꿈을 이뤘고, 앞으로 더 큰 꿈을 향해 도전하겠다"고 소감을 밝혔다.

루네는 이번 대회 8강에서 2003년생 동갑인 세계 랭킹 1위 카를로스 알카라스(스페인)를 물리쳤고, 준결승에서는 최근 16연승을 내달리던 펠릭스 오제알리아심(8위·캐나다)을 제압하는 등 거침없는 상승세를 이어갔다.

마스터스 단식 최다 우승 기록(38회) 보유자인 조코비치는 39번째 우승 도전을 2023시즌으로 미뤘다. 이 부문 2위 라파엘 나달(2위·스페인)의 36회와 격차도 벌리지 못했다.

조코비치는 이번 대회를 앞두고 인터뷰에서 최근 젊은 세대들의 약진을 언급하며 "언젠가 그들이 나를 꺾겠지만, 내 기량이 유지되는 한 내가 그들을 혼내주겠다"고 농담 섞인 각오를 밝혔다.

+ 테니스 빅3

▲로저 페더러 ▲노박 조코비치 ▲라파엘 나달

'수영 천재' 황선우, 접영 100m서도 한국 신기록

'수영 천재' 황선우(19·강원도청)가 주 종목이 아닌 접영 100m에서도 한국 신기록을 세우고 한국 기록 보유 종목을 8개로 늘렸다. 황선우는 11월 4일 경북 김천실내수영장에서 열린 2023년 수영 국가대표 선발대회 이틀째 **남자 접영 100m 결승에서 51초99의 한국 신기록**으로 1위를 차지했다.

이날 예선 전체 1위(52초78)로 결승에 오른 황선

▲ 수영 선수 황선우 (자료 : 올댓스포츠)

우는 결승 첫 50m 구간을 양재훈(강원도청·24초78)에 이은 2위(24초92)로 돌았으나 후반 50m 구간에서 뒷심을 발휘해 양재훈을 제치고 먼저 터치패드를 찍었다.

황선우의 주 종목은 자유형 100m와 200m다. 황선우는 지난해 개최된 2020 도쿄올림픽 자유형 100m 준결승에서 한국 기록이자 아시아 기록(47초56)을 세웠고, 자유형 200m 예선에서도 한국 기록 및 세계주니어기록(1분44초62)을 수립했다.

올해 6월 헝가리 부다페스트에 열린 국제수영연맹(FINA) 세계수영선수권대회 남자 자유형 200m 결승에서는 1분44초47로 다시 한국 기록을 갈아치우고 은메달을 목에 걸기도 했다. **롱코스(50m) 세계선수권대회 경영 종목에서 한국 선수가 메달을 딴 건 2011년 중국 상하이 대회 남자 자유형 400m 금메달리스트 박태환 이후 11년 만**이었다.

그런데 이번에는 황선우가 주 종목이 아닌 접영에서도 한국 기록을 경신하며 천재성을 다시 한 번 드러냈다. 역시 주 종목이 아닌 개인혼영 200m(1분58초04)에서도 한국 기록을 가진 황선우는 접영 100m까지도 평정하면서 8개 종목의 한국 기록을 보유하게 됐다. 개인종목인 자유형 100m와 200m, 개인혼영 200m와 접영 100m에 단체전인 계영 400m(3분15초39)와 800m(7분06초93), 혼계영 400m(3분35초26), 혼성 계영 400m(3분29초35)에서도 한국 기록 보유자로 황선우의 이름이 올라 있다.

개인혼영과 혼계영 순서

종류	상세내용
개인혼영	접영 → 배영 → 평영 → 자유형
혼계영	배영 → 평영 → 접영 → 자유형

한국 쇼트트랙, 2차 월드컵 금빛 기세

한국 쇼트트랙 대표팀은 국제빙상경기연맹(ISU) ■**쇼트트랙 월드컵** 대회에서 본격적으로 새 시즌을 시작했다.

지난 10월 28~30일 캐나다 몬트리올에서 열린 1차 월드컵에서는 남자 대표팀 이준서(한국체대), 홍경환·임용진(고양시청), 박지원(서울시청)이 7분01초850의 기록으로 5000m 계주에서 금메달을 목에 걸었다.

개인전 종목에서는 대표팀 최민정(성남시청)이 여자 1000m 2차 레이스에서 1분31초815의 기록으로 은메달을 획득했으며 뒤이어 결승선을 통과한 김길리(서현고)가 1분31초847로 동메달을 차지했다.

여자 500m 결승에서는 심석희(서울시청)가 43초070으로 동메달을 추가했다. 남자 500m에선 이준서가 40초434의 기록으로 은메달, 남자 1000m 2차 레이스에선 홍경환이 은메달(1분23초598), 김태성(단국대)은 동메달(1분24초561)을 획득했다.

한국 쇼트트랙 대표팀은 11월 4~6일 이어진 2차 월드컵에서도 '금빛 기세'를 이어갔다. 남자 대표팀 박지원은 남자 1000m 결승전에서 1분25초202의 기록으로 1위를 차지했다. 1분25초263의 기록으로 결승선을 통과한 홍경환은 은메달을 따냈다.

1차 월드컵에서 **남자 1500m, 혼성 계주 2000m, 남자 계주 5000m까지 3관왕에 오른 박지원**은 이번 대회에서도 금메달을 목에 걸며 강세를 보였다. 그는 1500m 경기에선 은메달을 차지했다.

1000m에서 나란히 시상대에 선 박지원과 홍경환은 뒤이어 열린 남자 5000m 계주에서도 김태성, 임용진과 은메달을 합작해냈다.

김건희(단국대), 김길리, 서휘민(고려대), 심석희가 조를 이룬 여자 대표팀은 3000m 계주 결승에서 4분04초016의 기록으로 정상에 올랐다. 이번 대회 **여자 1500m 우승자인 김길리는 2관왕을 달성**했다. 최민정은 여자 500m 2차 레이스 결승전에서 42초384로 은메달을 목에 걸었다.

이로써 한국 쇼트트랙 대표팀은 1차 월드컵에서 금메달 3개, 은메달 6개, 동메달 5개를 획득했으며 2차 월드컵에서 금메달 3개, 은메달 5개, 동메달 2개를 수확했다.

■ **쇼트트랙 월드컵 (Short Track Speed Skating World Cup)**

쇼트트랙 월드컵은 국제빙상경기연맹(ISU)에서 주관하는 쇼트트랙 경기로서 1998~99년 시즌 겨울을 시작으로 매년 겨울(10월 중순부터 다음해 2월까지)마다 세계 여러 지역에서 대회가 치러진다. 경기종목은 개인경기 500m, 1000m, 1500m와 릴레이 경기(여자 3000m, 남자 5000m)가 있다. 선수들은 지역별 경기 성적에 따라 점수를 획득하며, 점수를 종목별로 합산해 최종적으로 그 점수가 가장 높은 선수가 1위를 차지하게 된다.

NCT 127 인니 공연 도중 중단… 관객 몰리며 30명 실신

▲ 그룹 NCT (NCT 홈페이지 캡처)

그룹 NCT의 유닛 그룹인 NCT 127이 11월 4일(현지시간) 인도네시아 자카르타에서 연 콘서트가 안전상 이유로 도중에 중단됐다. 현지 공연 업체 다이안드라글로벌 에듀테인먼트(DyandraGlobal Edutainment)는 이날 공식 SNS에 "공연 말미에 예측 못 한 상황이 발생했다"며 "스탠딩 구역의 관객이 무질서함을 보였고 혼란이 빚어졌다. 결국 안전을 위해 공연이 중단됐다"고 설명했다.

당시 상황을 지켜본 관객들은 일부 팬들이 가수를 가까이서 보고자 무리하게 안전 펜스를 넘어 무대 인근으로 접근하는 영상을 SNS에 올리기도 했다. 공연 업체 측은 이런 일이 재발하지 않도록 2회차 공연에서는 구급·안전 인력을 늘리고 지역 경찰과 긴밀히 협력하겠다고 밝혔다.

현지 매체 CNN인도네시아는 경찰을 인용해 공연 당시 관객 30명 이상이 실신했다고 11월 5일 보도했다. 경찰 측은 **"30명 이상이 실신했기 때문에 공연 기획사와의 계약 및 안전상의 이유로 공연을 중단**시켰다"고 설명했다.

이 보도에 따르면 이날 공연은 NCT 127이 '파라다이스'를 부른 이후 중단됐다. 멤버들이 무대 여러 곳으로 흩어져 공을 나눠주기 시작하자 관객이 무대 쪽으로 몰려들면서 서로 밀치는 상황이 발생했다. 이에 리더 태용은 다른 멤버에게 노래를 중단하라고 했고 멤버들은 앞쪽으로 몰려든 관객에게 물러나달라고 요청했다.

+ NCT 멤버 구성

SM엔터테인먼트 소속 남자 아이돌 그룹 NCT는 그룹에서 고정된 멤버나 멤버 수가 제한이 없으며 멤버 구성도 언제든지 바뀔 수 있다. NCT는 세계 각 도시마다 데뷔할 다양한 지역 팀이 존재한다. 가령 NCT 127은 서울을 무대로 활동하는 유닛 그룹이며 127은 서울을 지나는 동경 127도선을 의미한다. 2022년 11월 기준 NCT 전체 멤버는 23명이며 다음과 같다.

▲태일(국적 : 한국) ▲쟈니(미국) ▲태용(한국) ▲유타(일본) ▲쿤(중국) ▲도영(한국) ▲텐(태국) ▲재현(한국) ▲윈윈(중국) ▲정우(한국) ▲루카스(홍콩) ▲마크(캐나다) ▲샤오쥔(중국) ▲헨드리(마카오) ▲런쥔(중국) ▲제노(한국) ▲해찬(한국) ▲재민(한국) ▲양양(대만) ▲쇼타로(일본) ▲성찬(한국) ▲천러(중국) ▲지성(한국)

휴스턴, 월드시리즈 우승컵 5년만에 다시 들었다

휴스턴 애스트로스가 5년 만에 미국프로야구 ▪**월드시리즈(WS)** 우승컵을 다시 들었다. 휴스턴은 11월 6일 미국 텍사스주 휴스턴 미닛메이드파크에서 열린 WS 6차전에서 내셔널리그 우스팀 필라델피아 필리스에 4 대 1로 역전승을 거뒀다.

휴스턴은 시리즈 전적 4승 2패로 2017년 창단 후 첫 우승을 차지한 뒤 5년 만에 정상에 올랐다. 2017년 우승 당시에는 '사인 훔치기', '휴지통 두들기기' 등 우승을 한 뒤에도 구설에 오르며 불명예 우승이라는 비판을 받았다.

이번 시리즈를 통해 만 73세로 **최고령 월드시리즈 출전 감독이 된 휴스턴 더스티 베이커 감독**은 '무관의 한'을 풀었다. 2002년 샌프란시스코 자이언츠와 2021년 휴스턴에서 두 차례 월드시리즈 준우승에 그쳤던 베이커 감독은 이번 시리즈 전까지 통산 2000승을 넘긴 12명의 감독 가운데 유일하게 우승 반지가 없었다.

동시에 베이커 감독은 시토 개스턴(1992년 토론토 블루제이스), 데이브 로버츠(2020년 로스앤젤레스 다저스)에 이어 역대 3번째로 월드시리즈 우승을 차지한 흑인 감독에도 이름을 올리게 됐다.

월드시리즈 MVP의 영광은 헤레미 페냐에게 돌아갔다. 올해 빅리그에 데뷔한 페냐는 데뷔 첫 해 월드시리즈 우승에 MVP까지 차지하는 겹경사를 누렸다.

페냐는 이번 월드시리즈 6경기에서 타율 0.400, 1홈런, 3타점으로 맹활약했다. 특히 5차전에서 홈런을 친 페냐는 월드시리즈에서 홈런을 때린 최초의 신인 유격수로 이름을 올리기도 했다.

챔피언십시리즈에서도 시리즈 MVP를 차지한 페냐는 1997년 투수 리반 에르난데스 이후 25년 만에 신인 선수로 동일 시즌 챔피언십시리즈와 월드시리즈 MVP를 석권한 선수가 됐다.

■ **월드시리즈 (WS, World Series)**

월드시리즈란 미국 프로 야구의 양대 리그인 아메리칸 리그(AL, American League)와 내셔널 리그(NL, National League)의 우승팀 사이에서 벌어지는 7판 4선승제 챔피언 결정전을 말한다. 동부·중부·서부 지구의 아메리칸 리그·내셔널 리그 우승팀과 와일드카드 4팀, 총 10팀이 포스트 시즌을 치루며, 살아남은 마지막 2팀이 치루는 경기를 월드시리즈라고 칭한다. 1903년 첫 경기가 열린 이래, 1904년과 1994년을 제외하고 매년 개최되어 왔다. 아메리칸 리그 소속의 뉴욕 양키스가 27회 우승하여 가장 많은 우승을 한 팀으로 기록되었다.

신진서, 바둑 메이저 첫 남녀 결승 우승으로 장식

▲ 바둑 기사 신진서

'신공지능' 신진서 9단의 벽은 너무 높고 단단했다. '여제' 최정 9단의 놀라웠던 도전은 여자기사 첫 준우승으로 막을 내렸다. 사상 첫 남녀 성대결로 관심을 모은 삼성화재배 세계바둑 결승전에서 현 세계 최고의 기사인 신진서가 최정을 상대로 2연승을 거두며 대회 첫 우승을 차지했다.

신진서는 11월 8일 서울 성동구 한국기원에서 온라인으로 열린 2022 삼성화재배 월드바둑 마스터스 결승 3번기 제2국에서 184수 만에 최정에게 백으로 불계승했다. 이로써 2연승을 기록한 신진서는 대망의 우승컵을 차지했다. 3년 연속 이 대회 결승에 올랐던 신진서는 지난 2년 연속 중국의 커제와 박정환에게 패하며 아쉽게 준우승에 머문 바 있다.

최정은 신진서와 만나 아쉽게 패했지만, **여자기사 최초로 메이저 세계대회에서 결승**에 올라 역시 최초의 준우승을 차지하며 바둑사의 한 페이지를 장식했다.

신진서는 최정과 초반 팽팽한 형세를 이어갔지만 우중앙과 좌상귀, 좌하귀에 백을 포진시키며 두터운 모양을 만들어 최정을 압박했다. 최정은 중앙 흑대마가 사활을 추궁당하는 상황에서도 하중앙에서 반격에 나서며 추격의 발판을 마련하는 듯 했지만 신진서가 날카로운 맥점을 거푸 두어가며 공세를 늦추지 않았다. 결국 하변과 좌변 흑을 잡고, 마지막에 중앙의 대마를 잡아내며 승부를 마무리 지었다.

+ 알파고 (AlphaGo)

알파고는 구글의 딥마인드가 개발한 인공지능 바둑 프로그램이다. 정책망과 가치망이라는 두 가지 신경망을 통해 결정을 내리며 머신러닝을 통해 스스로 학습하는 기능을 가지고 있다. 2015년 10월에는 유럽바둑대회 3회 우승자인 판 후이 2단을 상대로 대국, 5전 전승하였다. 이 승리는 인공지능 프로그램이 전문바둑기사를 상대로 거둔 사상최초의 승리였다. 2016년 3월에는 여러 국제 기전에서 18차례 우승했던 세계 최상위급 프로 기사인 이세돌 9단과의 5번기 공개 대국에서 대부분의 예상을 깨고 4승 1패로 승리해 '현존 최고 인공지능'으로 등극하면서 세계를 놀라게 했다.

나폴리, 김민재 바이아웃 제거 위해 '총력'

김민재의 활약이 이어질수록 나폴리는 불안한 모습이다. 벌써부터 빅클럽의 러브콜이 이어지고 있다. 토트넘과 맨유가 김민재를 주시하는 것으로 알려졌다. 나폴리가 불안한 이유는 **▪바이아웃** 때문이다. 김민재는 나폴리 이적 당시 바이아웃 조항을 삽입했다. 나폴리 측은 거절했지만, 김민재 측은 완강히 맞섰고, 김민재가 절실한 나폴리는 결국 바이아웃 조항을 넣었다.

▲ 나폴리 수비수 김민재

내년 여름부터 바이아웃이 발동되는데, 빅클럽 입장에서는 이 금액만 제시하면 김민재를 영입할 수 있는만큼, 나폴리 입장에서는 속이 탈 수밖에 없다. 김민재의 바이아웃 금액은 5000만유로 정도로 추정되는데, 현재 김민재의 활약상에 비하면 낮은 금액이다.

김민재는 올 시즌 세리에A 최고 수비수로 활약하고 있다. 올여름 터키 페네르바체를 떠나 나폴리 유니폼을 입은 김민재는 단숨에 리그 정상급 센터백으로 자리매김했다. 김민재는 9월 이달의 선수상을 수상한 데 이어 10월 선수협이 선정하는 이달의 선수상에 이름을 올렸다. 모든 매체에서 올 시즌 센터백 최고 평점을 받을 정도로 능력을 인정받고 있다.

11월 8일 나폴리피우에 따르면, 나폴리는 이 바이아웃 금액이 너무 낮다며, 바이아웃 제거를 위한 움직임을 시작했다. 이른 재계약으로 바이아웃을 없애겠다는 속내를 드러냈다. 이를 위해서는 주급 상승이 불가피하다. 하지만 김민재가 이를 선뜻 받아들일지는 미지수다.

■ **바이아웃 (buy-out)**

바이아웃은 본래 기업의 지분을 다량으로 인수하거나 아예 기업을 통째로 인수한 이후에 인수한 기업의 정상화나 경쟁력 강화를 통해 기업의 가치를 높이는 것을 뜻하는 말이다. 다만 프로축구에서 바이아웃은 다른 구단에서 어떤 선수를 영입하려고 할 때 원래 팀에서 요구하는 최소한의 금액을 말한다.

카타르 월드컵 대표팀 최종 명단 발표

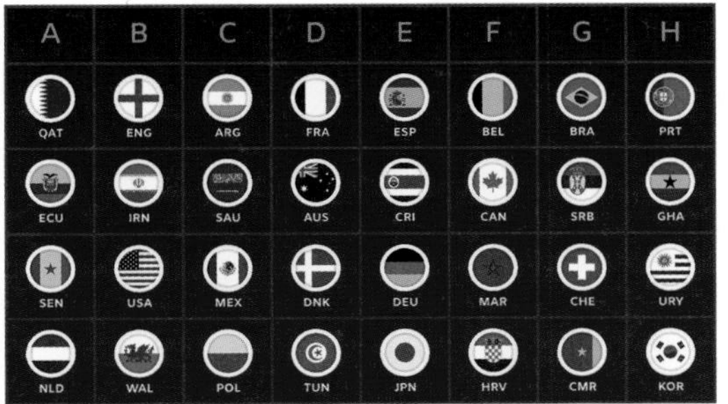

손흥민(토트넘 홋스퍼)이 안와골절 부상을 딛고 2022 카타르월드컵에 출격한다. 파울루 벤투 감독이 11월 12일 오후 1시 종로구 광화문 교보생명빌딩에서 발표한 카타르 월드컵 최종 명단 26명에 손흥민의 이름이 포함됐다.

손흥민은 11월 2일 마르세유와 2022-2023 유럽축구연맹(UEFA) 챔피언스리그 조별리그 최종전에서 상대 선수의 어깨와 얼굴이 세게 충돌해 눈 주위 뼈 네 군데가 부러지는 큰 부상을 당했다. 11월 4일 수술을 받은 이후 현재는 회복 중이다.

'한국 축구의 미래'로 불리는 이강인(마요르카)**도 승선**했다. 이강인은 지난해 3월 한일전 이후 벤투 감독의 부름을 받지 못했다. 지난 9월 A매치 2연전을 위한 소집을 통해 다시 A대표팀에 합류했지만 역시 출전 기회를 잡지 못했다. 이 때문에 벤투 감독의 구상에서 '이강인은 없는 것 아니냐'는 말이 많았지만 결국 최종적으로 태극마크를 달게 됐다. 이강인의 첫 월드컵이다.

손흥민, 이강인 외에 황희찬(울버햄튼 원더러스), 황인범·황의조(올림피아코스), 정우영(프라이부르크), 이재성(마인츠)까지 유럽에서 활약 중인 선수들이 대거 선발됐다. 이번 시즌 이탈리아 세리에A에 진출해 나폴리의 막강 수비를 책임지고 있는 김민재(나폴리) 역시 이름을 올렸다.

벤투호는 월드컵 H조에서 포르투갈, 우루과이, 가나와 16강 진출을 다툰다. 11월 14일 카타르로 향한 태극전사들은 한국시간으로 11월 24일 오후 10시 우루과이, 11월 28일 오후 10시 가나, 12월 3일 포르투갈과 차례로 상대한다. 유럽에서 활동 중인 선수들은 카타르 현지에서 합류한다. 한편, 코칭스태프는 혹시 모를 상황을 대비해 최종명단과 별도로 27번째 선수로 공격수 오현규(수원)를 데려가기로 했다.

2022 카타르 월드컵 남자 축구대표팀 명단 (26명)

구분	이름(소속)
골키퍼	김승규(알샤밥), 조현우(울산), 송범근(전북)
수비수	김민재(나폴리), 김영권(울산), 권경원(감바 오사카), 조유민(대전), 김문환(전북), 윤종규(서울), 김태환(울산), 김진수(전북), 홍철(대구)
미드필더	정우영(알사드), 손준호(산둥 타이산) 백승호(전북), 황인범(올림피아코스), 이재성(마인츠), 권창훈(김천), 정우영(프라이부르크), 이강인(마요르카), 손흥민(토트넘), 황희찬(울버햄튼), 나상호(서울), 송민규(전북)
공격수	황의조(올림피아코스), 조규성(전북)

분야별 최신상식

인물 용어

영구적 위기

permacrisis

영구적 위기(퍼머크라이시스)는 영구적인(permanent)과 위기(crisis)의 합성어로, 불안정과 불안이 지속되는 상황이라는 의미다. 영국의 대표적 사전 중 하나인 **콜린스가 2022년 11월 1일 올해의 단어로 영구적 위기를 선정**했다.

콜린스는 "영구적 위기를 올해의 단어로 선정한 까닭은 **영국이 유럽연합**(EU)**에서 탈퇴한 브렉시트에 이어 코로나19 팬데믹과 심각한 기후변화, 우크라이나 전쟁, 정치적 격변과 고물가 등으로 인해 처한 혼란상**을 반영했기 때문"이라고 밝혔다. '콜린스 러닝'의 알렉스 비크로프트 국장은 "이 영구적 위기라는 단어는 많은 이들에게 올해가 얼마나 끔찍한 해였는지를 한눈에 보여준다"고 말했다. 아울러 영구적 위기는 1970년대 학술 용어로 처음 등장했으며, 최근 몇 달 새 갑자기 유행하게 됐다고 설명했다.

한편, 콜린스 사전이 선정하는 올해의 단어는 콜린스 말뭉치 데이터베이스와 온라인에서 통용되는 단어까지 총괄해 결정된다. 콜린스 사전은 지난해에는 NFT(대체불가능토큰)를, 2020년에는 코로나19 방역 조치로 일상이 정지되는 Lockdown(록다운)을 그해의 단어로 선정한 바 있다.

뱅보드 차트

뱅보드 차트란 은행(bank)과 미국의 실시간 음원 차트인 빌보드 차트(Billboard chart)의 합성어로, 2022년 미국의 잇따른 기준금리 인상에 따른 기조에 맞춰 **시중·저축은행들이 앞다퉈 금리를 올리면서 재테크 사이트에 등장한 예금금리 순위 게시판**을 말한다. 하루 단위로 어떤 은행의 금리가 높은지 신속하게 업데이트돼 인기다. 금융감독원이 제공하는 금융상품통합비교공시 시스템 '금융상품한눈에'가 대표적인 뱅보드 차트다. 시중은행의 예금상품 금리를 비교 공시하는 '은행연합회 소비자포털'이나 저축은행 수신상품의 금리를 나타내는 '저축은행중앙회 소비자포털'도 있다.

최근 시중은행에는 11년 만에 연 4%대 금리의 정기예금이 등장했다. 또 연 6%까지 이자를 쳐주는 정기예금을 내놓은 저축은행의 경우 인터넷 접속자가 몰려 지연 사태까지 벌어졌다. 이처럼 주식을 비롯해 부동산 등의 투자처는 꽁꽁 얼어붙었지만 금리는 하루가 다르게 오르고 있어 마땅한 투자처를 찾지 못한 이들이 저축으로 몰리고 있다.

사이드 허슬

side hustle

사이드 허슬은 본업 이외로 수익을 올릴 수 있는 일종의 부업을 뜻한다. 직장을 다니면서도 자신의 취미와 관련된 일을 병행하는 것이다. 사이드 허슬이란 말은 미국 흑인들이 즐겨보는 신문에서 유래했다. 1920년대 신문사들은 허슬(hustle)이란 단어를 '사기 행각'을 일컫는 의미로 사용했다.

사이드 허슬은 일반적인 부업과 다르다. 부업은 필요에 의한 부가적인 노동으로서 수입을 목적으로 하지만 사이드 허슬은 돈보다 가치 있는 자신의 아이덴티티를 우선한다. 최근 직장 생활에 무조건 순응하기보다는 자신이 잘할 수 있는 일을 찾는 사람이 많아지고 있고 물가도 오르면서 부업을 하고 있는 사람들이 늘고 있다. 단순 아르바이트보다는 프리랜서 웹 디자이너나 피트니스 교실 강사, 비정부기구(NGO) 활동 등 자신의 정체성을 살릴 수 있는 다양한 분야에서 부업을 하고 있는 사람들이 많아지면서 사이드 허슬이 주목을 받고 있다. 특히 미국에서는 **판매자 대신 상품 선별부터 포장, 배송, 고객 서비스와 반품까지 관리해주는 아마존 풀필먼트 서비스**(FBA, Fulfillment by Amazon)가 사이드 허슬 열풍을 이끌고 있다.

BBB5

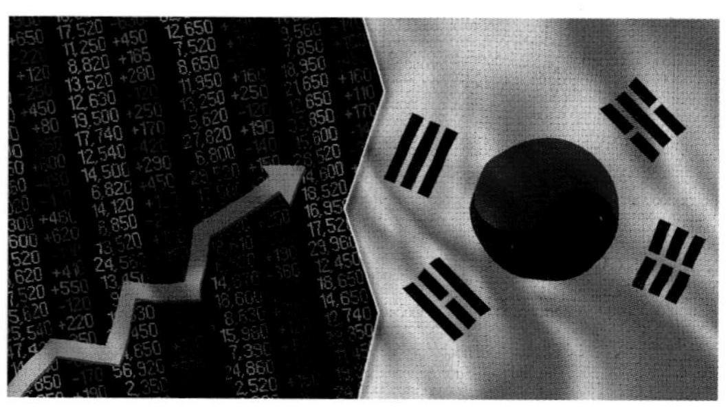

BBB5는 반도체·배터리·바이오 업종을 대표하는 동시에 코스피 **시장 시가총액 1~5위 종목인 ▲삼성전자 ▲LG에너지솔루션 ▲SK하이닉스 ▲삼성바이오로직스 ▲삼성SDI**를 일컫는다. 외국인 투자자는 10월에만 BBB5를 3조원어치 넘게 사들이며 강세를 뒷받침했다. BBB5의 시가총액을 합하면 657조760억원으로 국내 유가증권시장 전체 시가총액의 37.0%에 달한다.

올 상반기까지만 해도 주가가 부진했던 BBB5가 강세로 돌아선 까닭은 먼저 반도체·배터리·바이오 업종에 대한 긍정적 전망이 나온다는 점이다. 또한 반도체주는 밸류에이션(실적 대비 주가 수준)이 역사적 저점에 근접했다는 점이 매력으로 꼽히고 바이오주는 경기방어주라는 점이 주목받고 있다. LG에너지솔루션과 삼성SDI 등은 불황 속에서도 배터리 산업이 성장을 이어가면서 지난 3분기 높은 실적을 냈다는 점이 돋보인다. 국내 증시가 저평가됐다고 판단하는 외국인 투자자의 매수세가 유입된다는 점도 대형주인 BBB5에 긍정적인 부분이다. 10월 외국인 순매수 상위 5개 종목에 BBB5는 모두 이름을 올렸다.

그로스 리세션
growth recession

그로스 리세션은 성장(growth)과 불황(recession)을 합친 말로, 불황은 아니지만 성장률은 둔화하고 있는 경제 상태를 말한다. 물가 변동을 반영한 실질경제성장률이 플러스를 기록해도 그 수치는 낮고, 반대로 실업률은 악화하는 저성장 국면을 그로스 리세션이라고 본다. 그로스 리세션은 **소비·고용 지표에 미치는 영향을 최소화하면서 경기를 안정시키는 연착륙**(soft landing)과 다르다.

그로스 리세션이 본격화하면 고용시장의 위축·소비 감소·기업 수익 악화·기업 생산 감소·경기 둔화란 악순환의 사이클에 빠진다. 경기 둔화세가 이어지면 경제성장률과 고용률이 모두 마이너스 상태로 꺾이는 경기침체로 돌입할 확률이 크다. 따라서 그로스 리세션의 관건은 경기하강 속에서 경제성장률을 어떻게 유지하느냐인데 현재로선 전망이 밝지 않다. 국제 신용평가사 무디스의 마크 잔디 애널리스트는 지난 9월 "글로벌 경제가 (불황의) 경계선에 있고 매우 취약하다"며 "어떤 것이든 궤도를 벗어나면 경기침체에 빠지게 될 것"이라고 경고했다.

실리콘 실드

silicon shield

실리콘 실드란 반도체 분야에서 대만의 존재감이 중국의 대만 무력 침공을 막는 방패로 작용한다는 표현이다. 세계 최대 파운드리 업체 TSMC를 필두로 대만은 전 세계 반도체의 65%가량을 생산하고 있어 중국이 쉽게 침공할 수 없을 것이라는 분석이 있다. 실제로 대만 TSMC의 창업자인 장중머우 전 회장이 중국과 대만 간 전쟁이 일어날 경우 TSMC가 전부 파괴될 수 있다고 경고하기도 했다. 대만은 중국의 군사력과 비교하면 한참 밀리지만 TSMC를 매개로 세계 최강 미국의 엄호를 받고 있다.

러시아의 우크라이나 침공을 계기로 안보 측면에서 경제와 산업의 중요성이 다시 주목받고 있다. 우크라이나가 글로벌 경제에서 차지하는 비중이 컸다면 전쟁 발발 전에 미국 등 각국이 저지에 나섰을 것이라는 분석이 지배적이다. 이른바 실리콘 실드(반도체 방패)다. 최근 일본이 반도체 등 전략물자 관리를 맡는 경제안보실을 신설한 것도 안보의 실마리를 반도체에서 찾았기 때문으로 풀이된다. 북한의 위협에 상시 노출된 우리나라 역시 **압도적인 반도체 경쟁력이 실질적 안보를 담보할 수 있다**는 주장이 설득력을 얻고 있다.

지속가능 항공연료

SAF, Sustainable Aviation Fuel

지속가능 항공연료는 폐식용유, 생활 폐기물, 동물성·식물성 기름, 해조류 등 친환경 연료로 만들어진 항공유다. 화석자원을 기반으로 한 기존 항공유보다 가격은 비싸다. 그러나 **원료 수급부터 소비까지 탄소 배출량을 기존 항공유와 비교해 최대 80%까지 감축**할 수 있다는 장점이 있다.

피트 부티지지 미국 교통장관은 2022년 10월 열린 국제민간항공기구(ICAO) 총회에 참가해 항공산업은 SAF 활용을 포함한 강력한 탄소 배출 억제 노력이 필요하다고 주장했다. 실제로 바이든 정부는 보조금과 연방 세금 공제 등 인센티브를 제공하며 SAF 생산 확대를 유도하고 있다. 그러나 가격이 높은 탓에 일부 업계에서는 SAF에 대해 회의적인 시선이다. 한편 국내 정유·항공업계도 강화되는 ESG(환경·사회·지배구조) 기조에 발맞춰 SAF 시장 진출을 선언하고 있다. 대한항공은 올해 4분기 파리–인천 국제선 정기편에 SAF를 사용할 계획이며 오는 2026년부터는 아시아·태평양·중동 노선 등에서 SAF를 도입하겠다고 밝혔다. 현대오일뱅크는 오는 2025년까지 연산 50만톤 규모의 바이오 항공유 제조공장을 완공할 계획이다.

래빗 점프
rabbit jump

래빗 점프는 서울대 소비자학과 김난도 교수가 2023년을 관통할 키워드로 제시한 개념으로 사자성어 교토삼굴(狡兎三窟)에서 유래했다. 교토삼굴은 '사기(史記)' 맹상군열전에 나오는 말로, '꾀 있는 토끼는 굴을 세 개 파놓는다'는 뜻이다. 글로벌 경기침체, 물가폭등, 전쟁 등 고통을 수반할 수밖에 없는 **위기상황을 슬기롭게 넘어서기 위해선 플랜A뿐 아니라 플랜B, 플랜C도 함께 마련해두는 지혜가 필요하다**는 얘기다.

래빗점프 10대 키워드는 먼저 평균의 의미가 없어지고 있다는 ▲평균 실종(Redistribution of the Average)이다. 또한 이직·사직률이 높은 현시점에서 인재를 붙잡아 둘 새로운 방법을 고안해야 한다는 ▲오피스 빅뱅(Office Big Bang)이 있다. 이외에도 ▲체리슈머(Cherry-sumer)와 ▲알파세대(Alpha Generation) ▲인덱스 관계(Index Relationships) ▲뉴디맨드 전략(New Demand Strategy) ▲디깅 모멘텀(Digging Momentum) ▲선제적 대응기술(Unveiling Proactive Technology), ▲공간력(Magic of Real Spaces) ▲네버랜드 신드롬(Neverland Syndrome)이 주요 트렌드로 꼽힌다.

TRF
Target Redemption Forward

TRF란 **외화를 매도하고자 하는 고객의 환위험을 헤지하는 외환파생상품의 일종**이다. 고객의 이익을 특정 한도로 제한하고 계약이 조기 종결될 수 있는 대신, 일반 통화선도 거래보다 높은 환율에 외화를 매도할 수 있다. 만약 조기 종결 조건이 충족되면 계약은 소멸한다. 조기 종결 조건이 충족되지 않고 달러·원 환율이 지속 상승한다면 고객 손실이 누적되는 구조다. 이론상 최대손실은 무제한이다.

2022년 10월 국회 정무위원회 국정감사에서 TRF가 키코(KIKO)와 유사한 상품이라는 지적이 나왔다. **키코(KIKO)는 2000년대 초반 출시된 외환파생상품으로 녹인(Knock-In)과 녹아웃(Knock-Out)의 앞글자를 따 키코라는 이름이 붙었다.** 환율이 일정 범위에 있으면 미리 약속한 계약환율로 달러를 팔 수 있었다. 그러나 환율이 일정 수준을 넘어서 녹인 구간에 접어들면 기업은 계약금액의 두 배 이상을 은행에 팔아야 했다. TRF 역시 변동성이 확대될수록 리스크가 커지는 구조다. 다만 금융감독당국은 키코와 TRF는 본질적으로 다른 상품이라는 입장이다. TRF는 레버리지 성격이 없고 위험 헤지 비율에 제한이 있는 상황에서 거래된다는 것이다.

체리슈머

cherrysumer

체리슈머는 한정된 자원을 극대화하기 위해 최대한 알뜰하게 소비하는 전략적 소비자를 가리킨다. 과거의 '체리피커(cherry picker)'가 진화한 것이다. 체리피커는 케이크 위의 맛있는 체리만 빼가는 것처럼, 이익을 위해 쏙 빼먹기만 한다는 의미다. 멤버십에 가입하며 주는 혜택은 받지만 실제로 뭔가를 구매하지 않는 소비자를 일정 부분 부정적으로 표현한 용어였다. 부정적 의미인 체리피커와는 다르게 체리슈머는 **자신에게 주어진 한정된 자원을 최대한 알뜰하게 소비하는 소비자**를 의미한다. 체리슈머는 자신이 필요한 만큼만 딱 맞춰 구매하는 '조각 전략', 함께 모여 공동구매하는 '반반 전략', 필요한 만큼만 계약하는 '말랑 전략' 등으로 실속 있는 소비를 추구한다.

체리슈머는 동일한 제품을 어떻게 하면 더 싸게 구매할 수 있는가에 주목한다. 한편으로는 이런 트렌드가 다른 소비로 이어진다는 분석도 있다. 외식 비용을 줄이기 위해 유명 레스토랑을 방문하는 것 대신 유명 레스토랑의 밀키트를 이용한다는 것이다. 어려운 경기 속에서 체리슈머는 불황 관리형 소비자라고도 할 수 있다.

학조부모

學祖父母

학조부모는 학부모와 조부모의 합성어다. 육아는 물론 취학 이후 손자와 손녀를 맡게 된 조부모를 의미하는데, 황혼육아가 늘어나며 등장한 신조어다. 학조부모는 **손주를 위해 부모 대신 학부모 모임에 참석하고 학교 수업은 물론 이후 학원 일정 및 숙제까지 관리**한다.

증가 추세에 있는 학조부모를 위한 교육 프로그램도 등장하고 있다. 서울시교육청은 서울 시내 초교에서 초등학교 저학년 손자녀를 둔 조부모 대상으로 학부모교육 프로그램을 운영했다. 교육 프로그램은 ▲노인 세대의 자기탐색과 조부모 역할 이해를 위한 '나는 이런 조부모가 되고 싶어요' ▲손자녀 발달 및 학교생활 이해를 위한 '쑥쑥 자라는 손자녀 마음읽기' ▲손자녀와 효과적인 관계 맺기를 위한 '다가가는 공감 대화법' 등이 있다. 학령기 손자녀에 대한 이해를 바탕으로 의사소통, 갈등 해결 등 손자녀 교육역량을 강화함과 동시에 학조부모의 양육스트레스를 낮추고 자아존중감을 높인다는 목적이다. 앞으로도 학조부모를 대상으로 한 교육 프로그램은 확대될 것이라는 분석이 나온다.

버추얼 트윈

virtual twin

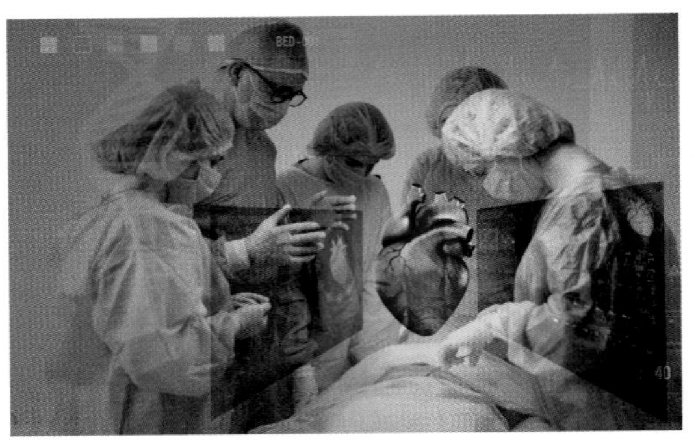

버추얼 트윈이란 **충돌 테스트처럼 각종 동작과 물성 변화까지 현실처럼 구현할 수 있는 기술**이다. 가상공간에 제품을 똑같이 구현하는 '디지털 트윈' 보다 하나 윗 단계의 기술이다. 버추얼 트윈은 연구개발(R&D)과 디자인, 제조, 마케팅 분야에서 폭넓게 활용되고 있다. 특히 현실에서 실험할 경우 많은 위험과 비용이 따르는 바이오 분야나 핵융합·원자력 관련 분야에서 활용도가 높다.

최근 업계에 따르면 버추얼 트윈을 활용해 심장 수술을 재현하는 것도 가능하다고 한다. 버추얼 트윈 기술의 선두 주자인 다쏘시스템은 인체에 가장 적합한 의료보형물과 합금을 개발하는 데에도 버추얼 트윈이 사용되었고, 디지털 공간에서 심장 수술을 하는 것이 가능하다고 밝힌 바 있다. 유럽의 한 항공사는 이 회사와 함께 노후 항공기를 분해해 재활용하는 프로젝트를 시행하고 있다. 가상 환경에서 수만 개의 부품별 수명과 고장 여부를 확인한 뒤, 교체·조립 후 정상 가동되는지 시뮬레이션해보는 식이다. 친환경 소재와 재활용에 대한 수요가 늘어나는 제조업의 설계에서도 버추얼 트윈의 활용도가 높을 것으로 전망된다.

탄소 네거티브

carbon negative

탄소 네거티브란 이산화탄소를 배출량 이상으로 흡수해 실질적 배출량을 마이너스로 만드는 것을 말한다. 이산화탄소 순배출량을 0으로 만들겠다는 개념인 넷 제로(net zero)보다 한 단계 더 나아간 것으로, **지금까지 배출한 탄소 제거는 물론, 대기 중에 있는 탄소까지도 제거하겠다는 보다 적극적인 의미**다.

네덜란드 에인트호번 공과대학 학생들이 세계 최초로 '탄소 네거티브' 자동차를 개발했다. 화제의 자동차는 젬(ZEM)으로, 젬은 '제로 배출 자동차(Zero Emission Mobility)'의 약어다. 젬의 엔진 방열판 뒤에는 이산화탄소 흡수 장비 두 개를 설치했다. 젬이 주행하게 되면 이 장비들이 이산화탄소를 흡수하게 된다. 자동차를 개발한 학생들은 "젬이 3만2000km 주행할 때마다 약 2kg의 탄소를 흡수할 수 있다"고 주장한다. 현재 사용되고 있는 전기차는 도로에 이산화탄소를 배출하지는 않지만 리튬 이온 배터리를 생산하는 과정에 적지 않은 탄소가 생성된다. 또 전기차에 사용되는 전기를 생산할 때도 탄소가 배출될 수 있다. 그런 점에서 젬의 탄소 필터는 탄소 발자국을 줄이는 데 크게 기여할 수 있을 것이라는 기대가 나온다.

코브라 역설

cobra paradox

코브라 역설은 문제 해결을 위해 시행한 대책이 오히려 사태를 더욱 악화시키는 현상을 뜻한다. 과거 인도가 영국의 식민지였던 시절 영국 총독부가 인도의 코브라를 없애려고 시행한 정책에서 유래됐다. 총독부는 코브라를 없애기 위해 코브라의 머리를 잘라오면 이에 보상하는 정책을 시행했다. 그러나 정책을 시행한 지 몇 년이 지나도 코브라 수는 줄어들기는커녕 오히려 증가했다. 이는 보상금을 노린 인도인들이 코브라를 몰래 키웠기 때문이었다. 이후 총독부가 해당 정책을 폐지하자 코브라를 키우던 사람들이 이를 내다 버리면서 코르바 개체 수는 증가했다. 이처럼 **어떤 문제를 해결하기 위한 대책이 오히려 문제를 악화시키는 현상**을 코브라 역설이라고 한다.

미국 바이든 정부가 '코브라 역설'에 빠졌다는 지적이 나온다. 올들어 미국 경제는 두 분기 연속 역성장해 미국경제연구소(NBER)의 판단기준으로는 침체국면에 진입했다. 하지만 실업률은 완전고용 수준이 7개월 넘게 지속되고 있다. 코로나 지원금으로 중하위 계층 근로자들이 노동시장에 자발적으로 참여하지 않아 실업자에서 제외되고 있기 때문이다.

신(新) 넛크래커 위기

신(新) 넛크래커(nut cracker) 위기란 국내 중소기업이 중국과 일본기업 사이에 끼여 경쟁력을 상실하는 것을 의미한다. '넛크래커'란 지난 1997년 외환위기가 일어나기 직전 미국의 한 컨설팅 기관이 "한국은 가격을 내세운 중국과 기술을 내세운 일본의 협공을 받아 위기에 빠질 것"을 경고하며 비유로 사용한 말이다. 하지만 최근 중국은 저렴한 인건비를 내세우면서도 기술력으로 우리나라를 턱밑까지 육박해온 상태이며 높은 기술경쟁력이 무기인 일본 역시 엔저현상과 생산성 강화로 가격 경쟁력을 갖추게 됐다. **국내 중소기업으로서는 가격, 품질 양면에서 중국, 일본의 협공을 동시에 받고 있는 형편**이다. 이에 10년 전의 넛크래커 위기에서 한층 심화된 형태의 이른바 신(新) 넛크래커 위기를 맞고 있는 것이다.

특히 소형가전, 자동차부품, 금형, 자전거, 컴퓨터 주변기기, 섬유 등의 업종에서 이 같은 현상이 두드러지고 있다. 현대경제연구원 등에 따르면 올들어 국내 3000여 개 중소 수출업체 중 일본과 중국에 끼여 수출 규모가 지난해보다 평균 5000억원 이상 감소할 것으로 분석됐다.

오프체인

off-chain

오프체인이란 블록체인 이외의 외부 거래 내역을 기록하는 방식을 뜻한다. 블록체인에서 거래를 기록하는 방식으로는 온체인(on-chain)과 오프체인으로 나뉜다. 온체인은 오프체인과 반대로 블록체인에서 발생하는 모든 거래 내역을 블록체인에 기록하는 방식을 말한다. 온체인의 경우 모든 거래 내역이 블록체인 내에 기록되기 때문에 투명성과 보안성, 탈중앙성이 보장된다. 하지만 사용자가 많아질수록 처리해야 하는 데이터양이 커져 신속하게 데이터를 처리할 수 없게 된다. 이때 필요한 게 오프체인이다. 중요 데이터는 온체인으로, 그 밖의 데이터는 오프체인으로 처리해 온체인의 부담을 덜어낸다. 이 점에서 **오프체인은 블록체인의 확장성을 담당**한다.

그 외에도 **오프체인은 프라이버시 보호라는 장점**을 지닌다. 모든 기록이 공개되는 온체인과 달리, 오프체인은 데이터를 처리하고 공개하지 않을 수 있어 일정 수준의 프라이버시가 보장될 수 있다. 오프체인이 블록체인에 모든 기록을 저장하는 방식이 아니라지만, 그렇다고 신뢰도가 떨어지는 방식이라고 볼 순 없다. 데이터 실행은 오프체인에서 이루어지지만, 최종 검증은 온체인에서 이루어지도록 해 신뢰도 역시 확보할 수 있다.

1사 1필지 제도

1사 1필지 제도란 공공택지 입찰에서 모기업과 계열사를 통틀어 단 1개 회사만 응찰할 수 있는 제도를 말한다. **계열사를 대거 동원해 편법으로 공공택지를 낙찰받는 이른바 '벌떼입찰'을 막기 위해 도입된 제도**다. 한국토지주택공사(LH)는 "3기 신도시 등 대규모 사업지구의 본격적인 공동주택용지 공급에 앞서 벌떼입찰을 근절하고 공정한 시장질서 확립하는 해결책이 될 것"이라고 기대했다.

우선 LH는 1사 1필지 제도를 공공택지 경쟁률 과열이 예상되는 **투기과열지구, 조정대상지역 및 과밀억제권역 등 규제지역의 300세대 이상의 공동주택용지를 대상으로 시행**한다. 입찰에 참여한 회사가 모자 회사 등 계열관계로 엮여있는지 여부는 독점규제 및 공정거래에 관한 법률(공정거래법) 시행령 4조에 따른 기업집단에 해당하는지를 두고 판단한다. 또 주식회사 등의 외부감사에 관한 법률(외감법) 23조에 따라 공시하는 감사보고서 상의 특수관계자에 해당하는지도 따진다. LH는 앞으로 외부 전문 회계법인에 위탁해 계열관계를 검증해 나갈 예정이다.

스필백
spill back

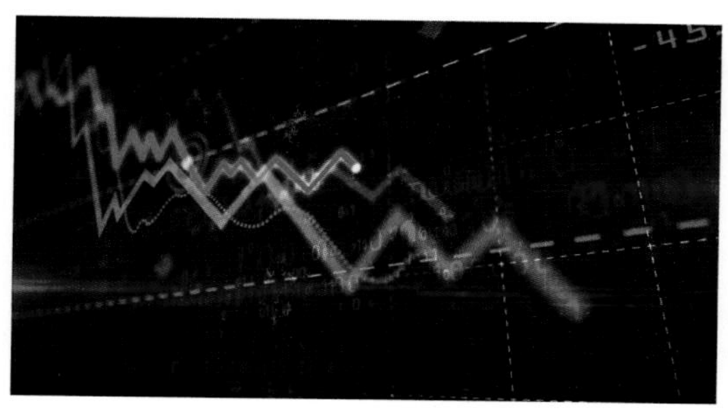

스필백은 역파급 효과를 말한다. 금융시장에서는 **부정적 파급효과인 스필오버(spill over)가 부메랑처럼 돌아와 더 큰 손해를 미치는 것**을 말한다. 코로나19 이후 미국의 달러화 강세가 전 세계에 미치는 영향이 스필오버라면 그로 인한 글로벌 경기 침체 등이 미국 경제에 다시 부정적 영향을 미치는 현상이 스필백이다. 이창용 한국은행 총재는 지난 10월 미국 당국도 급격한 금리 인상에 따른 강달러 기조가 세계 다른 국가 경제에 부정적인 영향을 미치는 스필오버 효과를 주목하고 있다고 전했다. 또한 "과거 경험이나 달러가 차지하는 위치를 볼 때 (미국도) 해외에 미치는 스필오버와 그로 인한 (부정적 영향이 다시 미국으로 유입되는) 스필백을 고려할 것"이라고 덧붙였다.

실제로 달러화 강세와 엔화 약세로 일본 외환당국은 지난 9월 말 24년 만에 엔화를 매수하고 달러를 매도하는 환시개입을 단행했다. 달러화 표시 자산을 매각하는 것이어서 미 국채도 매도 대상이 됐다. 역사적으로 미 국채의 최대 매수 세력인 일본이 달러를 매각하고 이것이 연방준비제도(Fed·연준)의 대차대조표 축소와 맞물리면서 미 국채 시장의 유동성 경색 우려가 불거졌다.

내구제 대출

내구제 대출이란 '나를 스스로 구제하는 다른 방식으로 돈을 마련하는 대출'이란 뜻이다. **소액이 필요하지만 대출이 어려운 사람이 자신의 명의로 휴대전화를 개통하거나, 대출업자에게 빌린 가전제품을 제공하고 돈을 받는 신종 불법 사기 수법**이다. 연이자로 폭리를 취하거나 돈을 빌리는 사람의 명의가 의도와 달리 범죄에 연루되는 문제가 발생해 대책 마련이 요구되고 있다.

문제는 전기통신사업법에 의해 본인 명의 휴대전화를 타인에게 넘긴 행위 자체도 처벌 대상이 될 수 있다는 점이다. 내구제 대출의 경우 지난 10월 국회 정무위원회 국정감사에서도 대응 방안이 필요하다는 지적이 나온 바 있다. 이에 당시 이복현 금융감독원장은 "권한이 없더라도 타 기관에 협력 요청이 가능한 부분이 있다"며 "기관장이 직접 관심을 두겠다"고 언급하기도 했다. 한편 경찰청은 특히 선불 유심에 주의해야 한다고 당부했다. 선불 유심은 개통한 유심을 휴대전화에 끼워 손쉽게 대포폰을 만들 수 있어 범죄자들이 자주 사용한다. 유심을 개통하려면 개인정보를 전달해야 하는데, 이를 도용한 다른 범죄에도 휘말릴 수 있다는 것이다.

20의 규칙

rule of 20

20의 규칙이란 주가 밸류에이션을 평가하는 지표 중 하나다. 소비자물가지수(CPI) 연간 상승률과 주식 시장의 평균 주가수익비율(PER)의 합이 20 미만이 되면 시장이 떨어질 대로 떨어졌다고 판단한다. **두 수치의 합이 20 미만이면 주식시장은 저평가된 것이지만, 20을 초과할 경우에는 증시가 고평가된 것**으로 본다. 물가상승률과 평균 PER 합이 20과 같다면 주가는 적정 가치에 있다는 것을 시사한다.

미국 투자은행 뱅크오브아메리카(BoA)는 최근 보고서에서 20의 규칙을 들면서 "현재 주가는 충분히 저렴하지 않다"고 분석했다. 뉴욕 증시가 추가로 하락할 가능성이 있다는 의미다. 최근 미국의 CPI는 8.2%로 역대 최고 수준이고, PER는 17.39로, 두 수치를 더하면 20을 훌쩍 넘는다. BoA 분석가들은 지난 1974년 이후 7차례의 경기침체를 언급하면서 역사적으로 증시는 연방준비제도(Fed·연준)가 기준금리를 처음 인하한 지 12개월 만에 반등하는 양상을 보였다고 분석했다. **현재 시장은 2023년 하반기에야 연준의 금리 인하가 이뤄질 것으로 보는 상황**이다.

가계 부채 대책 3법

가계 부채 대책 3법은 더불어민주당이 정기국회 처리를 약속한 '7대 긴급 민생입법과제' 중 하나로, 금리폭리방지법, 불법사채금지법, 신속회생추진법을 합쳐 일컫는다. **금리폭리방지법**(은행법 개정안)은 은행이 은행 이용자에게 이자율 산정방식과 근거를 제공 및 설명하도록 하는 기존 대통령령을 법률로 상향, 금리 인하를 유도하는 것이 골자다. **불법사채금지법**(대부업법 및 이자제한법 개정안)은 이재명 민주당 대표의 2호 발의 법안으로, 최고이자율을 초과한 계약은 이자계약 전부를 무효로 하고 특히 2배를 초과할 경우 금전대차 계약 전부를 무효화한다. **신속회생추진법**(채무자회생법 개정안)은 개인회생 채권자 목록에서 누락이 발생한 경우 인가결정 후에도 변제계획을 수정할 수 있도록 허용한다.

정부·여당은 가계 부채 대책 3법이 반시장적이라며 반대한다. 김행 국민의힘 비상대책위원회 대변인은 "가계 부채 대책 3법은 상당한 부채를 일으킬 수밖에 없는 포퓰리즘 입법"이라고 비판했다. 이창용 한국은행 총재는 "(금리폭리방지법은) 의도치 않은 부작용이 발생할 수 있어 굉장히 조심스럽게 해야 한다"고 우려를 밝혔다.

펠릭스 클리저

Felix Klieser, 1991~

▲ 호르니스트 펠릭스 클리저 (자료 : 인아츠프로덕션)

펠릭스 클리저는 독일 출신의 호른 연주가이다. 태어날 때부터 양팔이 없었던 그는 지지대로 호른을 받치고 왼발로 밸브를 조작한다. 나팔(벨)에서 음색과 음량에 변화를 주는 오른손의 역할은 입술이 대신한다. 독일 중부의 괴팅겐에서 태어난 클리저는 5살 때 우연히 듣게 된 호른의 음색에 매료돼 무작정 부모님을 졸라 호른을 배우기 시작했다. 길고 정교한 호흡을 해야 하는 호른을 다루기엔 어린 나이였지만, 부모는 그의 뜻을 꺾지 못했다. 13살이던 2004년 하노버 예술대 예비학생이 됐고 3년 후 정식 입학했다. **2008년부터 2011년까지 독일 국립 유스 오케스트라에서 활동했다. OHMI(One-Handed Musical Instrument Trust) 홍보대사인 그는 양팔을 쓸 수 없는 음악가를 위한 악기 제작 지원에도 힘을 보태고 있다.**

클리저는 11월 9일 서울 예술의전당 IBK챔버홀에서 리사이틀을 열었다. 그는 공연에 앞서 "제게 살아갈 힘을 주는 사실은 사람은 누구나 강점과 약점이 있다는 것"이라며 "사람의 운명이 미리 정해져 있다는 말이 아니다. 아무리 큰 약점이 있더라도 할 수 있는 일이 분명히 있다"고 전했다.

E-6B 머큐리

E-6B 머큐리는 미국 공군의 핵전쟁용 공중지휘통제기이다. 머큐리는 지옥과 천상을 넘나드는 전령의 로마 신(그리스신화의 헤르메스)을 의미한다. E-6B 표준 플랫폼은 국가 사령부로부터 탄도 미사일 잠수함 함대(잠수함과의 통신 참조)에 대한 지침을 전달한다. **지상의 핵미사일 통제센터가 공격을 당해 무력화되더라도 항공기에서 대륙간탄도미사일(ICBM)이나 잠수함발사탄도미사일(SLBM) 발사를 통제할 수 있도록 만든 것**이다. 핵전쟁 상황에 빗대 '심판의 날 항공기(Doomsday Plane)'로 불리는 이유다.

E-6B가 11월 초 한반도와 일본 혼슈 상공에서 식별됐다고 한다. 이는 미 해군 전략핵잠수함도 주변에 배치됐다는 것을 의미한다. 한미 양국 국방부 장관은 11월 3일 미국에서 한미안보협의회의(SCM)를 갖고 북한 핵 억지를 위해 한반도 주변에 미군의 전략 자산을 상시 배치에 준하는 수준으로 전개하는 데 합의했다. 이는 북한의 7차 핵실험과 대륙간탄도미사일(ICBM) 발사 등의 도발을 감행에 대한 우려로, 이에 대응해 한국도 각종 옵션을 검토해야 한다는 일각의 지적이 나온다.

트라이슈머
trysumer

트라이슈머는 시도하다는 의미의 'try'와 소비자라는 의미의 'consumer'로 구성된 합성어로 체험의 가치를 중시하는 소비자를 의미한다. 이들은 직원들의 **소개나 광고, 입소문 등으로 알 수 있는 상품의 정보나 효과를 신뢰하기보다 새로운 상품이나 서비스를 직접 경험해보고 구매를 결정**하는 것이 특징이다.

기업들은 트라이슈머의 주머니를 열기 위해 다양한 상품 체험 공간을 마련하고 있다. 무신사 온라인 편집숍 '29CM'는 성수동에 자체 큐레이션 제품 위주로 오프라인 브랜드 체험 매장을 열었다. 이마트는 일렉트로마트를 통해 체험 테마에 중점을 둔 가전 전문 매장을 열어 소비자들이 전자제품을 미리 써본 후 구매를 결정할 수 있도록 하고 있다. 트라이슈머의 영향력이 특히 큰 업계는 화장품이다. 제품군이 다양하고 직접 써봐야 맞는 제품을 찾을 수 있다는 인식이 강하기 때문이다. 뷰티업계는 코로나19로 매장 체험이 쉽지 않자 다양한 샘플, 트라이얼 키트로 소비자를 사로잡고 있다. 이 같은 방식은 새로운 고객 유입을 유도할 수 있을뿐더러, 브랜드 메시지 전달에도 효과적인 수단으로 활용할 수 있기 때문이다.

피클볼
Pickleball

피클볼은 **배드민턴, 테니스, 탁구의 요소가 결합된 패들 스포츠**로 미국을 중심으로 활성화되고 있는 새로운 스포츠다. 1965년 워싱턴에서 조엘 프리차드 미 하원의원이 합판으로 된 패들을 사용하고 배드민턴 네트를 이용해 공놀이를 시작하면서 탄생했다. 코트 규격은 배드민턴과 같지만 네트 높이는 36인치(약 91cm)로 그보다 낮다.

미국에서 피클볼이 새로운 국민 스포츠로 급부상하고 있다. 코로나19 사태 이후 한국에서 테니스, 골프 등이 인기를 끌었다면, 미국에선 피클볼이 대세로 떠오른 것이다. 신체 접촉이 없고 운동 강도도 비교적 낮아 코로나19로 지친 미국인들이 부담 없이 즐길 수 있는 취미가 됐다. 피클볼 인구는 미국에서만 480만 명(지난해 기준)에 달한다. 미국프로농구(NBA)의 르브론 제임스, 미국프로풋볼(NFL)의 톰 브래디 등 슈퍼스타들이 피클볼 구단주로 뛰어들었을 정도다. 피클볼 프로선수도 등장하고 있다. 2021년에는 토너먼트 방식의 대회인 '메이저리그피클볼(MLP)'까지 출범했다. 전 세계 피클볼 인구는 2030년까지 4000만 명 규모로 늘어날 것이란 전망이 나온다.

윤응렬

尹應烈, 1927~2022

▲ 고(故) 윤응렬 전 작전사령관의 6·25 전쟁 당시 모습(자료 : 공군)

윤응렬은 **6·25 전쟁 중 평양 승호리 철교 폭파, 고성 351고지 사수 작전 등을 수행**한 전 공군작전사령관이다. 10월 24일 노환으로 세상을 떠났다고 유족이 전했다. 향년 95세. 1927년 평양에서 태어난 윤응렬은 16세인 1943년 일본 규슈 비행학교에 들어가 이듬해 인도네시아 자바의 일본 공군기지에 배속됐다. 명령에 따라 가미카제 특공대로 출격을 기다리던 1945년 해방을 맞아 10개월 간 포로 생활을 거쳐 고향에 돌아온 그는 공산 정권이 싫어 1948년 38선을 넘어 월남했고, 육군사관학교(7기)를 거쳐 육군 항공대(공군의 전신)에 들어갔다.

한국전쟁이 발발하자 1952년 1월 15일 인민군의 군수물자 수송 요충지인 평양의 승호리 철교를 폭파한 F-51 전투기 6대 중 1대를 조종했다. 이 작전을 성공적으로 수행한 대가로 공군참모총장 표창과 미국 비행수훈십자훈장을 받았다. 1953년 3월 26일에는 전략적 요충지인 강원도 고성 351고지를 사수하기 위한 한미 연합 작전에 출격하는 등 107회 출격한 것으로 전사에 남아있다. 공군사관학교 교장, 공군작전사령관을 거쳐 소장으로 예편했고, 1970년~1972년 2월 국방과학연구소(ADD) 초대 부소장을 역임했다. 2010년 회고록 '상처투성이의 영광'을 펴냈다.

김정기

金政基, 1975~2022

▲ 고(故) 김정기 (김정기 작가 SNS 캡처)

김정기는 **'라이브 드로잉의 창시자'로 불리는 만화가이자 일러스트레이터**로 10월 5일 별세했다. 향년 47세. 김정기 작가와 크리에이티브 스튜디오인 슈퍼애니를 이끌던 김현진 작가는 "김정기 작가가 10월 3일 공항에서 흉통을 호소해 이송됐지만 세상을 떠났다"고 밝혔다. 김정기 작가는 2011년 부천국제만화축제에서 작품 제작과정을 촬영해 유튜브에 올린 영상을 계기로 세계적인 인지도를 얻었으며, 2017년에는 청와대 사랑채에서 문재인 정부 첫해 기념 라이브 드로잉쇼를 7시간에 걸쳐 진행하기도 했다.

고인은 그림을 그릴 때 밑그림 없이 바로 그리는 것으로 유명했다. 덕분에 전반적인 디테일을 최대한 살리며 구도와 투시를 정확하게 지키면서도, 원화의 거친 느낌과 날것의 에너지를 그대로 유지하는 게 특징이다. 또한 참고 자료를 사용하지 않고도 해부학적으로 정확한 인체를 그린다. 뼈와 근육의 구조와 역할, 그리고 투시원근법을 여러 번 관찰하고 연습하며 쌓은 내공 덕분이다.

화이트 라벨링

white labeling

화이트 라벨링은 상품을 만드는 회사는 따로 있고 유통과 판매를 맡은 회사가 자사의 브랜드를 붙여 판매하는 것을 뜻하는 용어다. 특히 증권사·은행 등 금융권에서는 **해외 우수 금융상품을 발굴해 국내 운용사 브랜드를 이용해 상품화하는 금융상품**을 의미한다. 예를 들어 해외에서 우수한 성과를 내는 펀드를 발굴해 특정 펀드를 운용하는 운용사와 제휴해 위탁운용하거나 국내에 재간접펀드로 판매하는 방식이다.

코로나19가 시작된 후 지난 2년간 유동성 증가가 계속되면서 금융투자업계는 다양한 화이트 라벨링 상품을 출시해 운영해오고 있다. 한국투자증권의 경우 글로벌 투자은행(IB) 크레디트스위스(Credit Suisse)와 제휴해 신한크레디트스위스보안펀드와 신한크레디트스위스환경펀드를 출시하기도 했다. 증권사 입장에선 해외에 진출하지 않고 글로벌 자산 운용사와 협업해 고객에게 다양한 투자 기회를 제공할 수 있는 것이다. 비즈니스 모델 확대를 위한 방안도 될 수 있다. 우리은행 또한 자사 앱은 물론 제휴사 앱에서도 우리은행 마이데이터 서비스를 이용할 수 있도록 한 화이트 라벨링 서비스를 제공하고 있다.

대위변제

代位辨濟

대위변제는 민법에서 **채무자가 아닌 다른 사람이 채무자 대신 채무를 변제해주고 채권자의 채권이 대신 변제한 사람에게 넘어가는 것**을 말한다. 금융기관에서 특정 업체에 보증한 경우 채무자의 이자 미지급이나 원금상환불능 같은 사고가 났을 때 보증한 금액을 채권자에게 대신 변제하고 그 채권자의 권리를 얻는 것이 대위변제의 사례다.

전세자금대출 금리가 급격히 뛰면서 원리금을 제때 갚지 못하는 사람이 늘고 있다. 지난 1~9월 주택신용보증 대위변제 금액은 2455억원으로 2021년 같은 기간보다 51.6% 증가했다. 보증사고가 늘어나면서 대위변제액은 역대 최대를 기록했다. 시장에서는 기준금리 인상 등의 영향으로 대출금리가 상승하자 이를 제때 갚지 못하는 사람이 늘고 있는 것으로 본다. 미국의 4번 연속 자이언트스텝(기준금리 0.75%p 인상) 등의 영향으로 한국은행의 기준금리 인상도 확실시되는 상황이어서 금리 부담은 더 커질 것으로 전망된다. 특히 주금공의 전세자금보증 한도가 2억원으로 4억원으로 늘어 대위변제 금액에도 영향을 줄 것으로 보인다.

루비로망

Ruby Roman

루비로망은 일본 이시카와현이 1995년부터 11년간 육성해 2007년부터 본격적으로 생산하기 시작한 포도다. **포도 한 알의 크기가 직경 3cm 이상으로 골프공과 비슷하고 껍질이 루비색과 유사하다. 당도도 매우 높다.** 2008년 첫 출하에서 포도 한 송이가 10만엔에 판매됐으며, 지난 7월 이시카와현 가나자와시 중앙도매시장 경매에서 한 송이가 무려 150만엔(약 1400만원)에 낙찰되면서 화제를 모았다.

최근 일본 유력일간지 아사히신문이 '루비로망이 한국에 유출됐다'고 보도했다. 한국 농가들은 졸지에 일본에서 오랜 기간과 비용, 정성을 들여 개발한 품종을 불법적으로 훔쳐 쓰고 있다는 의심을 받게 됐다. 이에 국내 과일수출입 관계자들은 확인할 수 없는 경로로 중국에서 루비로망이 유통되기 시작했고, 중국에서 묘목을 들여오면서 루비로망이 한국에도 퍼지게 됐다고 해명했다. 또한 '국제식물신품종보호연맹(UPOV)' 조약에 따르면 품종 개발자가 품종 보호를 받으려면 나라별로 품종보호 등록을 해야 하는데, 이시카와현은 외국에 품종보호 등록을 하지 않았다. 따라서 현재 한국에서 루비로망의 생산·판매는 불법이 아니다.

기후정의

climate justice

기후정의란 온실가스를 많이 배출한 선진국들이 기후변화에 더 큰 책임을 지는 것이 정의에 부합한다는 뜻을 담고 있다. 기후정의는 2022년 11월 이집트 샤름 엘 셰이크에서 열린 **제27차 유엔기후변화협약 당사국총회(COP27)에서 최대 화두로 부상**했다. COP27에서는 사상 최초로 기후변화로 인한 '손실과 피해'(loss and damage) 문제를 공식 의제로 채택했다. 이는 기후변화에 따른 경제적·비경제적 손실을 통칭한다. 즉 해수면 상승을 비롯해 홍수, 가뭄, 폭염 등 기후 변화가 유발한 자연재해에 따른 인명피해, 이재민 발생, 농작물 피해 및 생물다양성 상실 등이 이 '손실과 피해'에 해당한다.

전 세계 온실가스 배출량과 그 원인을 정량화하는 연구기관인 글로벌 카본 프로젝트에 따르면 1750년 이후 2020년까지 전 세계가 배출한 이산화탄소 누적배출량은 1조6965억톤인데 미국이 1위(4167억톤·24.6%), 중국이 2위(2355억톤·13.9%), 러시아가 3위(1153억톤·6.8%)이고 그 뒤를 독일, 영국, 일본 등이 따르고 있다. 글로벌 남반구(개도국)로도 불리는 아프리카와 남미의 누적배출량 비율은 각각 2.88%, 2.62%로 낮다.

SNS 톡! 톡!

해야 할 건 많고, (이거 한다고 뭐가 나아질까) 미래는 여전히 불안하고 거울 속 내 표정은 (정말 노답이다) 무표정할 때! 턱 막힌 숨을 조금이나마 열어 드릴게요. "톡!톡! 너 이 얘기 들어봤니?" SNS 속 이야기로 쉬어가요.

#이 정도는 알아야 #트렌드남녀

2조8000억 잭팟 터졌다...미 복권 당첨자는 단 한 명

미국 캘리포니아에서 우리 돈 2조8000억원에 달하는 복권 당첨자가 나왔다. 전 세계 복권 사상 최고액 당첨금인데, 지난 8월부터 1등 당첨자가 40여 차례나 나오지 않으면서 20억달러가 넘게 쌓였다가 단 한 명이 어마어마한 돈을 차지하게 됐다. 총 당첨금은 약 30년간 연금 형태로 받는 금액이며, 일시불로 찾아도 1조원이 넘는 큰돈을 받는 것으로 알려졌다.

@ 연금 (年金)
일정 기간, 혹은 영구 기간에 걸쳐 매년 또는 일정 간격을 두고 지급되는 금액의 흐름을 말한다.

#엄청난_행운 #축하합니다

스페인 마을, 통째로 3억5000만원에 매물 나와

스페인의 한 마을이 우리 돈으로 3억5000만원에 매물로 나와 화제다. '빨간 지붕'을 특징으로 44채의 집과 호텔, 학교, 교회, 공공 수영장까지 전부 갖추고 있다는 이 마을은 '살토 데카스트로'다. 누구라도 욕심날만한 마을이 헐값에 나온 이유는 바로 30년 동안 아무도 살지 않은 '유령 마을'이기 때문이다. 매물이 올라오고 일주일 새 3백 명 정도의 사람이 실제 구매에 관심을 보였다.

@ 유로존 (Eurozone)
국가 통화로 유로화를 사용하는 나라를 지칭하는 말로 유로랜드(Euroland)라고 불리기도 한다.

#아름다운_마을 #다시_활성화되길

경기 전체 광역버스 11월 18일부터 '입석금지'

11월 18일부터 경기도 내 전체 광역버스 입석 승차는 전면 금지된다. 10월 29일 이태원 참사를 계기로 안전 강화와 사고 예방 차원에서 입석 승차 중단 방침을 정한 것이다. 이에 따라 평소 이들 광역버스를 이용하는 도민들의 출퇴근길 버스 승차난이 예상된다. 앞서 경기도는 서울시 등과 협의를 거쳐 입석 문제 해결을 위해 정규버스 53대 증차와 전세버스 89회 투입 등의 대책을 마련했지만 절차를 진행하는 데 시일이 걸릴 예정이다.

@ 광역버스
2개 이상의 시·도를 통과하는 노선을 운행하며 주변 도시와 대도시의 도심, 부도심을 직결하는 버스다.

#바쁜_출퇴근길이지만 #안전이_우선

길거리 간식은 옛말...고물가에 '금'붕어빵

물가상승 여파가 겨울철 길거리 간식을 대표하는 붕어빵에도 영향을 미쳤다. 올해 초까지만 해도 3개에 1000원하던 가격이 1년 사이 50%씩 올랐다. 가격이 오른 건 붕어빵만이 아니다. 호떡도 마찬가지다. 식용유, 견과류 등 재료값이 급등하면서 호떡 1개의 가격을 50% 인상해 1500원에 판매하는 곳도 등장하고 있다.

@ 소비자물가지수 (消費者物價指數)
전국 도시의 소비자가 구입한 각종 상품 · 서비스에 대해 전반적인 가격 변동을 측정하는 것을 말한다.

#따끈따끈 #겨울_간식들

* **Cover Story**와 분야별 **최신상식**에 나온 중요 키워드를 떠올려보세요.

01 밀집된 사람들이 의사와 관계없이 마치 한 덩어리의 물같은 유체처럼 불규칙하게 요동치는 현상은?

p.9

02 부동산개발사업에 필요한 자금조달을 위해 발행한 대출채권을 기반으로 만든 기업어음은?

p.16

03 온라인상에서 표현의 자유를 지키기 위한 운동의 심볼은? p.30

04 시장에서 예상한 것보다 기업이 저조한 실적을 발표해 주가에 영향을 미치는 현상은? p.38

05 반도체 설계 기술은 있으나 생산라인(공장)이 없는 업체를 뜻하는 말은? p.43

06 부당한 행위에 대항하기 위해 조직적·집단적으로 벌이는 거부·불참·불매 등의 운동을 뜻하는 말은?

p.53

07 기업들이 사람이 필요할 때마다 계약직 혹은 임시직으로 사람을 고용하는 경제는? p.61

08 1991년 소비에트연방(구소련) 해체로 독립한 공화국들의 동맹체는? p.69

09 빨간색을 상징으로 삼는 공화당이 대선과 미국 상·하원 선거에서 모두 압승을 거두어 대통령직과 의회를 장악한 상황을 뜻하는 말은? p.70

10 동남아시아 국가 간 전반적인 상호협력 증진을 위한 기구는? p.74

11 전문가들이 만든 드라마, 다큐멘터리 등 동영상 콘텐츠를 뜻하는 말은? p.82

12 중국의 독자 우주정거장으로 중국 4대 명저 중 하나인 『서유기』에서 손오공이 천상의 궁궐에 올라가 소란을 피운 고사에서 따온 이름은? p.96

13 자동차 경주, 경마, 육상 경기, 골프 등에서 사용되는 스포츠 용어로 경기 내내 1등을 놓치지 않으며 우승한 것을 뜻하는 말은? p.102

14 브렉시트에 이어 코로나19 팬데믹과 심각한 기후변화, 우크라이나 전쟁, 정치적 격변과 고물가 등으로 인해 처한 혼란상을 반영한 단어는? p.112

정답 **01** 군중난류 **02** 자산유동화기업어음(ABCP) **03** 블루리본 **04** 어닝쇼크 **05** 팹리스 **06** 보이콧 **07** 긱 이코노미 **08** 독립국가연합 **09** 레드웨이브 **10** 아세안 **11** RMC **12** 톈궁 **13** 와이어 투 와이어 **14** 영구적 위기

절대 어제를 후회하지 마라.
인생은 오늘의 나 안에 있고
내일은 스스로 만드는 것이다.

– L. 론 허바드(L. Ron Hubbard)

에듀윌, 일대일 맞춤 학습 서비스 'Ai지니어스' 공식 론칭

에듀윌은 AI(인공지능) 합격 비서 'Ai지니어스'를 그랜드 오픈하고 학습자들에게 합격 진단부터 복습 시스템까지 1 대 1 맞춤 학습 서비스를 제공한다고 11월 14일 밝혔다.

최근 유·초등 교육 분야를 중심으로 인공지능, VR(가상현실), AR(증강현실) 등 ICT 기술을 활용한 에듀테크가 확산되고 있지만 성인 교육 업계의 활약은 미미했다. 에듀윌은 "Ai지니어스 출시를 통해 경쟁사와 에듀테크 격차를 벌리고 업계 트렌드를 선도할 것"이라고 설명했다.

에듀윌 AI 합격 비서는 8월 합격 진단 서비스, 9월 문제 추천 서비스를 오픈했다. 지난 10월 AI 합격 비서의 명칭을 'Ai지니어스'로 확정한 에듀윌은 이번에 3차 기능까지 모두 오픈하며 서비스를 공식 론칭했다.

지난 10여년간 에듀윌에서 수강한 학습자들의 빅데이터에 기반해 인공지능을 고도화 한 Ai지니어스는 테스트를 통한 학습자 실력 진단 결과를 바탕으로 인공지능 알고리즘을 이용해 매일 맞춤 문제를 추천한다. 기출문제와 모의고사를 포함해 정식 판매 교재에 수록된 신규 문제와 해설까지 모두 학습자의 상황에 맞춰 제공한다.

복습 기능도 눈에 띈다. '에빙하우스 망각 곡선' 이론을 기반으로 가장 적합한 복습 주기를 설정해 학습 효과를 높인다. 학습자는 체계적인 반복 학습을 통해 꾸준한 실력 상승을 경험할 수 있다. 학습자의 학습 패턴을 분석해 초개인화 된 푸시 알림도 발송함으로써 자연스레 합격 습관을 형성할 수 있도록 지원한다.

Ai지니어스 개발을 주도한 이승연 에듀윌 에듀테크연구소 소장은 "Ai지니어스 서비스가 적용된 공무원 과정부터 에듀윌이 운영하는 각종 자격증, 취업, 입시, 어학 등의 교육 과정은 '단기 합격'이라는 목표가 뚜렷한 만큼 개별 학습자의 학습 효율성 향상에 집중했다"고 설명했다.

현재 9급 공무원 교육 과정 한국사, 영어, 국어 과목을 대상으로 서비스를 제공하는 Ai지니어스는 점진적으로 적용 과목 및 교육 과정을 확대해 나갈 계획이다. 또, 학습자가 공부에 재미를 느낄 수 있도록 게이미피케이션 추가를 통해 소셜러닝까지 확대할 예정이다.

PART

03

취업상식 실전TEST

취업문이 열리는 실전 문제 풀이

최근 출판된 에듀윌 자격증·공무원·취업 교재에 수록된 문제를 제공합니다.

01 공직선거법에 의거할 때 국회의원직이 상실되는 벌금의 기준은?

① 50만원 이상
② 100만원 이상
③ 150만원 이상
④ 200만원 이상

해설 공직선거법상 국회의원직이 상실되는 벌금의 기준은 100만원 이상이다. 선거법으로서 100만원 이상 벌금형 선고를 받고 확정되면 5년간 피선거권이 박탈된다.

검찰, '이재명 측근' 김용 체포…불법 대선자금 수수 혐의

'위례·대장동 신도시 개발 의혹'을 수사 중인 검찰이 이재명 더불어민주당 대표의 최측근인 김용 민주연구원 부원장을 10월 19일 체포했다. 김 부원장은 지난해 4~8월 유동규 전 성남도시개발공사 기획본부장, 남욱 변호사 등 대장동 개발 사업에 참여한 민간 업자들 측으로부터 총 8억원 상당의 불법 정치자금을 수수한 혐의(정치자금법 위반)를 받는다. 돈이 오간 것으로 특정된 시기는 민주당이 대선 후보 경선을 준비하던 때다. 김 부원장은 경선 당시 이 대표 캠프에서 총괄부본부장으로서 대선 자금 조달 및 조직 관리 등 업무를 담당했다.

검찰은 김 부원장을 상대로 이들로부터 뒷돈을 받은 경위, 이 대표와의 연관성을 집중 확인할 방침이다. 또 김 부원장이 이 대표의 2014년 성남시장 재선이나 2018년 경기도지사 당선 때도 유 전 본부장, 남 변호사 측으로부터 선거 비용 목적의 뒷돈을 받았을 것으로 의심하고 추후 사실관계를 확인할 계획이다.

정답 ②

02 국회에서 중요하고 긴급성이 있는 특별한 법안을 더 신속히 처리할 수 있도록 하는 절차는?

① 워크아웃
② 게리맨더링
③ 필리버스터
④ 패스트트랙

해설 패스트트랙은 정치 분야에서는 국회에서 발의된 안건의 신속한 처리를 위한 제도를 뜻하며 '안건신속처리제도'로 불리기도 한다. 상임위원회 재적위원 5분의 3 이상 찬성으로 신속 처리안건을 지정하면 상임위 심의(최장 180일), 법사위 심의(최장 90일), 본회의 자동회부(최장 60일)를 거쳐 본회의에 자동 상정된다.

민주, 양곡관리법 상임위 단독 처리

쌀 시장 격리(정부 매입)를 의무화하는 내용의 양곡관리법 개정안이 10월 12일 국회 농림축산식품해양수산위원회 안건조정위원회를 통과했다. 국민의힘이 일방적 진행에 반발해 회의에 불참한 가운데 더불어민주당은 법안을 사실상 단독 처리했다. 개정안은 쌀값 안정을 위해 초과 생산된 쌀을 정부가 의무적으로 매입하도록 하는 내용을 골자로 한다. 현행 임의조항인 쌀 시장 격리를 의무조항으로 바꾼 것이 핵심이다.

이에 국민의힘은 법안이 시행되면 오히려 쌀 공급 과잉과 정부 재정 부담을 키울 수 있고, 미래 농업 발전을 저해하는 등 큰 부작용이 예상된다며 완강히 반대해 왔다. 줄다리기 끝에 민주당이 9월 15일 농해수위 법안소위에서 해당 개정안을 의결하자, 국민의힘은 같은 달 26일 민주당의 단독 처리를 막기 위해 안건조정위 회부를 신청했다. 안건조정위는 이견을 조정할 필요가 있는 안건을 논의하기 위한 기구로, 최장 90일까지 법안 심사가 가능하다.

정답 ④

03 **시장경제의 많은 부분을 차지하고 있는 경제 주체들이 자신들이 빠져나갈 구멍만 찾고 사회적인 책임을 회피하려는 행위는?**

① 역선택
② 디폴트
③ 모라토리엄
④ 도덕적 해이

해설 도덕적 해이는 시장 경제의 많은 부분을 차지하고 있는 대형 경제 주체들이 자신들이 빠져나갈 구멍만 찾고 사회적인 책임을 회피하는 것을 말한다.

① 역선택 : 정보가 부족한 상대방이 관찰할 수 없는 상황을 이용해 자신에게 유리하고 상대에게 불리한 의사결정을 하는 상황
② 디폴트 : 공사채의 이자 지불이 지연되거나 원금상환이 불가능해지는 것
③ 모라토리엄 : 한 국가가 외국에서 빌려온 차관에 대해 일시적으로 상환을 연기하는 것

푸르밀 사업 종료·해고 파문 확산

▲ 주식회사 푸르밀 (푸르밀 페이스북 캡처)

유제품 기업 푸르밀이 사업 종료를 선언했다가 철회해 회사 안팎으로 후폭풍이 거세졌다. 10월 17일 업계에 따르면 푸르밀은 이날 전 직원 약 400명에게 사업 종료 사실을 알리고 정리 해고를 통지하는 메일을 보냈다. 푸르밀은 코로나 사태 등으로 인해 매출이 감소했고 적자가 누적됐으나, 이런 상황을 해소할 수 있는 대책을 마련하지 못해 영업 종료를 결정한 것으로 알려졌다.

푸르밀 직원들은 회사의 일방적인 사업 종료와 해고 통보에 반발했다. 10월 20일 관련 업계에 따르면 푸르밀 노동조합은 최근 성명을 내고 "신준호, 신동환 부자의 비인간적이고 몰상식한 행위에 분노를 느낀다"고 말하며 "모든 적자의 원인이 오너의 경영 무능에서 비롯됐으나 전 직원에게 책임을 전가하고 불법적인 해고를 진행하고 있다"고 비판했다. 직원들과 협력업체의 반발이 거세지자 푸르밀은 결국 직원 30% 감원을 조건으로 사업을 유지하기로 했다.

정답 ④

04 **돈이 시중에 돌지 않는 상태 혹은 개인의 자금 사정이 원활하지 않은 상태를 일컫는 단어는?**

① 구축효과
② 돈맥경화
③ 단기부동화
④ 크라우딩 아웃

해설 돈맥경화는 동맥경화에 빗대어 돈이 시중에 돌지 않거나 개인의 자금 사정이 원활하지 않은 상태를 뜻하는 말이다.

'레고랜드 사태'에 50조원+α 투입

▲ 레고랜드

기준금리 인상에 엎친 데 덮친 격으로 발생한 강원도 레고랜드 채무불이행(디폴트) 사태로 악화된 채권시장의 자금경색을 진정시키기 위해 정부가 50조원 이상의 유동성 공급 프로그램을 가동한다. 추경호 부총리 겸 기획재정부 장관은 10월 23일 서울 중구 은행회관에서 비상 거시경제금융회의를 열고 "최근의 회사채 시장·단기 금융시장의 불안심리 확산과 유동성 위축을 방지하기 위해 유동성 공급 프로그램을 50조원 플러스알파(+α) 규모로 확대해 운영하겠다"고 밝혔다.

이로써 정부의 유동성 공급 프로그램은 ▲채권시장안정펀드(채안펀드) 20조원 ▲회사채·기업어음(CP) 매입 프로그램 16조원 ▲유동성 부족 증권사 지원 3조원 ▲주택도시보증공사(HUG)·주택금융공사 사업자 보증지원 10조원 등으로 운영된다. 추 부총리는 "부동산 프로젝트펀드(PF) 시장 불안에 적극적으로 대응하겠다"며 "지자체 보증 ABCP(자산유동화기업어음)에 대해서는 모든 지자체가 지급보증 의무를 성실히 이행할 예정임을 다시 한번 확약 드린다"고 강조했다.

정답 ②

05 중대재해기업처벌법 1호 사건으로 기소된 사고는?

① 삼표 채석장 매몰 사고
② 여수산단 여천NCC 폭발 사고
③ 현대건설 교량 개구부 추락 사고
④ 현대엘리베이터 판교 공사장 추락 사고

해설 중대재해기업처벌법 1호 사건으로 기소된 사고는 삼표 채석장 매몰 사고다.

'평택 사고' SPC그룹 불매운동까지…논란 확산

▲ SPC그룹 (자료 : SPC그룹)

10월 15일 경기 평택시 SPC 계열 제빵공장에서 여성 근로자 A 씨가 소스 배합기 기계에 몸이 껴 숨졌다. 현장에는 A 씨를 포함한 다른 직원 1명이 더 있었으나 해당 직원이 자리를 비운 사이 사고가 난 것으로 알려졌다. 기계에 몸이 낀 채 발견된 A 씨는 병원으로 옮겨졌으나 숨졌다.

A 씨가 숨진 뒤 바로 다음 날에도 해당 공장 내 기계가 가동됐다는 사실이 알려지자 SNS상에서 "노동자의 피 묻은 빵을 먹을 수 없다"며 'SPC 불매'를 선언하는 움직임이 일었다. 트위터와 페이스북 등 주요 SNS에는 10월 18일 SPC가 운영하는 계열사 브랜드를 정리한 목록이 공유됐다. SPC는 베이커리, 디저트, 음료 등 다양한 분야를 망라하는 식품기업으로, 계열사 산하 브랜드만 수십 개에 달한다. 누리꾼들은 로고 사진을 캡처하거나 분야별로 정리한 상호 목록을 퍼나르고, 이를 대체할 타 기업 상호까지 제시하며 불매운동 동참을 호소하고 있다.

정답 ①

06 2004년 우크라이나에서 부정선거를 규탄하며 일어난 시민 혁명은?

① 장미 혁명
② 우산 혁명
③ 재스민 혁명
④ 오렌지 혁명

해설 2004년 우크라이나에서 부정선거를 규탄하며 일어난 시민 혁명은 오렌지 혁명이다.
① 장미 혁명 : 조지아(러시아명 그루지야) 시민들이 부정선거에 항의해 대통령을 퇴진시킨 무혈혁명
② 우산 혁명 : 홍콩 행정장관 선거의 완전 직선제를 요구한 민주화 시위
③ 재스민 혁명 : 23년간의 독재 정권에 반대해 전국적으로 확산된 튀니지의 민주화 혁명

푸틴, 우크라 점령지에 계엄령 선포

▲ 블라디미르 푸틴 러시아 대통령

블라디미르 푸틴 러시아 대통령이 10월 19일(현지시간) 우크라이나 내 점령지 4개 지역에 계엄령을 선포했다고 로이터, 스푸트니크 통신이 보도했다. 푸틴 대통령은 이날 영상으로 개최한 러시아 국가안보회의에서 우크라이나 내 헤르손, 자포리자, 도네츠크인민공화국(DPR), 루간스크(우크라이나명 루한스크)인민공화국(LPR) 등 4개 지역을 대상으로 이 같은 조처를 결정했다. 한편으로 자국 내에서도 이동 제한 조처를 내리고 동원 태세를 강화했다.

그는 계엄령뿐만 아니라 자국 내 통제 강화 조처를 내리는 등 군의 작전 능력을 보강해 점령지에서 한치도 물러서지 않겠다는 뜻을 드러냈다. 점령지를 장악하겠다는 푸틴의 의지와 반대로 러시아는 우크라이나의 반격에 어려움을 겪다가 11월 헤르손에서 철수하기로 했다. 이는 우크라이나 측의 큰 성과이자 전쟁의 분기점이 될 전망이다.

정답 ④

07 세계 3대 유종이 아닌 것은?

① 브렌트유
② 두바이유
③ 러시아 원유
④ 서부텍사스중질유(WTI)

해설 세계 3대 유종으로는 브렌트유, 두바이유, 서브텍사스중질유(WTI)를 꼽는다.

바이든, 선거 앞두고 '유가잡기'…비축유 추가 방출

▲ 조 바이든 미국 대통령

조 바이든 미국 대통령은 10월 19일(현지시간) 유가 하락을 유도하기 위해 전략비축유 1500만 배럴 방출을 공식 발표하고 추가 방출 가능성도 시사했다. 또 정유사가 막대한 이익을 챙기고 있다고 거듭 비판하며 유가 인하를 압박, 생산을 독려했다. 의회에는 "클린 에너지 프로젝트 사업의 허가 기간이 너무 길고 어렵다"며 친환경 에너지 사업에 대한 허가를 가속할 수 있는 입법을 요구했다.

바이든 대통령의 이번 조치는 11월 중간선거를 앞두고 체감 물가의 핵심 지표인 주유소 휘발유 가격이 다시 오르는 조짐이 보이자 나온 것이다. 바이든 대통령은 이번 조치가 '선거용 아니냐'는 질문에는 "정치적인 동기가 아니다"라며 "이는 내가 그동안 해온 것을 계속하기 위한 것"이라며 그동안의 유가 대응 노력을 강조했다.

정답 ③

08 시진핑 중국 국가주석이 제안해 설립한 국제투자은행은?

① AIIB
② IBRD
③ SWIFT
④ EMEAP

해설 AIIB(Asia Infrastructure Investment Bank·아시아 인프라 투자은행)는 시진핑 중국 국가주석이 제안해 설립한 국제투자은행이다.

② IBRD(국제부흥개발은행) : 제2차 세계대전 이후 각국의 전쟁 피해 복구와 개발을 위해 설립된 국제금융기관
③ SWIFT(국제은행간통신협회) : 국제 금융거래 정보를 안전한 환경에서 교환할 수 있도록 은행과 기타 금융기관 사이를 네트워크로 연결하는 단체
④ EMEAP(태평양지역금융감독기관장 및 중앙은행 총재회의) : 동아시아·태평양 중앙은행 간의 협력을 증진하고 회원국의 금융·경제에 관한 정보교환을 위해 설립된 중앙은행 간 협력체

'1인 체제' 시진핑 집권 3기 출범

▲ 시진핑 중국 국가주석

중국이 5년마다 열리는 최대 정치행사인 공산당 전국대표 대회를 통해 시진핑 국가주석의 '1인 천하' 장기 집권 체제를 열었다. 10월 22일 폐막한 20차 당 대회에서 약 65%를 물갈이한 205명으로 새롭게 20기 당 중앙위원회가 꾸려진 데 이어 10월 23일 20기 중앙위 1차 전체회의(1중전회)에서 시 주석은 당 총서기와 중앙군사위원회 주석으로 재선출됐다.

동시에 자신의 측근 인사 4명을 최고 지도부에 새롭게 진출시키며 개혁개방 이후 전례 없는 최고 지도자 중심의 '원팀' 지도부를 구성했다. 당 대회 계기에 '집중통일영도'의 지도 원칙과 '인민영수' 칭호가 확산하면서 공산당 일당 체제의 최고지도부 안에서 '분권'을 지향했던 집단지도체제는 개혁개방 이후 약 45년 만에 사실상 와해하는 양상이다. 이로써 2012년 제18차 당 대회에서 집권한 시 주석은 자신 중심의 독보적이고 집중적인 권력기반을 구축하며 총 임기 15년 플러스알파(+α)의 장기 집권 체제로 들어섰다.

정답 ①

09 PC 사용자의 중요 파일을 암호화, 인질로 삼아 금전을 요구하는 악성 프로그램은?

① 랜섬웨어
② 셰어웨어
③ 스파이웨어
④ 애드어웨어

해설 랜섬웨어는 몸값을 의미하는 '랜섬(ransom)'과 제품을 의미하는 '웨어(ware)'의 합성어로, 사용자의 컴퓨터 시스템에 침투하여 중요 파일에 대한 접근을 차단하고 금품을 요구하는 악성 프로그램을 말한다.

② 셰어웨어 : 일정 기간 시험 삼아 사용해 볼 수 있는 샘플 소프트웨어
③ 스파이웨어 : 다른 사람의 휴대전화, 컴퓨터 등에 잠입해 사용자도 모르게 개인정보를 빼가는 악성 프로그램
④ 애드어웨어 : 악성 프로그램들을 검색·제거해 주는 프로그램

美 장관 "北, 사이버 강탈로 10억달러 털어 무기개발"

북한이 지난 2년간 10억달러(1조4000억원) 이상의 암호화폐와 달러를 탈취해 대량살상무기 프로그램에 사용했다고 알레한드로 마요르카스 미국 국토안보부 장관이 밝혔다. 마요르카스 장관은 10월 18일(현지시간) 싱가포르에서 열린 행사 연설에서 "북한이 각국 기관들을 대상으로 이런 사이버 강탈 행위를 자행하고 있다"며 그런데도 거의 처벌을 받지 않고 있다고 설명했다.

마요르카스 장관은 아울러 "러시아, 이란, 북한, 중국과 같은 적대 국가들과 전 세계 사이버 범죄자는 더 교묘해지고 더 부정적인 결과를 낳고 있다"며 "이들의 사이버 작전이 경제와 국가 안보를 위협하고 있다"고 덧붙였다. 지난 7월 앤 뉴버거 미국 백악관 국가안보회의 부보좌관은 "북한은 사이버 활동을 통해 미사일 프로그램에 필요한 재원의 최고 1/3을 충당하고 있다"고 밝힌 바도 있다.

정답 ①

10 남북공동선언이 이루어진 순서로 옳은 것은?

① 6·15 남북공동선언 – 4·27 판문점선언 – 10·4 남북공동선언 – 9·19 평양공동선언
② 6·15 남북공동선언 – 10·4 남북공동선언 – 9·19 평양공동선언 – 4·27 판문점선언
③ 6·15 남북공동선언 – 10·4 남북공동선언 – 4·27 판문점선언 – 9·19 평양공동선언
④ 10·4 남북공동선언 – 4·27 판문점선언 – 6·15 남북공동선언 – 9·19 평양공동선언

해설 남북공동선언은 6·15 남북공동선언(2000년) – 10·4 남북공동선언(2007년) – 4·27 판문점선언(2018년) – 9·19 평양공동선언(2018년) 순으로 이뤄졌다.

軍, NLL 침범 北상선에 경고사격

10월 24일 새벽 북한 선박이 서해 북방한계선(NLL)을 침범하면서 우리 해군 함정이 대응 사격에 나서고 공군 전투기가 출격하는 등 일촉즉발 상황까지 갔던 것으로 나타났다. 북한 선박은 약 40분간 NLL 이남 3.3km까지 침범했으며 이후 북상해 중국 방향으로 빠져나갔고, 이 과정에서 북한은 우리 군함이 자신들이 주장하는 '군사분계선'을 넘어 북상했다는 억지 주장까지 펼쳤다. 북한 상선이 NLL을 침범한 것은 2017년 1월 동해상에서 발생한 상황 이후 5년 9개월 만이라는 게 군의 판단이다.

북한은 상선 무포호가 NLL 북쪽으로 돌아간 이후인 오전 5시 14분께 황해남도 장산곶 일대에서 서해 NLL 북방 해상완충구역으로 방사포 10발을 발사해 또다시 9·19 군사합의를 위반했다. 방사포 사격은 무포호가 침범한 NLL 해역과 다소 거리가 있는 까닭에 두 상황이 직접 연계되지는 않았다.

정답 ③

11 세계 4대 발레 콩쿠르가 아닌 것은?

① 파리 국제 발레 콩쿠르
② 바르나 국제 발레 콩쿠르
③ 모스크바 국제 발레 콩쿠르
④ 미국 잭슨 국제 발레 콩쿠르

해설 세계 4대 발레 콩쿠르로는 ▲로잔 국제 발레 콩쿠르 ▲바르나 국제 발레 콩쿠르 ▲모스크바 국제 발레 콩쿠르 ▲미국 잭슨 국제 발레 콩쿠르가 꼽힌다.

'75년 전통' 바르나 국립 발레단 첫 내한

▲ 바르나 국립 발레단 (브라보컴 페이스북 캡처)

75년 전통의 불가리아 바르나 국립 발레단이 처음 내한 공연을 연다. 10월 19일 공연기획사 브라보컴에 따르면 바르나 국립 발레단은 12월 6~8일 서울 마포아트센터를 시작으로 대구(9~11일), 거제(12~13일), 순천(16~17일), 안동(18일), 구미(20일), 익산(22~23일), 목포(24~25일)에서 내한 공연을 연다. 연말을 장식할 이번 내한 공연에서는 고전발레의 3대 걸작('잠자는 숲속의 미녀'·'백조의 호수'·'호두까기 인형') 중 '백조의 호수'와 겨울 발레 공연의 대표 레퍼토리인 '호두까기 인형'을 선보인다.

바르나 국립 발레단은 불가리아의 항구도시 바르나에서 1947년 만들어진 단체다. 바르나는 세계에서 가장 오래된 국제 발레 대회이자 4대 발레 콩쿠르인 바르나 국제 발레 콩쿠르가 열리는 도시기도 하다. 전 세계 무용수들의 등용문으로 불리는 이 대회에서 박세은, 김기민 등 국내 발레 스타들도 금상을 차지한 바 있다.

정답 ①

12 다음 중 인상파 화가가 아닌 인물은?

① 모네
② 쿠르베
③ 피사로
④ 르누아르

해설 쿠르베는 대표적인 사실주의 화가다.

또 명화 공격...모네 작품에 으깬 감자 던진 기후활동가들

▲ 모네 작품 '건초더미' 앞 기후활동가들 (letzte generation 홈페이지 캡처)

화석연료 사용을 반대하는 독일 기후단체 활동가들이 프랑스 출신의 인상주의 거장 클로드 모네(Oscar-Claude Monet, 1840~1926)의 작품 '건초더미'에 으깬 감자를 던지는 시위를 벌였다. 주황색의 형광 조끼를 입은 이 활동가들은 이후 그림 아래에 쪼그리고 앉아 미술관 벽에 자신들의 손을 접착제로 고정하는 퍼포먼스를 벌였다. 라스트 제너레이션은 트위터로 시위 장면을 공유하며 "화석연료를 사용하는 과정이 우리 모두를 죽이고 있다는 것을 사회가 기억하는 데 그림이 필요하다면, 우리는 그림 위에 으깬 감자를 줄 것"이라고 썼다.

미술관은 유리 액자 덕분에 그림이 훼손되지는 않았다고 밝혔다. 미술관장은 성명에서 "기후 재앙에 직면한 운동가들의 시급한 걱정을 이해하지만 나는 그들이 자신들의 요구를 관철하기 위해 쓴 수단에 충격을 받았다"고 비판했다.

정답 ②

13 이미 생산된 물품, 서비스 등을 여러 소비자가 공유해서 사용하는 협력 소비경제는?

① 구독경제
② 대여경제
③ 공유경제
④ 홈코노미

해설 공유경제란 이미 생산된 물품, 서비스 등을 여러 소비자가 공유해서 사용하는 협력 소비경제를 뜻한다.
① 구독경제 : 신문이나 잡지를 구독하는 것처럼 일정 기간 구독료를 지불하고 상품, 서비스 등을 받는 경제활동
② 대여경제 : 물품·서비스 등을 소유하지 않고 대여해서 사용하는 소비경제
④ 홈코노미 : 집안에서 이뤄지는 각종 경제활동

넷플릭스 광고요금제 출시…월 5500원

세계 최대 온라인동영상 서비스(OTT) 넷플릭스가 11월부터 콘텐츠에 광고를 포함하는 대신 기존 요금제보다 월정액을 낮춘 광고요금제를 도입했다. 광고요금제는 한국을 비롯해 12개 나라에서 우선 시행됐다. 미국·캐나다·멕시코·브라질 등 미주 4개 나라와 프랑스·독일·이탈리아·스페인·영국 등 유럽 5개국, 한국·일본·호주 등 아시아·태평양 지역 3개 나라가 대상이다.

한국에서는 11월 4일 오전 1시부터 이 서비스가 시작됐고 가격은 월 5500원으로 책정됐다. 광고요금제는 현행 '베이식 요금제'에 광고 시청을 추가한 것이다. 한국 기준 9500원인 베이식 요금제보다 4000원 싸다. 하지만 이 요금제를 선택하면 시간당 평균 4~5분 광고를 봐야 한다. 15초 또는 30초 길이 광고는 콘텐츠 재생 시작 전과 도중에 노출된다. 또 광고요금제 고객은 콘텐츠 다운로드 서비스도 이용할 수 없다. 넷플릭스는 이 요금제가 광고주들에게 흥미로운 기회를 제공할 것이라며 젊은 시청자 등 다양한 사용자들에게 고해상도 광고로 다가갈 기회라고 제안했다.

정답 ③

14 반도체 설계 기술은 있으나 생산라인(공장)이 없는 업체를 일컫는 말은?

① IDM
② CDMO
③ 팹리스
④ 파운드리

해설 팹리스는 반도체 설계 기술은 있으나 생산라인(공장)이 없는 업체다. 반도체 생산 전문 기업인 파운드리에 생산을 맡긴다.

USB-C타입, 국가표준 된다

전자제품 충전단자 중 USB-C 타입이 국가표준으로 제정된다. 산업통상자원부 국가기술표준원(국표원)은 전자제품의 충전 단자를 USB-C(충전·데이터 접속 표준) 타입으로 통합·호환하는 국내 적용 방안을 11월 발표한다고 밝혔다. 정부는 USB-C로 통칭하는 커넥터·충전·데이터 표준을 국가표준(KS)으로 제정하기로 하고, 관련 가이드라인을 개발하고 있다. 표준안은 올해 예고 고시(8월 10일~10월 9일)에 이어 지난 10월 18일 기술심의회를 통과했다. 이어 11월 초 표준회의 등의 절차를 거쳐 이르면 11월 말 KS로 제정될 예정이다.

그간 국내에서는 휴대전화, 태블릿 PC, 휴대용 스피커 등 소형 전자제품의 전원 공급과 데이터 전송에 다양한 접속 단자와 통신 방식이 존재해 환경·비용 문제와 사용 불편이 발생했다. 국표원은 USB-C 타입의 국제표준 13종 가운데 3종을 올해 국가표준으로 제정할 예정이며 나머지 10종도 이후 순차로 제정을 추진할 계획이다.

정답 ③

15 현재 2022년 11월까지 기준 방탄소년단(BTS)이 수상하지 못한 시상식은?

① 그래미 어워즈
② 빌보드 뮤직 어워즈
③ 아메리칸 뮤직 어워즈
④ MTV 비디오 뮤직 어워즈

해설 2022년 11월 기준 방탄소년단(BTS)은 그래미 어워즈(Grammy Awards)에서 수상하지 못했다.

BTS, 맏형 진부터 군대 간다

▲ 방탄소년단(BTS) 진

그룹 방탄소년단(BTS)이 팀의 맏형 진을 시작으로 각자 순서에 따라 입대하겠다는 뜻을 전격 발표했다. 방탄소년단의 소속사 빅히트뮤직은 10월 17일 "진이 입영 연기 취소를 신청하고 이후 병무청의 입영 절차를 따를 예정"이라며 "다른 멤버도 각자의 계획에 따라 순차적으로 병역을 이행할 예정"이라고 밝혔다.

1992년생으로 만 30세인 진은 2020년 개정된 병역법에 따라 문화체육관광부 장관의 입영 연기 추천을 받아 올해 말까지 입영이 연기된 상태다. 방탄소년단이 '만 30세까지 입영 연기'를 자체 철회하면서 진은 입영통지서가 나오는 대로 현역으로 입대할 전망이다. 이에 입영통지서 발부 시점에 따라 이르면 연내에 전투복을 입게 될 가능성도 있다.

정답 ①

16 2024 하계올림픽 개최지는?

① 도쿄
② 파리
③ 밀라노
④ 브리즈번

해설 2024 하계올림픽 개최지는 프랑스 파리다.

'팀킴' 후원금 횡령 컬링연맹 간부·감독 유죄 확정

▲ 2022 세계여자컬링선수권 당시 '팀킴'(팀킴 인스타그램 캡처)

국가대표 컬링팀 '팀킴'의 지원금 등을 횡령해 재판에 넘겨진 김경두 전 대한컬링경기연맹 회장직무대행의 유죄가 확정됐다. 대법원 1부(주심 김선수 대법관)는 업무상 횡령과 사기 등 혐의로 기소된 김 전 대행의 상고를 기각하고 징역 8개월에 집행유예 2년을 선고한 원심을 확정했다고 10월 20일 밝혔다. 함께 기소된 김 전 대행의 사위 장반석 전 컬링 국가대표팀 믹스더블 감독은 징역 1년에 집행유예 2년이 확정됐다.

두 사람은 2013~2018년 대한컬링연맹과 경북체육회가 지원한 훈련비·보조금, 민간기업 지원금 등 후원금 가운데 1억6000여만원 가량을 빼돌려 개인 용도로 쓴 혐의로 재판에 넘겨졌다. 여기에는 '팀킴'이 2018년 평창올림픽에서 은메달을 딴 뒤 의성군민이 모아준 성금 약 3000만원도 포함됐다. 이들의 비위 사실은 2018년 11월 팀킴의 호소문 발표로 세간에 알려졌다.

정답 ②

01 **범죄가 성립되고 처벌을 하기 위해서는 미리 성문의 법률에 규정되어 있어야 한다는 원칙으로, 근대 형법의 기본 원리는?**

① 영장주의
② 죄형법정주의
③ 일사부재리의 원칙
④ 불고불리의 원칙

해설 죄형법정주의는 범죄와 형벌이 법률에 규정되어 있어야 한다는 원칙이다.

정답 ②

02 **본래 채무자를 대신해 변제를 한 사람이 그 본래 채무자에 대하여 가지는 상환 청구권은?**

① 구상권
② 신원권
③ 청원권
④ 자연권

해설 구상권은 연대 채무자가 변제 기타 자기의 출재로 면책되었을 때 다른 연대 채무자의 부담부분에 대하여 행사할 수 있다.

정답 ①

03 **다음 중 법관에 대한 설명으로 옳지 않은 것은?**

① 판사의 임기는 6년으로 한다.
② 대법원장의 정년은 70세로 한다.
③ 판사의 정년은 65세로 한다.
④ 징계처분에 의하지 아니하고는 불리한 처분을 받지 아니한다.

해설 대법원장, 대법관의 임기는 6년으로 하며, 판사의 임기는 10년으로 한다.

정답 ①

04 **사용자가 시간과 장소에 구애받지 않고 언제 어디서나 자유롭게 네트워크에 접속할 수 있는 정보통신 환경을 무엇이라 하는가?**

① RFID
② 프로토콜
③ 유비쿼터스
④ 디지털 컨버전스

해설 유비쿼터스(ubiquitous)에 대한 설명이다.

① RFID : 반도체 칩의 데이터를 무선 주파수를 이용하여 접촉하지 않고 읽어내는 무선 인식 시스템
② 프로토콜 : 컴퓨터 간 또는 컴퓨터와 단말기 간 정보 교환을 위한 통신 규약
④ 디지털 컨버전스 : 하나의 기기에 통신 기술이 융합되는 현상

정답 ③

05 **인터넷상의 서버에 프로그램을 두고 필요할 때마다 컴퓨터나 휴대폰 등 단말기로 불러와 사용할 수 있는 웹 기반 소프트웨어 서비스는?**

① 클라우드
② MVNO
③ N스크린
④ VoIP

해설 클라우드(cloud)는 PC 대신 온라인에 소프트웨어와 데이터를 저장해두고 필요할 때마다 접속해 사용하는 서비스이다. 값비싼 컴퓨터 장비 없이 클라우드 서비스 제공업체의 서버를 활용해 소프트웨어나 저장 공간을 빌려 쓰고 사용한 만큼 요금을 내기 때문에 시스템 유지 비용이나 장비 구입 비용을 절감할 수 있다.

정답 ①

06 **다음 중 전화를 통해 불법적으로 개인정보를 빼내어 범죄에 사용하는 사기 수법을 무엇이라 하는가?**

① 스미싱
② 크래킹
③ 보이스피싱
④ 파밍

해설 피싱(phishing)은 개인정보(private data)와 낚시(fishing)의 합성어로, 개인 금융정보를 낚아 올린다는 뜻이다. 보이스피싱은 음성(voice)과 피싱(phishing)의 합성어로, 전화를 통한 금융 사기 수법을 말한다.

정답 ③

07 **대중문화적 시각 이미지를 미술의 영역 속에 수용한 구상 미술의 한 경향은?**

① 아방가르드
② 팝 아트
③ 초현실주의
④ 포스트모더니즘

해설 팝 아트는 TV, 광고, 매스미디어 등 대중매체 혹은 콜라, 만화 속의 주인공 등 우리 가까운 곳에 있는 소재들을 예술 안으로 받아들임으로써 순수 예술과 대중 예술이라는 이분법적·위계적 구조를 무너뜨렸다.

정답 ②

08 **세계 3대 영화제가 아닌 것은?**

① 베니스 영화제
② 칸 영화제
③ 베를린 영화제
④ 선댄스 영화제

해설 선댄스 영화제는 독립영화를 다루는 미국의 권위 있는 국제 영화제이다.

정답 ④

09 **다음 중 유네스코 인류문화무형유산에 최초로 남북 공동 등재된 것은?**

① 씨름
② 한산 모시짜기
③ 택견, 한국의 전통 무술
④ 대목장, 한국의 전통 목조 건축

해설 2018년에 한반도 고유의 세시풍속 놀이 '씨름'이 사상 처음으로 남북 공동 인류무형문화유산으로 지정됐다.

정답 ①

10 **조선 6조의 위업을 찬양하고 조선 건국의 정당성을 노래한 악장은?**

① 월인천강지곡
② 용비어천가
③ 신도가
④ 감군은

해설 「용비어천가」는 목조·익조·도조·환조·태조·태종에 이르는 조선 6조의 행적을 중국 고사에 비유하여 찬양하고 조선 건국의 정당성을 노래한 총 125장으로 구성된 악장이다.

정답 ②

11 **다음 중 향가에 대한 설명으로 옳은 것은?**

① 향가의 완성형은 8구체로 사뇌가라고 부른다.
② 향가는 이두로 표기하였다.
③ 『삼국유사』에 11수, 균여전에 14수가 전한다.
④ 작자층은 주로 승려와 화랑이다.

해설 ① 향가의 완성형은 10구체로 사뇌가라 하며, ② 향찰로 표기되었다. 또한 ③ 『삼국유사』에 14수, 『균여전』에 11수가 전한다.

정답 ④

12 **고려 가요와 그 후렴구가 잘못 짝지어진 것은?**

① 동동 – 아으 동동(動動)다리
② 청산별곡 – 얄리얄리 얄라셩 얄라리 얄라
③ 가시리 – 위 덩더둥셩
④ 서경별곡 – 위 두어렁셩 두어렁셩 다링디리

해설 「가시리」의 후렴구는 '위 증즐가 태평성대'이다. '위 덩더둥셩'은 「사모곡」의 후렴구이다.

정답 ③

2022 조선일보·TV조선

01 확정판결에 대해 두 번 이상의 공소 제기를 허용하지 않는 원칙은?

① 직권상정　② 캐스팅보트
③ 일사부재의　④ 필리버스터
⑤ 일사부재리

해설 일사부재리(一事不再理)에 대한 설명이다. 일사부재리의 원칙이란 일단 처리된 사건은 다시 다루지 않는다는 법의 원칙이다. 형사소송법상으로는 어떤 사건에 대하여 유죄, 무죄 판결을 받거나 면소(免訴) 판결이 확정됐을 때 동일 사건에 대해 다시 공소 제기를 허용하지 않는 것을 말한다.
헌법에서는 '동일한 범죄에 대해 거듭 처벌받지 아니한다'고 일사부재리 원칙을 규정하고 있다. 이에 따라 유죄 판결을 받은 범죄자가 재판에 대해 다시 심리를 해 달라고 할 경우는 재심이 가능하지만, 이미 판결이 나온 상황에서 국가가 원하는 재심은 불가능하다.

❖ 일사부재의 (一事不再議)

일사부재의는 부결된 안건은 같은 회기 중에 다시 발의 또는 제출하지 못한다는 원칙이다. 국회법 제92조는 부결된 안건은 같은 회기 중에 다시 발의 또는 제출하지 못한다고 일사부재의 원칙을 규정하고 있다. 이미 결정된 안건을 같은 회기 중에 다시 발의·제출하면 회의의 원활한 운영을 방해할 수 있기에 이와 같은 원칙을 둔다.

02 중대재해기업처벌법에 대한 설명으로 옳지 않은 것은?

① 상시 근로자 50인 이상 사업장에 먼저 적용된다.
② 근로자 사망 시 법인에 50억원 이하 벌금을 매길 수 있다.
③ 원료나 제조물 생산과 유통, 판매자까지 모두 처벌할 수 있다.
④ 징벌적 손해배상 책임을 규정하지 않아 반쪽짜리 법안으로 지적받았다.
⑤ 근로자 사망 시 사업주에게 1년 이상의 징역이나 10억원 이하 벌금을 부여할 수 있다.

해설 중대재해기업처벌법(중대재해법)은 징벌적 손해배상을 통해 손해액의 5배 이내 배상 책임을 규정하고 있다.
중대재해기업처벌법은 기업에서 사망사고 등 중대재해가 발생했을 때 사업주에 대한 형사처벌을 강화하는 내용의 법안이다. 사업주·경영책임자에게 위험방지의무를 부과하며 사업주·경영책임자가 의무를 위반해 사망·중대재해에 이르게 한 때 사업주 및 경영책임자를 형사처벌하고 해당 법인에 벌금을 부과하는 등 처벌 수위를 명시하고 있다.

03 법관을 탄핵소추하기 위한 절차를 바르게 나타낸 것은?

① 국회재적의원 과반수의 발의, 과반수의 찬성
② 국회재적의원 3분의 1 이상의 발의, 과반수의 찬성
③ 국회재적의원 과반수의 발의, 3분의 2 이상의 찬성
④ 국회재적의원 3분의 1 이상의 발의, 3분의 2 이상의 찬성
⑤ 국회재적의원 3분의 1 이상의 발의, 5분의 3 이상의 찬성

해설 국무총리·국무위원·행정각부의 장(長)·헌법재판소 재판관·법관·중앙선거관리위원회위원·감사원장·감사위원 기타 법률이 정한 공무원에 대한 탄핵소추는 국회재적의원 3분의 1 이상의 발의가 있어야 하며, 그 의결은 국회재적의원 과반수의 찬성이 있어야 한다.

❖ 헌법 제65조

① 대통령, 국무총리, 국무위원, 행정각부의장, 헌법재판소 재판관, 법관, 중앙선거관리위원회위원, 감사원장, 감사위원 기타 법률이 정한 공무원이 그 직무집행에 있어서 헌법이나 법률을 위해한 때에는 국회는 탄핵의 소추를 의결할 수 있다.
② 제1항의 탄핵소추는 국회재적의원 3분의 1 이상의 발의가 있어야 하며, 그 의결은 국회재적의원 과반수의 찬성이 있어야 한다. 다만, 대통령에 대한 탄핵소추는 국회재적의원 과반수의 발의와 국회재적의원 3분의 2 이상의 찬성이 있어야 한다.
③ 탄핵소추의 의결을 받은 자는 탄핵심판이 있을 때까지 그 권한행사가 정지된다.
④ 탄핵결정은 공직으로부터 파면함에 그친다. 그러나, 이에 의하여 민사상이나 형사상의 책임이 면제되지는 아니한다.

04 **사드와 관련해 이른바 '3불 1한'에 포함되지 않는 것은?**

① 사드 추가 배치를 검토하지 않는다.
② 사드를 대체할 독자적 킬체인의 운영을 제한한다.
③ 미국의 미사일방어(MD) 체제에 참여하지 않는다.
④ 주한미군에 배치된 사드 탐지 거리를 제한한다.
⑤ 한·미·일 안보협력이 군사동맹으로 발전하지 않는다.

해설 3불 정책은 적의 단·중거리탄도미사일을 무력화하기 위한 사드(THAAD, Terminal of High Altitude Area Defense : 고고도 방어체계)의 한반도 배치를 둘러싼 중국과의 갈등을 해결하기 위해 2017년 10월 한국이 제시한 3가지 원칙이다. 중국의 사드 관련 경제 보복이 이어지자 한국은 중국을 안심시키고 갈등을 봉합하기 위해 중국 측에 ▲사드 추가배치를 검토하지 않고 ▲한·미·일 안보협력이 군사동맹으로 발전하지 않을 것이며 ▲미국의 미사일방어(MD) 체제에 참여하지 않겠다는 3가지 원칙을 제시했다.
3불 정책에 대해 외교적 굴욕이란 비판이 있는 가운데 중국은 2022년 8월 기준 3불에 ▲주한미군에 배치된 사드의 운용 제한이라는 1한(限)까지 거론하며 한국을 거세게 압박했다. 이에 대해 윤석열 정부는 문재인 정부 당시 발표된 사드 3불 정책은 정부 간 공식 협의나 약속이 아니고 우리의 안보 주권과 결부된 사안인 만큼 중국 측의 요구를 수용하기 어렵다는 입장이다.

05 **대한민국 임시정부가 있었던 곳이 아닌 곳은?**

① 상하이　　② 광저우
③ 충칭　　④ 난징
⑤ 사할린

해설 대한민국 임시정부는 1931년 3·1 운동 당시 독립선언을 계기로 항일 독립운동을 주도하며 건립된 임시정부다. 1919년 중국 상하이에서 시작됐으나 중일전쟁에서 일본이 계속 승전하자 피난하는 국민당 정부를 따라 항저우, 자싱, 전장, 난징, 창사, 광저우, 류저우, 구이양, 치장, 충칭으로 이동했고 일제의 패망 후 1945년부터 1948년까지 서울에 존속했다.

06 **조지 W. 부시 행정부 당시 수립돼 현재까지 유지되고 있는 미국의 북핵 해결 기본 원칙은?**

① CVIG　　② CVID
③ FFVD　　④ PVID
⑤ CVIP

해설 CVID(Complete, Verifiable, Irreversible Dismantlement)는 완전하고 검증 가능하며 불가역적인(돌이킬 수 없는) 핵 폐기를 의미하는 표현으로 조지 W. 부시 미국 대통령 재임 시절 북핵 문제에 대한 미국의 목표를 천명하며 사용한 표현이다. 이는 북한의 핵 개발 프로그램을 완전히 복구 불가능한 상태로 만들어야 한다는 뜻을 담고 있다. 그러나 북한이 사실상 핵무기를 보유했을 것으로 추정되고 미국이 북핵 폐기보다 관리 차원의 정책으로 전환한 시점에서 CVID가 실효성을 지닐 수 있는지에 대해서는 논란이 있다.

07 **2022 FIFA 카타르 월드컵에서 H조에 포함되지 않은 나라는?**

① 가나　　② 포르투갈
③ 에콰도르　　④ 우루과이
⑤ 대한민국

해설 ▲대한민국은 카타르 월드컵에서 ▲포르투갈 ▲가나 ▲우루과이와 함께 H조에 포함됐다.

❖ 2022 FIFA 카타르 월드컵 조 편성

그룹	소속 국가
A조	▲카타르 ▲에콰도르 ▲세네갈 ▲네덜란드
B조	▲잉글랜드 ▲이란 ▲미국 ▲웨일스
C조	▲아르헨티나 ▲사우디아라비아 ▲멕시코 ▲폴란드
D조	▲프랑스 ▲오스트레일리아 ▲덴마크 ▲튀니지
E조	▲스페인 ▲코스타리카 ▲독일 ▲일본
F조	▲벨기에 ▲캐나다 ▲모로코 ▲크로아티아
G조	▲브라질 ▲세르비아 ▲스위스 ▲카메룬
H조	▲포르투갈 ▲가나 ▲우루과이 ▲대한민국

정답 01 ⑤　02 ④　03 ②　04 ②　05 ⑤　06 ②　07 ③

08 조선일보의 지면 코너가 아닌 것은?

① 발언대 ② 만물상
③ 팔면봉 ④ 신통방통
⑤ 리빙포인트

해설 신통방통은 TV조선 뉴스의 코너다.

09 2022년 10월 기준 방송 중인 TV조선 프로그램이 아닌 것은?

① 골프왕 시즌3
② 바람의 남자들
③ 아바드림
④ 여행의 맛
⑤ 퍼펙트 라이프

해설 TV조선 예능 프로그램 '골프왕 시즌3'은 2022년 4월 9일부터 7월 16일까지 방송했으며 2022년 10월 16일부터 시즌4가 방송되고 있다.

10 2022년 반 클라이번 피아노 콩쿠르에서 우승한 피아니스트는?

① 조성진 ② 임윤찬
③ 손열음 ④ 김선욱
⑤ 문지영

해설 임윤찬은 2004년생이며 2022년 세계적인 권위를 인정받는 미국 반 클라이번 국제 피아노 콩쿠르에서 역대 최연소인 18세의 나이로 우승했다.
한편, 세계 3대 클래식 음악 콩쿠르라고 불리는 ▲퀸 엘리자베스 콩쿠르 ▲쇼팽 피아노 콩쿠르 ▲차이콥스키 콩쿠르를 통틀어 피아노 부문에서 우승한 한국인은 2015년 쇼팽 피아노 콩쿠르에서 우승한 조성진이 유일하다.

11 역대 KBO 리그에서 공식 은퇴 투어가 마련된 선수는 몇 명인가?

① 1명 ② 2명 ③ 3명
④ 4명 ⑤ 5명

해설 은퇴 투어란 프로 스포츠에서 은퇴를 앞둔 선수가 자신의 마지막 시즌에 다른 팀 구장을 차례대로 방문하여 마지막 경기 전에 기념식과 선물을 받는 행사를 말한다. 상대 팀에서까지 은퇴 행사를 열어준다는 데서 알 수 있듯이 역대 리그를 통틀어 전설적인 실력과 팬들의 존경이 뒷받침되어야 있을 수 있는 영예다. 한국 프로야구(KBO) 리그에서 공식적으로 은퇴 투어가 마련된 선수는 2017년 이승엽, 2022년 이대호 2명뿐이다.
미국 메이저리그(MLB)에서는 2012년 치퍼 존스, 2013년 마리아노 리베라, 2014년 데릭 지터, 2016년 데이비드 오티즈, 2022년 알버트 푸홀스의 은퇴 투어가 열렸다.

12 〈보기〉에 들어갈 말로 적절한 것은?

보기

> 네오위즈가 개발 중인 액션 RPG 게임 'P의 거짓'은 2022년 8월 글로벌 게임쇼 '게임스컴 어워드 2022'에 선보인 뒤 '가장 기대되는 플레이스테이션 게임'으로 선정됐다. 세계 최대의 게임쇼 중 하나인 게임스컴 어워드에서 국내 (　　) 게임이 수상한 것은 이번이 처음이다.

① P2W ② P2P
③ P2E ④ 콘솔
⑤ 모바일

해설 콘솔게임이란 TV에 연결해서 즐기는 비디오게임이다. 본래 콘솔(console)은 입력장치와 출력장치를 총칭하는 말로서 비디오장치와 조이패드 등 전용 게임기기로 게임을 한다는 데서 붙여진 말이다. 대표적인 콘솔 게임기로 소니 플레이스테이션, 마이크로소프트 엑스박스, 닌텐도 스위치 등이 있다.
① P2W(Pay to Win) : 게임에서 이기기 위해 유료 결제를 유도하는 구조
② P2P(Pay to Play) : 게임의 승패에 영향을 미치는 아이템을 팔지 않지만 게임을 사야만 플레이할 수 있는 구조
③ P2E(Play to Earn) : 게임 아이템 등을 현금으로 바꿀 수 있어, 수익을 목적으로 게임을 하는 구조

13 팹리스 기업이 아닌 반도체 기업은?

① 퀄컴
② 엔비디아
③ TSMC
④ 애플
⑤ LX세미콘

해설 대만 반도체 기업인 TSMC는 세계 최대의 반도체 기업으로서 반도체 설계는 전혀 하지 않고 제조 과정만 전담하는 파운드리(foundry)다. 팹리스(fabless)는 반도체 생산라인을 뜻하는 fab(fabrication)과 '~이 없다'라는 의미의 접미사 less의 합성어로, 생산라인이 없는 반도체 회사라는 뜻이다. 즉 팹리스는 반도체 설계를 전문으로 하며 생산은 파운드리에 위탁한다. 삼성전자처럼 제품 설계부터 완제품 생산까지 모든 분야를 자체 운영할 수 있는 종합 반도체 업체는 IDM(Integrated Device Manufacturer)이라고 한다.

14 블랙핑크는 한국 걸그룹 중 몇 번째로 빌보드 200 차트에서 1위를 차지했는가?

① 첫 번째
② 두 번째
③ 세 번째
④ 네 번째
⑤ 빌보드 200 차트 1위를 차지한 적 없음

해설 블랙핑크는 2022년 앨범 'BORN PINK'로 한국 걸그룹 사상 처음으로 빌보드 차트 중 앨범 순위를 매기는 메인 차트인 빌보드 200 차트에서 1위를 차지했다.
방탄소년단은 앨범 'LOVE YOURSELF : Tear'로 2018년 한국 가수로는 최초로 빌보드 200 차트에서 1위를 차지했다. 이밖에 SuperM, 투모로우바이투게더, Stray Kids가 빌보드 200 차트 1위를 기록한 적이 있으나 이들은 모두 남자 아이돌 그룹이다.

※ 단답형 (15~30)

15 금융, 행정, 의료, 교육, 통신 등 여러 기관에 흩어진 개인 정보를 개인 동의하에 제3의 업체에 전달해 새로운 서비스를 받을 수 있도록 하는 사업은?

16 구소련의 마지막 국가원수로서 냉전을 끝내고 개혁·개방의 문을 연 정치인은?

17 아트바젤, 피악과 함께 세계 3대 아트페어(미술품 장터) 중 하나로 꼽히는 영국의 아트페어는?

18 미국 하버드 대학이 노벨상을 유머러스하게 패러디하여 기발하고 황당한 과학연구에 수여하는 상은?

정답 08 ④ 09 ① 10 ② 11 ② 12 ④ 13 ③ 14 ①
15 마이데이터 16 미하일 고르바초프 17 프리즈 18 이그노벨상

19 일제 강점기 부동산 개발업자로서 북촌과 익선동 한옥마을 등에 한옥 대단지를 건설했으며 해방 후에도 조선어학회 후원을 이어갔던 인물은?

20 블록체인 기술을 이용해 그림이나 영상 등 디지털 파일에 원본이라고 인증하는 토큰을 붙인 것을 일컫는 말은?

21 제품 생산 과정에서 발생하는 환경오염 문제는 축소하고 초록색 라벨이나 친환경, 유기농 등의 제품명으로 소비자를 기만하는 행태는?

22 트위터의 공동 창업자로서 2015년 트위터 최고경영자(CEO)로 복귀해 트위터의 140자 제한을 풀었던 인물은?

23 해안으로 밀려오던 파도가 갑자기 먼 바다 방향으로 매우 빠르게 되돌아가는 해류는?

24 〈보기〉의 빈칸에 들어갈 말은?

보기

2022년 노벨 생리의학상은 (　　)의 미토콘트리아 DNA 정보를 해독하며 고대 인류와 오늘날 인류 사이의 연결 고리를 풀어낸 스웨덴 출신 고유전학자 스반테 파보가 수상했다.

25 일본 도쿄의 지하철역으로서 코리아타운이 있으며 일본 내 한류 붐의 중심지로 불리는 곳은?

26 파울루 벤투 감독이 선호하는 축구 전술로 점유율을 높이는 데 치중하는 것은?

27 친족 간의 재산범죄에 대하여 그 형을 면제하거나 친고죄로 정한 형법상의 특례는?

28 최인훈의 소설 『태풍』에서 가상국가 나파유가 의미하는 국가는?

29 시인 이상의 '상'자를 한자로 쓰시오.

30 도덕적 해이의 '해이'를 한자로 쓰시오.

2022 부평구문화재단

01 매매 과정에서 SNS를 활용하는 전자상거래는?

① 공동구매
② 이커머스
③ 오픈커머스
④ 소셜커머스

해설 소셜커머스는 소셜네트워크서비스(SNS)를 활용해 이루어지는 전자상거래 방식으로서 공동구매를 진행해 비교적 할인된 가격으로 상품을 제공한다. 국내 대표적 소셜커머스 업체로는 쿠팡, 티몬, 위메프 등으로, 현재 쿠팡은 규모가 커짐에 따라 소셜커머스로서의 정체성이 사라지고 전통적인 이커머스(전자상거래) 업체로 전환됐다.

02 '지원은 하되 간섭은 하지 않는다'는 문화예술 진흥 정책의 원칙은?

① 목길이 원칙
② 손목 원칙
③ 팔길이 원칙
④ 팔꿈치 원칙

해설 '팔길이 원칙(arm's length principle)'은 문화예술에 대한 공공지원 정책 시행에서의 기준 중 하나로, 말 그대로 '팔길이만큼 거리를 둔다'는 뜻이다. 즉, 지원은 하되 개입은 하지 않는다는 원칙으로, 관료나 정치인이 국가에서 지원받는 예술가와 적절한 거리 두기를 해야 한다는 방침이다. 지원을 빌미로 간섭하기 시작하면 예술의 독립성과 자율성이 훼손된다고 본다.

정답 **19** 정세권 **20** NFT **21** 그린워싱 **22** 책 도시 **23** 이안류 **24** 네안데르탈인 **25** 신오쿠보 **26** 빌드업 축구 **27** 친족상도례 **28** 일본 **29** 箱 **30** 解弛 / **01** ④ **02** ③

03 소비자가 선호하는 품목이나 영역에 깊게 파고드는 소비 행태를 일컫는 신조어는?

① 로켓소비
② 보복소비
③ 디깅소비
④ 일점호화소비

해설 디깅소비는 '파다'를 뜻하는 영어단어 'dig'에서 파생한 것으로, 소비자가 선호하는 품목이나 영역에 깊게 파고드는 행위가 관련 제품의 소비로 이어지는 것을 의미하는 신조어다.

04 기업의 사회적 책임 수행을 포괄하는 개념은?

① ESG ② CSR
③ RE100 ④ 거버넌스

해설 기업의 사회적 책임(CSR, Corporate Social Responsibility)은 기업이 이윤창출이나 법적 의무를 지키는 것 이외에도 폭넓게 사회적 책임을 수행해야 한다는 것이다. 윤리적인 기업경영 방침은 물론 제품 생산 과정에서 환경보호와 노동자 인권 개선을 위한 노력 등을 준수하고 있는지 등을 포괄하는 개념이다.

05 웹과 인터넷 등 가상세계가 현실 세계에 흡수된 형태로서 닐 스티븐슨의 소설 『스노 크래시』에서 처음 등장한 말은?

① 증강현실
② 유니버스
③ 메타버스
④ 가상현실

해설 메타버스는 가공·추상을 의미하는 메타(meta)와 현실 세계를 의미하는 유니버스(universe)의 합성어다.

06 동계 올림픽에서 여자부 경기가 없는 종목은?

① 봅슬레이
② 바이애슬론
③ 아이스하키
④ 노르딕 복합

해설 노르딕 복합은 노르딕 스키를 타고 스키점프와 크로스컨트리 스키를 수행하는 종목이다. 스키점프를 먼저 수행한 뒤 스키점프에서 얻은 점수에 따라 크로스컨트리 경기에서 시간차를 두고 출발한다. 노르딕 스키는 여성 선수 인프라가 부족해 동계 올림픽에서 유일하게 남자부 경기만 열리고 있는 종목이다.

07 다음 중 나머지 보기와 의미가 이질적인 것은?

① 넛지 ② 님비
③ 눔프 ④ 바나나

해설 넛지(nudge)는 '팔꿈치로 슬쩍 찌르다'라는 뜻으로, 타인의 선택을 강요하기보다는 감성적이고 부드러운 개입을 통해 행동의 변화를 유도하는 기법을 의미한다. 나머지 보기는 집단 이기주의에 관한 것이다.

② 님비(NIMBY, Not In My Backyard) : 교도소나 핵폐기물 처리장 등 혐오·유해시설의 설치를 기피하는 지역 이기주의
③ 눔프(NOOMP, Not Out Of My Pocket) : 복지 혜택을 누리고 싶어 하지만 자신의 비용 부담을 꺼리는 현상
④ 바나나(BANANA, Build Absolutely Nothing Anywhere Near Anybody) : 유해시설의 설치를 기피하는 것으로 님비와 비슷한 개념

08 경찰이나 검찰이 피의자를 체포하거나 심문하기 전에 반드시 변호인 선임권·진술 거부권 등 피의자의 권리를 알려 주어야 하는 원칙은?

① 고지의 원칙
② 미란다 원칙
③ 크레덴다 원칙
④ 구속적부심 원칙

해설 미란다 원칙(Miranda Rights)에 대한 설명이다. 경찰 또는 검찰이 용의자 또는 피고인을 체포하거나 심문하기 전에 변호인 선임권·진술 거부권 등 피의자 권리를 고지하지 않은 상태에서 이뤄진 구속이나 심문은 효력이 없는 것으로 판단될 수 있으며 그러한 과정에서 이루어진 자백은 독수독과 이론에 의해 재판에서 배제된다.

09 판소리에서 말로 이야기를 풀어나가는 부분을 무엇이라고 하는가?

① 소리
② 발림
③ 아니리
④ 너름새

해설 아니리에 대한 설명이다. 판소리에서 ①소리는 노래로 부르는 부분, ②발림은 ④너름새라고도 하며 부채를 펴거나 접고 자리에 앉거나 엎어지는 등 시각적인 효과를 높이기 위해 하는 몸짓이다.

10 조직 관리에서 임파워먼트에 대한 설명으로 옳지 않은 것은?

① 관리자의 권한이 늘어나도 부하의 권한이 줄지 않는다.
② 관계적 관점의 임파워먼트는 조직원들의 권한과 책임 범위를 좁힌다.
③ 역량감, 영향력, 자기결정력은 임파워먼트의 구성 요소다.
④ 동기부여적 임파워먼트는 조직원들의 주도성과 자기 결정력을 향상시킨다.

해설 임파워먼트(empowerment)란 조직 구성원들에게 조직을 위한 업무 수행에 필요한 능력과 힘이 있다는 확신을 심어주는 과정이다. 일반적인 권한 위임이 관리자의 권한이 줄어드는 만큼 부하의 권한이 늘어나는 제로섬(zero sum) 게임인 것과 달리 임파워먼트는 부하의 능력을 키워주고 권한을 주고받는 사람 모두의 영향력을 증대시키는 플러스섬(plus sum) 게임이 된다는 점이 다르다.
임파워먼트는 관계적 관점과 동기부여적 관점으로 구분할 수 있는데 관계적 관점의 임파워먼트는 조직원들의 권한과 책임 범위를 넓혀 조직 성과를 향상시키기 위한 과정을 말한다. 반면 동기부여적 관점의 임파워먼트는 조직원의 동기 즉, 심리적 부분에 영향을 주어 스스로 업무 효율성을 높이기 위해 노력하게 만드는 것을 의미한다.

정답 03 ③ 04 ② 05 ③ 06 ④ 07 ① 08 ② 09 ③ 10 ②

01 밑줄 그은 '이 나라'에 대한 설명으로 옳은 것은?

① 진흥왕 때 신라에 복속되었다.
② 나당 연합군에 의해 멸망하였다.
③ 대가들이 사자, 조의, 선인을 거느렸다.
④ 빈민을 구제하기 위해 진대법을 시행하였다.
⑤ 박, 석, 김의 3성이 교대로 왕위를 계승하였다.

해설 자료의 밑줄 그은 '이 나라'는 대가야이다. 대가야는 고령을 중심으로 발전하였고, 지산동 고분은 대가야의 대표적인 유적지이다.
① 대가야는 진흥왕 때인 562년 신라에 복속되었다.

오답 피하기
② 백제(660)와 고구려(668)는 나당 연합군에 의해 멸망하였다.
③ 고구려의 최고 지배층인 대가들은 사자, 조의, 선인 등의 관리를 거느렸다.
④ 고구려는 고국천왕 시기에 재상 을파소의 건의로 빈민 구제 제도인 진대법을 시행하였다.
⑤ 신라는 초기에 박, 석, 김의 3성이 교대로 왕위를 계승하였다.

02 (가) 국가에 대한 설명으로 옳은 것은?

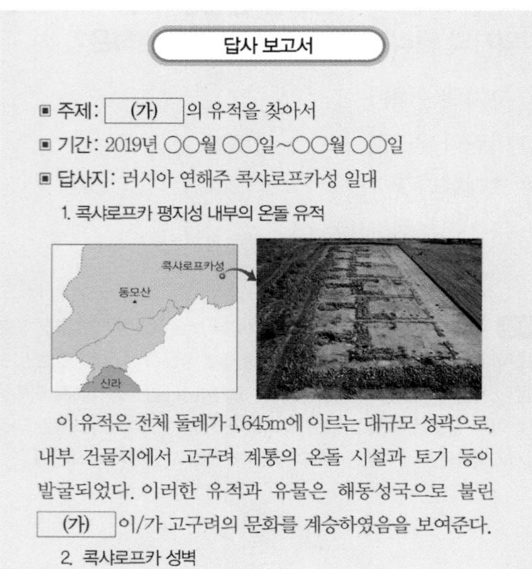

① 지방관 감찰을 위해 외사정을 파견하였다.
② 지방을 통제하기 위해 22담로를 설치하였다.
③ 5경 15부 62주의 지방 행정 제도를 갖추었다.
④ 집사부 외 13부를 두고 행정 업무를 분담하였다.
⑤ 상수리 제도를 시행하여 지방 세력을 견제하였다.

해설 자료에서 '고구려 계통의 온돌 시설과 토기', '해동성국' 등을 통해 (가) 국가는 발해임을 알 수 있다.
③ 발해는 선왕 때 5경 15부 62주의 지방 행정 제도를 완비하였다.

오답 피하기
① 신라의 문무왕은 지방에 외사정을 파견하여 지방관을 감찰하였다.
② 백제 무령왕은 지방을 통제하기 위해 지방의 요충지에 22담로를 설치하고 왕족을 파견하였다.
④ 통일 이후 신라는 중앙 기구로 집사부 외에 위화부를 비롯한 13부를 두고 행정 업무를 분담하였다.
⑤ 통일 신라는 지방 세력가나 그 자제를 일정 기간 수도에 와서 거주하게 한 상수리 제도를 운영하여 지방 세력을 통제하였다. 이는 고려 시대에 기인 제도로 계승되었다.

03 밑줄 그은 '이 자기'에 해당하는 문화유산으로 옳은 것은?

① ②

③ ④

⑤

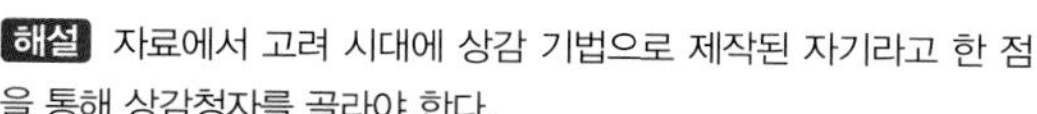

해설 자료에서 고려 시대에 상감 기법으로 제작된 자기라고 한 점을 통해 상감청자를 골라야 한다.
④ 고려 시대의 청자 상감 운학문 매병(국보 제68호)이다.

오답 피하기

① 조선 후기에 만들어진 백자 달 항아리(보물 제1439호)이다.
② 고려 시대의 청자 참외모양 병(국보 제94호)으로 상감 기법이 아닌 고려청자이다.
③ 조선 시대인 16세기에 제작된 것으로 추정되는 백자 철화 매죽문 항아리(국보 제166호)이다.
⑤ 조선 초기의 청화 백자인 백자 청화 매죽문 항아리(국보 제219호)이다.

04 (가)~(마)에 대한 설명으로 옳은 것은?

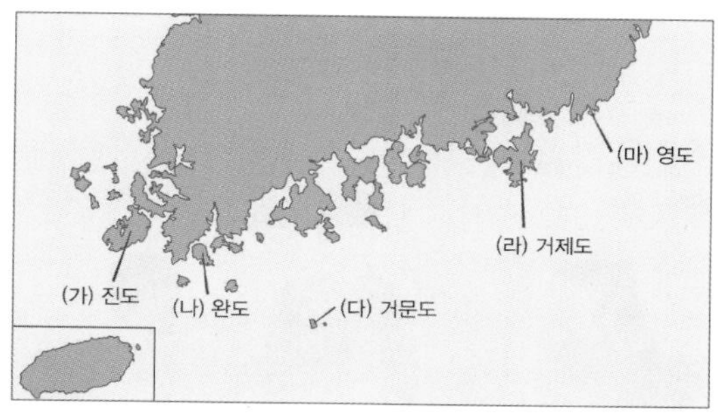

① (가) – 영국이 러시아의 남하를 구실로 불법 점령하였다.
② (나) – 통일 신라 때 장보고가 청해진을 설치하였다.
③ (다) – 6·25 전쟁 때 포로 수용소가 설치되었다.
④ (라) – 러시아가 저탄소 설치를 명분으로 조차를 요구하였다.
⑤ (마) – 삼별초가 용장성을 쌓고 몽골에 대항하였다.

해설 ② 9세기 신라 장보고는 흥덕왕의 지원을 받아 오늘날 완도 지역에 청해진을 설치하고 해적을 소탕하여 서·남해의 해상 무역권을 독점하였다.

오답 피하기

① 영국은 러시아의 남하를 구실로 거문도를 불법 점령하였다(거문도 사건, 1885).
③ 6·25 전쟁 당시 거제도에 포로 수용소가 설치되었다.
④ 러시아는 저탄소 설치를 명분으로 부산 앞바다의 절영도(지금의 부산 영도) 조차를 요구하였다.
⑤ 강화도에서 진도로 이동한 삼별초는 용장성을 쌓고 대몽 항전을 전개하였다.

정답 01 ① 02 ③ 03 ④ 04 ②

05 (가) 신분에 대한 설명으로 옳은 것은?

① 소속 관청에 신공(身貢)을 바쳤다.
② 매매, 상속, 증여의 대상이 되었다.
③ 원칙적으로 과거에 응시할 수 없었다.
④ 장례원(掌隷院)을 통해 국가의 관리를 받았다.
⑤ 조선 후기 시사(詩社)를 조직해 위항 문학 활동을 하였다.

해설 제시된 대화에서 사역원 소속 역관, 의관, 천문관, 율관 등을 통해 (가) 신분은 중인(기술직 중인)임을 알 수 있다. 사역원은 외국어의 통역과 번역에 대한 업무를 관장한 곳으로, 이곳 소속이었던 역관을 비롯하여 의관, 천문관, 율관 등의 기술관은 양반과 상민의 중간 계층인 중인 신분이었다.

⑤ 조선 후기 신분제의 동요 속에 양반들의 전유물이었던 문예 활동이 다른 신분 계층으로 확대되었고, 이 과정에서 중인들은 시사를 조직하기도 하였다.

오답 피하기

① 공노비는 소속 관청에 매년 신공을 바쳤다.
② 노비는 매매, 상속, 증여의 대상이 되어 재산처럼 취급되었다.
③ 양인과 달리 천민은 원칙적으로 과거에 응시할 수 없었다.
④ 장례원은 노비 관련 송사 등을 담당하던 관청이다.

06 (가) 서적이 편찬된 시기의 경제 상황으로 옳지 않은 것은?

① 개시 무역과 후시 무역이 이루어졌다.
② 담배, 면화와 같은 상품 작물이 재배되었다.
③ 시장을 관리하기 위한 동시전이 설치되었다.
④ 송상, 만상이 대청 무역으로 부를 축적하였다.
⑤ 모내기법의 확대로 벼와 보리의 이모작이 확산되었다.

해설 자료에서 (가) 서적은 『우서』이며 『우서』가 편찬된 시기는 조선 후기인 18세기 전반이다. 조선 후기에는 사회 문제의 해결을 위해 성리학의 한계를 자각하고 현실을 개혁하려는 실사구시의 학문인 실학이 등장하였다. 실학은 농업 중심의 개혁론과 상공업 중심의 개혁론으로 크게 나뉘었다.

유수원은 『우서』를 통해 조선 후기 사회의 문제점을 지적하고, 상공업 진흥, 사농공상의 평등과 직업적 전문화를 주장하였다.

③ 동시전은 신라 지증왕 재위 시기에 수도인 금성(경주)에 설치된 시장 관리 기구이다.

오답 피하기

① 조선 후기에는 국경 지대를 중심으로 공적으로 허용된 무역인 개시와 사적으로 거래되던 무역인 후시가 이루어졌다.
② 조선 후기에는 담배, 면화 등 상품 작물의 재배가 활발하였다.
④ 조선 후기의 대표적인 사상으로는 송상(개성을 중심으로 청과 일본 사이의 중계 무역 등 종사), 만상(의주를 중심으로 대청 무역 종사) 등이 있다.
⑤ 조선 후기에는 모내기법(이앙법)이 확대되어서 벼와 보리의 이모작이 확산되었다.

07 다음 자료에 나타난 사건 이후의 사실로 옳은 것은?

> 해산 결의 이틀 전 오전에 군부 대신과 하세가와 대장이 통감부에 모여 현재 한국 군대를 해산하기로 결정한 결과로, 같은 날 오후 9시 40분에 총리와 법부 대신이 황제에게 아뢴 후에 조칙을 반포하였더라.
>
> – 대한매일신보 –

① 민영환, 조병세 등이 자결로써 항거하였다.
② 13도 창의군이 서울 진공 작전을 전개하였다.
③ 메가타가 주도한 화폐 정리 사업이 시작되었다.
④ 고종이 헤이그 만국 평화 회의에 특사를 파견하였다.
⑤ 구식 군대가 난을 일으켜 일본 공사관을 습격하였다.

해설 자료에서 통감부(1906~1910)의 조치에 따라 한국(대한 제국)의 군대가 해산되었다는 점을 통해 자료의 사건이 1907년 한·일 신협약의 부수 비밀 각서에 따른 군대 해산이 결정된 사건임을 알 수 있다.
② 고종의 강제 퇴위, 대한 제국 군대의 강제 해산 등을 배경으로 정미의병이 확산되었다. 그 과정에서 이인영을 총사령관으로 하는 13도 창의군이 결성되어 서울 진공 작전(1908)이 전개되었다.

오답 피하기
① 을사늑약(1905)의 체결에 항거하여 민영환, 조병세 등이 자결하였다.
③ 제1차 한·일 협약(1904)에 따라 대한 제국에 재정 고문으로 파견된 메가타의 주도로 1905년부터 화폐 정리 사업이 시작되었다.
④ 고종은 을사늑약에 항거하여 이준, 이상설, 이위종을 헤이그 특사로 파견(1907)하였다.
⑤ 정부의 개화 정책과 신식 군대 우대 정책 등에 반발하여 구식 군대에 의해 임오군란(1882)이 일어났다.

08 (가), (나) 사이의 시기에 볼 수 있는 모습으로 가장 적절한 것은?

> (가) 천지에 고하는 제사를 지냈다. 왕태자가 배참하였다. 예를 마친 뒤 의정부 의정 심순택이 백관을 거느린 채 무릎을 꿇고 아뢰기를, "제례를 마쳤으므로 황제의 자리에 오르소서." 라고 하였다. …… 임금이 두 번 세 번 사양하다가 옥새를 받고 황제의 자리에 올랐다.
>
> –『고종실록』–
>
> (나) 이제 본소(本所)에서 대한국 국제(國制)를 잘 상의하고 확정하여 보고하라는 조칙을 받들어서, 감히 여러 사람들의 의견을 수집하고 공법(公法)을 참조하여 국제 1편을 정함으로써, 본국의 정치는 어떤 정치이고 본국의 군권은 어떤 군권인가를 밝히려 합니다.
>
> –『고종실록』–

① 영화 아리랑을 관람하는 교사
② 관민 공동회에서 연설하는 백정
③ 육영 공원에서 영어를 배우는 학생
④ 경부선 기차를 타고 부산으로 가는 기자
⑤ 근우회가 주최한 강연회에 참석하는 노동자

해설 (가) 옥새를 받고 황제의 자리에 올랐다는 것을 통해 대한 제국 수립과 고종의 황제 즉위(1897) 시기임을 알 수 있다.
(나) 대한국 국제를 확정한다는 내용을 통해 대한국 국제(1899)가 반포되던 시기임을 알 수 있다.
1897년 수립된 대한 제국은 광무개혁을 실시하고, 1899년에는 대한국 국제를 제정하여 황제권의 무한함과 대한 제국이 자주독립 국가임을 규정하였다.
1896년 창립된 독립 협회는 열강의 간섭과 이권 침탈에 대항하고 자주 의식을 고취해 나가고자 만민 공동회를 열고, 중추원 관제 개편을 위해 관민 공동회를 개최하기도 하였으나 정부와 보수 세력의 탄압으로 1898년 해산되었다.
② 독립 협회가 주도한 관민 공동회(1898)에서 백정 출신 박성춘이 연설을 하였다.

오답 피하기
① 나운규가 제작한 영화 '아리랑'은 1926년에 처음 개봉되었다.
③ 육영 공원은 1886년에 설립되어 1894년에 폐교되었다.
④ 경부선은 러·일 전쟁 중인 1905년에 개통되었다.
⑤ 신간회의 자매단체인 근우회는 1927년에 설립되었다.

정답 05 ⑤ 06 ③ 07 ② 08 ②

01 밑줄 친 고유어의 쓰임이 적절하지 않은 것은?

① 그는 선생님 앞에서 사뭇 술을 마셨다.
② 설멍한 바지를 입고 나타난 그는 숨통이 트여 보였다.
③ 그는 실팍한 몸집인데도 쌀 한 가마를 제대로 못 옮겼다.
④ 소설가가 되겠다던 막내 현이 드디어 어떤 싹수를 보이기 시작하였다.
⑤ 할머니는 사과 값으로 만 원을 내고 우수리로 천 원을 거슬러 받았다.

해설 고유어

② '설멍하다'는 '옷이 몸에 맞지 않고 짧다.'라는 의미이다.

정답 ②

02 밑줄 친 한자어가 문맥에 어울리지 않는 것은?

① 국제 정세 변화에 능동적으로 대처(對處)하다.
② 여행 계획에 변동(變動) 사항이 있으면 알려 주세요.
③ 무더위로 최대 전력 수요 경신(更新)이 계속되고 있다.
④ 이것은 선사 시대의 생활상을 재연(再演)한 전시물이다.
⑤ 저녁 시간을 자기 계발(啓發)에 활용하는 대학생들이 많다.

해설 한자어

④ '재연(再演)'은 한 번 하였던 행위나 일을 다시 되풀이함을 의미하는 단어이다. 문맥상 다시 나타남 또는 다시 나타냄을 뜻하는 '재현(再現)'이 적합하다.

정답 ④

03 밑줄 친 고유어와 한자어의 대응이 적절하지 않은 것은?

① 남자는 보육원에서 막 떠나온 아이를 불쌍히[측은(惻隱)히] 여겼다.
② 열흘 전에 고속 도로에서 버스가 뒤집히는[전복(顚覆)되는] 사고가 발생했다.
③ 블랙홀을 관찰하기 위해 우주선에 적외선 망원경을 실어서[탑재(搭載)해서] 발사했다.
④ 그녀는 퇴임식에서 교장의 책임을 벗게[탈피(脫皮)하게] 되어 후련하다는 말을 남겼다.
⑤ 무인도에 전화를 놓는[가설(架設)하는] 공사를 시작한 지 1년이 넘었는데도 여전히 진척이 없었다.

해설 어휘 간의 의미 관계

④에서 사용된 '벗다'는 '의무나 책임 따위를 면하게 되다.'를 뜻하는 고유어이다. 따라서 '일정한 상태나 처지에서 완전히 벗어나다.'를 의미하는 '탈피(脫皮)하다'와 대응시킨 것은 적절하지 않다.

정답 ④

04 '교각살우(矯角殺牛)'와 의미가 가장 유사한 속담은?

① 모난 돌이 정 맞는다.
② 바늘 가는 데 실 간다.
③ 까마귀 날자 배 떨어진다.
④ 빈대 미워 집에 불 놓는다.
⑤ 자라 보고 놀란 가슴 솥뚜껑 보고 놀란다.

해설 관용 표현

④ '교각살우(矯角殺牛)'는 '소의 뿔을 바로잡으려다가 소를 죽인다.'라는 뜻으로, 잘못된 점을 고치려다가 그 방법이나 정도가 지나쳐 오히려 일을 그르침을 이르는 말이다. 이와 유사한 의미를 가진 속담은 손해를 크게 볼 것을 생각지 아니하고 자기에게 마땅치 아니한 것을 없애려고 그저 덤비기만 하는 경우를 비유적으로 이르는 말인 '빈대 미워 집에 불 놓는다'이다.

정답 ④

05 밑줄 친 부분이 어법에 맞지 않는 것은?

① 그는 딸 덕분에 환갑을 잘 <u>쇘다.</u>
② 아빠는 잠든 아기를 침대에 <u>누였다.</u>
③ 아무리 화장실 청소를 해도 <u>깨끗지 않다.</u>
④ 은석이는 그것이 <u>뭐내도</u> 아무런 말이 없었다.
⑤ 벽지까지 길이 <u>틔여서</u> 가는 데에 하루가 안 걸린다.

해설 준말의 표기

⑤ '트이어 → 틔어/트여'가 옳은 표기이다. 따라서 '틔어서' 혹은 '트여서'로 표기해야 한다.
① 쇠었다 → 쇘다 ② 누이었다 → 누였다 ③ 깨끗하지 않다 → 깨끗지 않다 ④ 뭐냐고 해도 → 뭐냬도

정답 ⑤

06 다음 중 단어 표기가 올바르지 않은 것은?

① 갑갑잖다
② 깨끗잖다
③ 넉넉찮다
④ 만만찮다
⑤ 수월찮다

해설 한글 맞춤법

③ '넉넉하지 않다'는 '-하' 앞에 붙는 말이 안울림소리인 'ㄱ'이므로 '-하'가 탈락한 형태인 '넉넉지 않다'로 줄어든다. 이를 다시 줄이면 '넉넉잖다'가 된다. '-하' 앞에 붙는 말이 울림소리(모음, ㄴ, ㄹ, ㅁ, ㅇ)이면 '-하'가 통째로 줄지 않고 'ㅎ'이 남아 뒤에 오는 첫소리와 어울려 축약이 된다.

정답 ③

자주 출제되는 고유어		자주 출제되는 외래어 표기법	
해사하다	얼굴이 희고 곱다랗다.	Haiti	아이티
짬짜미	남모르게 자리들끼리만 짜고 하는 약속이나 수작	repertory	레퍼토리
엉기정기	질서 없이 여기저기 벌여 놓은 모양	bulldog	불도그
사뭇	아주 딴판으로	credit	크레디트
화수분	재물이 계속 나오는 보물단지	pierrot	피에로

01 밑줄 친 부분에 들어갈 말로 가장 적절한 것을 고르시오.

A : Were you here last night?
B : Yes. I worked the closing shift. Why?
A : The kitchen was a mess this morning. There was food spattered on the stove, and the ice trays were not in the freezer.
B : I guess I forgot to go over the cleaning checklist.
A : You know how important a clean kitchen is.
B : I'm sorry. ________________

① I won't let it happen again.
② Would you like your bill now?
③ That's why I forgot it yesterday.
④ I'll make sure you get the right order.

(유형) **생활영어**

어휘 closing shift 마감조 / spatter 흩뿌리다 / go over ~을 검토하다 / bill 계산서 / order 주문[주문한 음식, 음료]

해설 ① A가 지난 밤 주방 청소를 잊은 B에게 청결한 주방의 중요성에 대해 말하고 있고, 이에 대해 B가 사과하고 있으므로, 이어서 빈칸에는 그 일이 다시 발생하지 않게 하겠다고 답하는 것이 가장 자연스럽다.

해석 A : 어젯밤 여기에 있었나요?
B : 네, 저는 마감조로 일했어요. 왜 그러시죠?
A : 오늘 아침 주방이 엉망이었어요. 음식이 화로 위에 널려져 있고 제빙 그릇은 냉동실에 없었어요.
B : 제가 청소 체크리스트 검토를 깜박한 것 같아요.
A : 청결한 주방이 얼마나 중요한지는 당신도 아시죠.
B : 미안해요.
① 다시는 그러지 않을게요.

① 다시는 그러지 않을게요(그 일이 다시 발생하지 않게 할게요).
② 지금 계산서를 원하시나요?
③ 그게 제가 어제 그것을 깜박한 이유예요.
④ 주문한 음식이 제대로 나오도록 할게요.

정답 ①

02 다음 글의 내용과 일치하지 않는 것은?

Deserts cover more than one-fifth of the Earth's land area, and they are found on every continent. A place that receives less than 25 centimeters (10 inches) of rain per year is considered a desert. Deserts are part of a wider class of regions called drylands. These areas exist under a "moisture deficit," which means they can frequently lose more moisture through evaporation than they receive from annual precipitation. Despite the common conceptions of deserts as hot, there are cold deserts as well. The largest hot desert in the world, northern Africa's Sahara, reaches temperatures of up to 50 degrees Celsius (122 degrees Fahrenheit) during the day. But some deserts are always cold, like the Gobi Desert in Asia and the polar deserts of the Antarctic and Arctic, which are the world's largest. Others are mountainous. Only about 20 percent of deserts are covered by sand. The driest deserts, such as Chile's Atacama Desert, have parts that receive less than two millimeters (0.08 inches) of precipitation a year. Such environments are so harsh and otherworldly that scientists have even studied them for clues about life on Mars. On the other hand, every few years, an unusually rainy period can produce "super blooms," where even the Atacama becomes blanketed in wildflowers.

① There is at least one desert on each continent.
② The Sahara is the world's largest hot desert.
③ The Gobi Desert is categorized as a cold desert.
④ The Atacama Desert is one of the rainiest deserts.

(유형) **독해**

어휘 continent 대륙 / moisture 수분 / deficit 부족, 결핍 / evaporation 증발 / precipitation 강우[강수]량 / Celsius 섭씨 / Fahrenheit 화씨 / Antarctic 남극 / Arctic 북극 / mountainous 산이 많은, 산지의 / otherworldly 비현실적인 / super bloom 슈퍼 블룸(사막에 일시적으로 들꽃이 많이 피는 현상)

해설 ④ 본문 중후반 The driest desserts, such as Chile's Atacama Desert, ~의 내용으로 보아 글의 내용과 대치됨을 알 수 있다.

해석 사막은 지구 육지 영역의 5분의 1 이상을 차지하며, 모든 대륙에서 찾아볼 수 있다. 연간 25 센티미터(10인치) 이하의 비가 내리는 곳은 사막으로 여겨진다. 사막은 건조지라 불리는 더 넓은 부류의 구역의 일부이다. 이 지역들은 "수분 부족" 상태로 존재하고, 이는 그곳들이 빈번하게 연간 강우를 통해 얻는 것보다 증발을 통해 더 많은 수분을 상실할 수 있다는 것을 의미한다. 사막은 뜨겁다는 일반적인 이해에도 불구하고, 추운 사막 또한 있다. 세계에서 가장 큰 뜨거운 사막인 북아프리카의 Sahara는 낮 동안 최대 섭씨 50도(화씨 122도)의 온도에 도달한다. 그러나 아시아의 Gobi 사막과 남극과 북극에 있는 극지방의 사막과 같은 어떤 사막은 항상 추운데, 이것들은 세계 최대의 사막이다. 다른 것들은 산지이다. 오직 사막의 20 퍼센트만이 모래로 덮여 있다. 칠레의 Atacama 사막과 같은 가장 건조한 사막에는 1년에 강우량이 2 밀리미터(0.08인치)보다 더 적은 지역들이 있다. 그러한 환경은 너무 혹독하고 비현실적이라서 과학자들은 화성의 생명체에 대한 단서를 찾기 위해 심지어 그것들을 연구해 왔다. 반면, 몇 년에 한 번씩 비정상적인 우기가 "슈퍼 블룸[개화]"을 일으킬 수 있는데, 이때는 심지어 Atacama 사막도 야생화로 뒤덮이게 된다.
① 각각의 대륙에 적어도 하나의 사막이 있다.
② Sahara 사막은 세계에서 가장 큰 뜨거운 사막이다.
③ Gobi 사막은 추운 사막으로 분류된다.
④ Atacama 사막은 비가 가장 많이 내리는 사막 중 하나이다.

정답 ④

자 / 료 / 해 / 석

[01~02] 다음 [표]는 연도별 주택보급률 및 주택마련 소요연수별 구성비를 조사한 자료이다. 주어진 자료를 바탕으로 질문에 답하시오.

[표] 연도별 주택보급률 및 주택마련 소요연수별 구성비 (단위 : %)

연도	주택보급률	주택마련 소요연수별 구성비					
		3년 미만	3~5년 미만	5~10년 미만	10~15년 미만	15~20년 미만	20년 이상
2015년	100.7	34.1	9.9	20.8	15.5	7.7	12.0
2016년	100.5	29.8	10.4	22.2	17.5	9.3	10.8
2017년	101.1	30.8	9.5	23.0	17.8	9.5	9.4
2018년	101.9	42.8	8.6	18.9	13.6	6.8	9.3
2019년	102.6	43.0	9.4	19.6	13.1	6.4	8.5

※ 주택보급률(%) = $\frac{\text{(주택 수)}}{\text{(일반가구 수)}}\times 100$

01 다음 설명 중 옳은 것을 고르면?

① 매년 일반가구 수는 주택 수보다 더 많다.
② 매년 비율이 가장 낮은 주택마련 소요연수 기간은 3~5년 미만이다.
③ 주택마련 소요연수 기간이 5년 미만인 가구의 비중은 매년 증가하고 있다.
④ 주택마련 소요연수 기간이 5년 이상인 가구의 비중이 처음으로 50% 이하가 된 해는 2018년이다.
⑤ 다른 모든 조건이 동일할 때 2019년 일반가구 수가 1% 증가하면 2019년 주택보급률은 100% 이하로 떨어진다.

해설 ① 주택보급률이 매년 100% 이상이므로 주택 수가 일반가구 수보다 더 많다. (×)
② 주택마련 소요연수 기간의 비율은 2017년을 제외하면 15~20년 미만이 가장 낮았으며, 2017년에는 20년 이상이 가장 낮았다. (×)
③ 주택마련 소요연수 기간이 5년 미만인 가구의 비중은 다음과 같다.

2015년	2016년	2017년	2018년	2019년
44.00%	40.20%	40.30%	51.40%	52.40%

따라서 2016년에는 전년 대비 감소하였으므로 매년 증가하고 있지 않다. (×)
④ 주택마련 소요연수 기간이 5년 이상인 가구의 비중은 다음과 같다.

2015년	2016년	2017년	2018년	2019년
56.00%	59.80%	59.70%	48.60%	47.60%

따라서 2018년에 처음으로 50% 이하가 됐다. (○)
⑤ 2019년 일반가구 수가 1% 증가하면 주택보급률은 $\frac{102.6}{1.01}$≒101.6(%)로 100% 이상이다. (×)

정답 ④

02 **연도별 주택 수를 조사한 자료가 추가되었다. 주어진 자료를 참고하여 일반가구 수가 가장 많은 연도를 고르면?**

[표] 연도별 주택 수

(단위 : 천 채)

구분	2015년	2016년	2017년	2018년	2019년
주택 수	16,367	16,692	17,123	17,633	18,127

① 2015년
② 2016년
③ 2017년
④ 2018년
⑤ 2019년

해설 (일반가구 수)=$\frac{(\text{주택 수})}{(\text{주택보급률})}\times 100$이므로 일반가구 수는 다음과 같다.

2015년	2016년	2017년	2018년	2019년
16,253천 채	16,609천 채	16,937천 채	17,304천 채	17,668천 채

따라서 일반가구 수가 가장 많은 연도는 2019년이다.

정답 ⑤

기/술/능/력

01 **다음 [그래프]는 연도별 산업 재산권의 출원 건수에 관한 자료이다. 이에 대한 설명으로 옳은 것을 [보기]에서 고르면?**

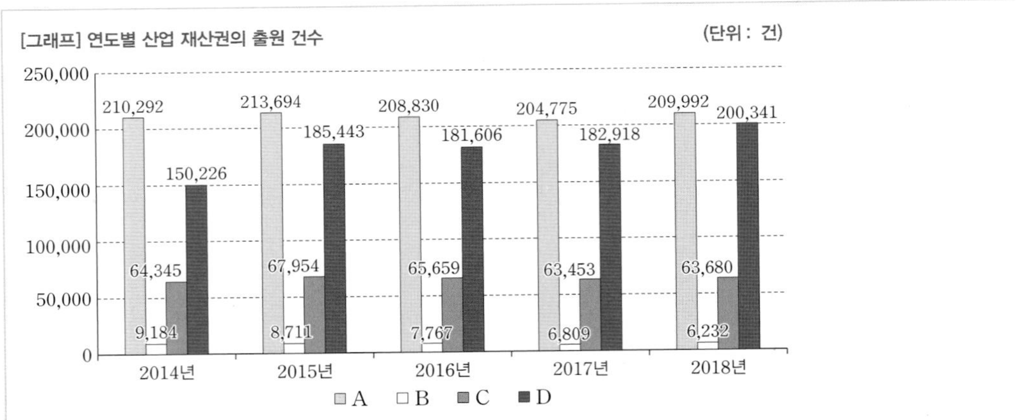

- A : 자연법칙을 이용한 기술적 사상의 창작으로서 고도한 것을 일컫는 발명
- B : 이미 발명된 것을 개량하여 보다 더 편리하고 유용하게 쓸 수 있도록 구조나 형상을 새로 고안해 내는 것
- C : 물품의 형상, 모양이나 색채 또는 이들을 결합한 것으로서 시각을 통하여 아름다움을 일으키게 하는 것
- D : 자기의 상품을 타 업자의 상품과 식별시키기 위하여 사용하는 기호, 문자, 도형, 입체적 형상, 색채, 동작 또는 이들의 결합 등 시각적으로 인식할 수 없는 것 중 기호, 문자, 도형 또는 그 밖의 시각적인 방법으로 사실적으로 표현한 것

보기

㉠ 2014년보다 2018년의 출원 건수가 더 적은 것은 특허권, 실용신안권, 상표권이다.
㉡ 실용신안권은 매년 출원 건수가 감소하였다.
㉢ 2018년 출원 건수가 2017년 대비 1,000건 이하로 차이나는 것은 실용신안권과 디자인권이다.
㉣ 산업 재산권의 출원 건수는 매년 꾸준히 증가하였다.

① ㉠, ㉡　② ㉠, ㉢　③ ㉡, ㉢
④ ㉡, ㉣　⑤ ㉢, ㉣

해설 A는 특허권, B는 실용신안권, C는 디자인권, D는 상표권에 대한 설명이다.
㉡ 실용신안권은 B로 매년 출원 건수가 감소하였다.
㉢ 1,000건 이하로 차이나는 것은 B(577건 감소)와 C(227건 증가)이므로 실용신안권과 디자인권이다.

정답 ③

02 **다음 [표]는 좋은 기술이 실패하는 유형 4가지에 관한 자료이다. 이를 바탕으로 나르시스형이 취해야 할 행동으로 옳은 것을 고르면?**

[표] 좋은 기술이 실패하는 유형 4가지

실패 유형	원인
나르시스형	개발된 기술에 대한 자아도취로 인해 편향에 빠지는 유형
이카루스형	과도한 욕심으로 인해 자사가 개발한 기술을 시장에 일방적으로 강요하거나 기술의 폐쇄성을 고집할 때 발생하는 유형
아킬레스형	기술개발 과정상의 미비점이나 상용화에 있어 치명적인 약점을 간과해서 발생하는 유형
시지프스형	처음부터 기술개발의 방향이 애매해 투입된 노력과 자본에 비해 결과를 얻지 못한 유형

① 기술개발의 속도가 빨라지는 상황에서 모든 것을 직접 개발하겠다는 사고방식을 지양해야 한다.
② 시장에서 법, 제도, 소비자 관행 등이 기술 상업화의 장애물이 되지 않도록 사전에 파악해야 한다.
③ 현재 또는 미래의 수요를 먼저 파악해 사업 계획을 세운 후 맞는 기술개발 전략을 수립해야 한다.
④ 시장과 시장에 있는 기술정보를 파악하는 활동을 강화해 대체 기술의 등장 위험을 상시로 파악해야 한다.
⑤ 기술적 우위를 확보하는 것보다는 기술이 표준이 되기 위해 시장 기반을 확대해야 한다.

해설 나르시스형은 기술의 판도를 바꿀 정도의 획기적으로 큰 프로젝트가 성공한 경우, 시장에서의 상업적 성공보다는 기술 자체에 대한 성취에 취하는 경우이다. 따라서 Market Intelligence와 Technology Intelligence를 강화해 대체 기술이 등장하는지, 시장 내에 기술이 잘 적용될 수 있는지 등을 파악하는 것이 중요하다.

정답 ④

고 / 난 / 도

01 **다음 [조건] 및 [표]와 [그래프]는 2015~2019년 갑 지역의 작물 재배와 생산량, 판매 가격에 관한 자료이다. 주어진 자료를 바탕으로 농민 (바)의 2015~2019년 작물 판매수익 총액을 극대화하는 작물별 5년 생산량 합계를 고르면?**

조건

- 갑 지역의 전체 농민은 (가)~(바) 6명뿐이다.
- 각 농민은 경작지를 1곳씩 가지고 있다.
- 한 경작지에서는 한 해에 하나의 작물만 재배한다.
- 각 작물의 경작지당 연간 최대 생산량은 A작물 100kg, B작물 200kg, C작물 100kg, D작물 200kg, E작물 50kg이다.
- 생산된 작물은 해당 연도에 모두 판매된다.
- 각 작물의 판매 가격은 해당 연도의 갑 지역 작물별 연간 총생산량에 따라 결정된다.
- 각 작물 생산량은 50kg 단위로만 조절이 가능하다.

[표] 2015~2019년 경작지별 재배 작물 종류 및 생산량

(단위 : kg)

농민	경작지	2015년		2016년		2017년		2018년		2019년	
		작물	생산량	작물	생산량	작물	생산량	작물	생산량	작물	생산량
(가)	경작지1	A	100	A	50	A	100	B	100	A	100
(나)	경작지2	A	100	B	100	A	100	B	100	A	100
(다)	경작지3	B	100	B	50	B	100	C	50	E	50
(라)	경작지4	C	100	A	100	D	200	E	50	A	100
(마)	경작지5	D	200	D	200	A	50	E	50	D	50
(바)	경작지6	( )	( )	( )	( )	( )	( )	( )	( )	( )	( )

[그래프] A~E작물별 갑 지역 연간 총생산량에 따른 판매 가격

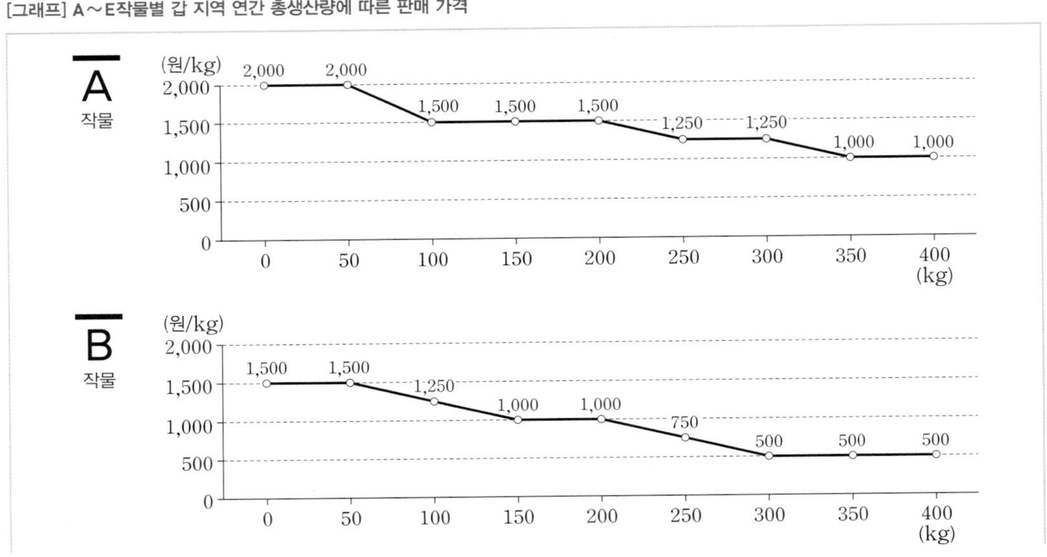

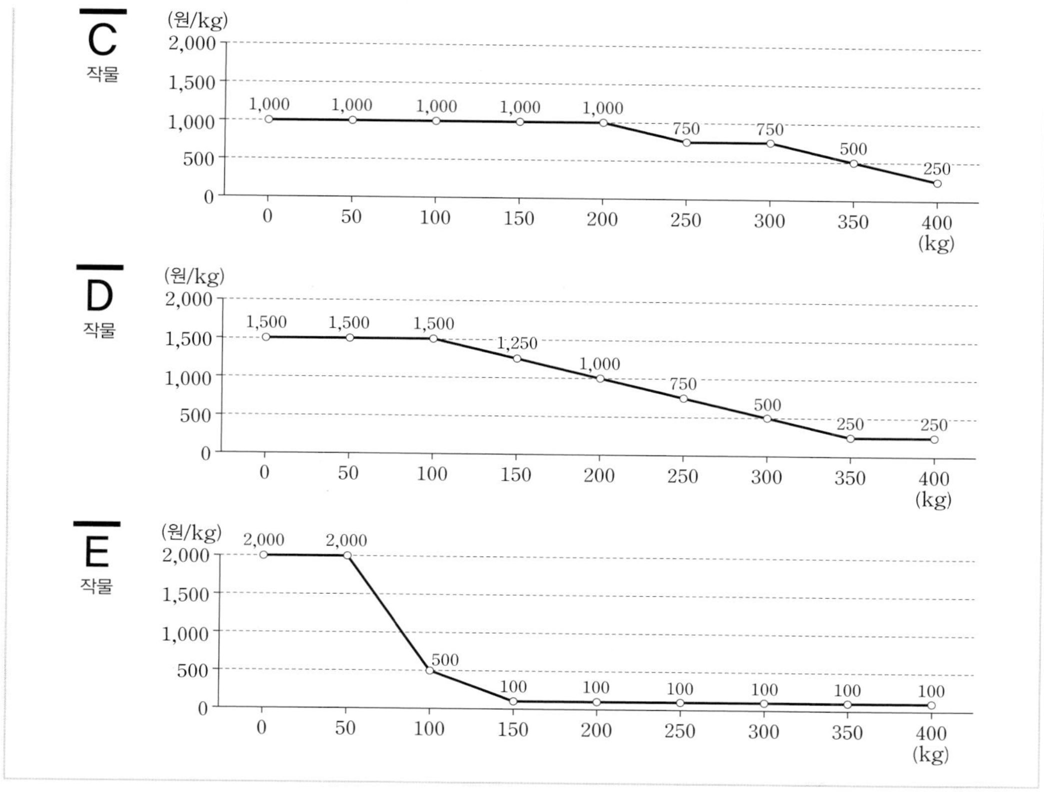

	A	B	C	D	E
①	100kg	350kg	0kg	200kg	0kg
②	100kg	400kg	100kg	0kg	50kg
③	200kg	350kg	0kg	200kg	0kg
④	200kg	400kg	0kg	200kg	0kg
⑤	200kg	400kg	100kg	0kg	50kg

정답 풀이

각 작물의 경작지당 연간 최대 생산량은 A작물 100kg, B작물 200kg, C작물 100kg, D작물 200kg, E작물 50kg이므로 각 작물 생산량에 따른 농민 (바)의 연도별 판매수익을 정리하면 다음과 같다.

[표] 작물별 농민 (바)의 연도별 판매수익

(단위 : 원)

구분		2015년	2016년	2017년	2018년	2019년
A	50kg	62,500	75,000	62,500	100,000	50,000
	100kg	**125,000**	**125,000**	100,000	150,000	100,000
B	50kg	50,000	50,000	50,000	37,500	75,000
	100kg	100,000	75,000	100,000	50,000	125,000
	150kg	112,500	75,000	**112,500**	75,000	150,000
	200kg	100,000	100,000	100,000	100,000	**200,000**

C	50kg	50,000	50,000	50,000	50,000	50,000
	100kg	100,000	100,000	100,000	100,000	100,000
D	50kg	37,500	37,500	37,500	75,000	75,000
	100kg	50,000	50,000	50,000	150,000	125,000
	150kg	37,500	37,500	37,500	187,500	150,000
	200kg	50,000	50,000	50,000	**200,000**	150,000
E	50kg	100,000	100,000	100,000	5,000	25,000

작물 판매수익 총액을 극대화하기 위해선 연도별 판매수익을 극대화해야 한다. 따라서 2015년에는 A작물 100kg, 2016년에는 A작물 100kg, 2017년에는 B작물 150kg, 2018년에는 D작물 200kg, 2019년에는 B작물 200kg을 생산해야 한다. 그러므로 작물별 5년 생산량 합계는 A작물 100+100=200(kg), B작물 150+200=350(kg), D작물 200kg이다.

정답 ③

해결 TIP

이 문제는 2021년 5급 공채 PSAT 기출 변형 문제로 일반적인 NCS 자료해석 빈출유형과 다르게 조건과 표, 그래프가 복합적으로 주어진 형태로, 조건을 바탕으로 여러 가지 경우를 확인하면서 각 대상에 해당하는 것을 찾아 계산하는 NCS 고난도 자료형 문제입니다.

문제의 그래프를 보면, 2015년의 경우에는 A작물은 50kg을 생산하든 100kg을 생산하든 kg당 가격이 1,250원으로 일정하므로 생산량을 늘리면 판매수익이 반드시 증가함을 알 수 있습니다. 따라서 100kg일 때만 계산하면 된다는 것을 알 수 있습니다. 마찬가지의 이유로 모든 경우를 계산할 필요 없이 B작물도 100kg, 150kg, 200kg일 때만 계산하면 되고, D작물도 50kg, 100kg, 200kg일 때만 계산하면 됩니다. C작물의 경우에는 총생산량 200kg까지 kg당 가격이 1,000원으로 일정하므로 다른 농민이 C작물을 100kg 재배하더라도 농민 (바)의 C작물 판매수익은 100,000원으로 고정됨을 알 수 있습니다. 표를 보면, 5년 내내 다른 농민의 C작물 생산량이 0~100kg 사이에 있으므로 농민 (바)가 C작물을 재배한다면, 판매수익은 매년 최대 100,000원일 것입니다. 또한, E작물은 50kg까지만 생산할 수 있는데, 다른 농민이 E작물을 재배하지 않을 경우, 농민 (바)의 E작물 판매수익은 100,000원입니다. 만약 다른 농민이 E작물을 재배하는 경우에는 가격이 급격히 떨어지므로 굳이 계산하지 않아도 판매수익이 매우 낮을 것임을 알 수 있습니다. 즉, C작물과 E작물의 판매수익 최댓값은 각각 100,000원임을 알 수 있습니다. 2015년에는 A작물의 100kg 판매수익이 125,000원이므로, 최댓값이 100,000원인 C작물과 E작물은 굳이 고려할 필요가 없습니다. 한편 2016년에는 2015년에 비해 A작물이 B작물에 비해 재배가 더 유리한 환경이 됐으므로 B작물은 굳이 고려할 필요가 없습니다. C작물과 E작물은 위에서 확인한 내용과 같이 판매수익 최댓값이 100,000원에 불과하므로 고려할 필요가 없고, D작물은 여전히 다른 농민이 200kg을 생산하고 있어 역시 고려할 필요가 없습니다. 따라서 2016년에는 A작물을 50kg 생산하는 것이 유리한지, 100kg 생산하는 것이 유리한지만 확인하여 비교하면 됩니다. 2017년의 경우에는 2015년에 비해 A작물 재배가 더 불리해졌는데, B작물은 2015년과 동일하므로 2015년에 계산하였던 B작물 판매수익과 2017년의 A작물 판매수익을 비교해보면 됩니다. 2018년의 경우에는 다른 농민이 A작물과 D작물을 재배하지 않으므로 두 작물만 따져보면 됩니다. 2019년의 경우에는 다른 농민이 B작물과 C작물을 재배하지 않는데, C작물은 판매수익 최댓값이 100,000원에 불과하므로 이를 제외하면 B작물만 남습니다.

그런데 농민 (마)가 D작물을 단 50kg만 재배하고 있어 푸는 과정에서 이 부분이 신경 쓰일 수도 있어 이를 확인하고 넘어가기 위해 일단 다른 농민이 B작물과 D작물 모두 재배하지 않는다고 가정해 봅니다. 이때, 농민 (바)의 판매수익은 B작물을 200kg을 생산하든 D작물을 200kg을 생산하든 200,000원으로 동일할 것입니다. 그런데 2019년에는 다른 농민이 D작물을 50kg 생산하여 가정한 조건보다는 불리하므로 무조건 B작물을 생산하는 것이 유리하다는 것을 알 수 있습니다. 따라서 A작물의 5년 생산량 합계는 200kg이므로 선택지 ①, ②를 소거할 수 있고, B작물의 5년 생산량 합계는 350kg이므로 남은 선택지 ③~⑤ 중 ③만 해당함을 알 수 있습니다. 그러므로 다른 작물의 5년 생산량을 확인할 필요 없이 정답을 ③으로 선택할 수 있습니다.

김성근
에듀윌 취업연구소 연구원

PART 04

상식을 넘은 상식

사고의 틀이 넓어지는 깊은 상식

식량 안보 위기의 원인과 대책

농업 경쟁력 육성·품목별 공급 안정화

이슈의 배경

러시아의 우크라이나 침공 이후 세계 각국에서 식량 안보 위기가 심화되고 있다. 전쟁이 장기화되면서 곡물 작황이 타격을 받았고 공급망에 차질이 생기면서 식량 가격이 급격히 치솟았다. 우크라이나는 미국, 아르헨티나 지역과 더불어 세계 3대 곡창지대로서 식량 수출이 국내총생산(GDP)의 10%를 차지한다.

포스코경영연구원의 자료에 따르면 지난 7월 말 기준 글로벌 농산물 물가지수는 올해 1월 대비 19% 상승했다. 러시아의 우크라이나 침공은 밀·옥수수 등 곡물의 국제 가격을 2008년 이후 최고 수준으로 급등시켰다. 러시아가 전쟁에서 유리한 고지를 차지하기 위해 식량을 무기화하면서 식량 가격 수급에 대한 불안감은 더 커졌다.

러시아는 우크라이나의 곡물 수출 통로인 흑해를 봉쇄했다가 글로벌 식량 위기를 일으킬 수 있다는 각국의 비판을 받았다. 이후 러시아는 튀르키예의 중재로 지난 7월 흑해 곡물 이니셔티브 협정을 맺어 우크라이나 선박의 곡물 수출을 11월까지 한시적으로 유지하기로 했다.

하지만 전쟁 상황이 자국에 불리해지자 러시아는 지난 10월 말 우크라이나군이 자국 흑해 함대를 공격했다는 이유로 흑해 곡물 이니셔티브 협정 탈퇴를 일방적으로 선언했다. 식량 무기화 카드를 다시 꺼내든 것이다.

유엔 식량농업기구(FAO)가 집계하는 **세계식량가격지수(FFPI)**는 전쟁 초반인 지난 3월 역대 최고치인 159.7까지 치솟았다가 경기 침체 우려로 9월까지 136.3으로 6개월 연속 하락했다. 러시아의 식량 무기화는 안정세에 접어든 국제 식량 가격을 치솟게 하고 글로벌 인플레이션을 부추길 수 있다는 우려를 낳았다.

식량 안보 불안은 우크라이나 곡물에 크게 의존하는 아시아·아프리카 빈국의 기아를 악화시킬 수 있다. 한국처럼 수출 식량 수출 의존도가 높은 국가들도 경제적 충격에서 자유롭지 않을 것이다.

한국은 2020년 기준 식량자급률이 45.8% 정도이며 곡물자급률은 20.2%로 경제협력개발기구(OECD) 국가 중 식량 해외 의존도가 가장 높은 국가 중 하나다. 식량 부족 및 식량 안보 대책 수립이 절실한 상황이다.

세계식량가격지수 (FFPI, FAO Food Price Index)

세계식량가격지수(FFPI)는 유엔 식량농업기구(FAO, Food and Agriculture Organization)에서 1990년부터 곡물·유지류·육류·낙농품 등 55개 주요 농산물의 국가가격동향을 점검해 매월 발표하고 있는 가격지수이다. 2002년부터 2004년까지 가격평균을 100으로 잡은 상대적인 수치를 나타낸다.

이슈의 논점

식량 안보 위기 원인 ① : 전쟁·에너지 인플레이션

우크라이나 전쟁 등 국제 분쟁은 식량 부족 위기를 유발하는 중단기적 요인이다. 세계 최대 곡창지대 중 한 곳인 우크라이나에서 곡물 수확과 수출이 어려워진 데다가 러시아의 자원·식량 무기화에 대비하고자 2022년 1월 이후 전 세계 30여 개국이 자국 식량의 해외 수출을 금지하고 하고 있어 식량난이 가중될 전망이다.

전 세계 총 곡물 생산량은 대부분은 내수용이고 15%가량만 수출되기 때문에 한두 국가만 특정 곡물 수출을 제한하더라도 국제 가격에 큰 영향을 미칠 수 있다. 실제로 2007~2008년 인도와 베트남이 쌀 수출을 제한하자 전 세계 쌀 가격이 두 배 이상 폭등한 사례가 있다.

에너지 및 비료 가격 상승도 곡물 가격에 큰 영향을 미친다. 천연가스는 비료 생산의 주원료다. 천연가스로 암모니아를 생산하고 이를 질소비료의 원료로 사용한다. 질소비료는 식량 생산 증대와 세계 인구 증가에 크게 기여했으며 현재 세계에서 약 절반이 합성 질소비료로 곡물을 재배하고 있다. 우크라이나 전쟁에 따른 에너지와 비료 비용 폭등이 식량 가격에 미치는 영향은 곡물 수출 제한 그 자체보다도 클 것으로 전망된다.

식량 안보 위기 원인 ② : 기후 변화

식량 생산 감소 위기를 부추기는 근본적인 원인은 기후 변화다. 온실가스가 현재 추세대로 발생한다면 21C 중 지구 평균 온도는 섭씨 5℃ 이상 증가할 것으로 관측된다. 21C 말에는 지금 해안가를 중심으로 형성된 비옥한 농토가 대부분 바닷물에 잠기게 된다.

잦은 기후 이변은 이미 국지적인 가뭄과 홍수를 일으켜 식량 생산을 어렵게 하고 있다. 아프리카와 중앙아시아는 급속히 사막화가 진행되고 있어 전통적인 농작물 생산 기반이 흔들리고 있다. 늦

서리와 우박, 혹서와 가뭄 등으로 인해 와인의 명산지였던 프랑스 부르고뉴 지역에서는 앞으로 와인을 생산하지 못할 가능성이 크다.

기후변화에 대한 국제간 협력기구(IPCC)의 발표에 따르면 2080년에는 세계 인구가 지금보다 두 배가량 느는데 같은 기간 곡물생산량은 1% 감소할 것으로 예상된다. 식량 부족 사태가 얼마나 심각해질 것인지 가늠할 수 있다.

식량 안보 위기 원인 ③ : 식습관 변화

개발도상국의 식생활이 서구화되며 동물성 식품 소비가 증가하는 것도 식량 부족 위기를 부추기는 원인이다. 현대 기업형 축산은 사람이 먹는 곡물을 사용해 고기와 우유, 계란 등을 대량 생산하는 방식이다. 인간과 동물이 곡물 소비를 두고 경쟁하는 상태다.

소는 곡물로 100g의 단백질을 먹으면 이를 대부분 운동 열량과 배설에 사용하고 고기에 축적되는 것은 4g 남짓이다. 인간이 소비할 수 있는 곡물 단백질 100g을 산출하는 땅에서 소고기는 4g밖에 산출하지 못한다는 뜻이다. 미국인들이 모두 채식주의자가 되면 미국 인구보다 많은 3억 5000만 명을 추가로 더 먹여 살릴 수 있다는 통계가 있을 정도다.

우리나라에서 식용 곡물 소비는 크게 줄어든 반면 동물성 소비는 크게 증가하고 있다. 이러한 식습관 변화는 불균형한 식량 수급과 취약한 식량 안보에 영향을 미친다. 갈수록 쌀 소비가 줄어들고 육류를 선호하면서 동물에게 사료를 먹이느라 쌀 이외 곡물 소비 수요는 더 늘고 있다.

식량 안보 확보 대책 ① : 농업 분야 정부 투자 증대

이제까지 농업 분야의 정부 지원은 주로 쌀 수매와 같은 곡가 안정, 직불제와 같은 농민 보상 및 농촌 생활 지원에 중점을 두어왔다. 그 결과 농민 단체 요구 역시 생산 증대와 농업 경영 혁신보다는 그때그때 유리한 보상과 지원을 받기 위한 투쟁으로 변질된 측면이 있다.

앞으로는 농업의 국제경쟁력을 향상시키고 농업 생산 인프라를 강화하는, 농업 생산을 위한 투자로 바뀌어야 한다. 식량 부족으로 각국 식량 안보가 위협받는 시대에서는 농업이 2차 전지 같은 첨단 산업만큼 중요하고 생산성이 높은 산업으로 발전할 수 있다.

우리 농업의 국제경쟁력을 높이기 위한 정부 차원의 과감한 투자가 필수적이지만 정부의 투자 우선순위에서 농업 분야는 항상 뒷전이었다. 현 정부의 중점 지원 분야도 원자력, 반도체, 데이터 등 첨단 기술 산업에만 집중돼 있다.

식량은 국민의 생존권에 직결돼 있을 뿐만 아니라 기후 변화에 가장 큰 영향을 받는 만큼 정부가 농업에 투자 우선순위를 높일 수 있도록 재고해야 한다.

식량 안보 확보 대책 ② : 고품질 농업 경쟁력 육성

우리나라처럼 인구밀도가 높고 국토가 좁으며 산림이 많아 농경지가 부족한 나라에서는 식량을 100% 자급하는 게 불가능하다. 그만큼 선택과 집중을 통해 국제 경쟁력이 있는 고품질 농업을 육성해야 한다.

식품의 안전성에 대한 요구가 점차 거세지는 소비자 성향에 맞추어 친환경 유기농 농산물 생산을 늘리는 것이 대표적이다. 일례로 국내 최대 친환경 쌀 집적지구로 주목 받는 전남 서영암농협은 다양한 판로를 통해 영암의 대표 쌀 브랜드인 '학이 머문 쌀'을 판매하며 안정적으로 수익을 창출하고 있다.

단순히 식량 생산을 늘리기보다는, 우수한 품질로써 대내외 시장 상황의 부침에 영향을 받지 않는 경쟁력 있는 농가를 육성하는 것이 식량 안보를 확보하는 데 더 효과적이다. 친환경 고품질 농산물 생산 환경과 기반 구축, 농민 지도 교육을 위한 당국의 정책적 지원이 요구된다.

식량 안보 확보 대책 ③ : 품목별 공급 안정화

식량 부족에 대한 우려는 자연히 국내 곡물 생산을 늘려야 한다는 논리로 이어진다. 그러나 곡물 생산을 늘리는 것만으로는 식량 안보를 해결할 수 없다. 소비자는 곡물 이외에도 채소, 과일, 고기 등 다양한 식품을 소비하기 때문이다.

식량 안보를 지키려면 곡물 외의 서류(감자, 고구마 등), 육류, 유제품, 어패류, 과일 등까지 포괄해 품목별로 종합적인 공급 안정화 방안을 찾아야 한다.

채소나 과일처럼 거의 자급하고 있지만 가격 등락이 큰 품목은 안정적 생산이 이뤄질 수 있도록 경영 안정화가 이뤄져야 한다. 축산물의 경우 사육 과정에서 발생하는 환경오염과 탄소 배출 문제를 고려할 때 자급률을 높이기보다 오히려 축산업 허가제를 강화할 필요가 있다.

우리나라 쌀 자급률은 100%에 가깝고 밀이나 옥수수 자급률은 1% 안팎에 불과하다. 식량 안보를 위한다며 밀과 옥수수, 콩의 자급률을 10%까지 높이려면 충청남도와 충청북도를 합친 만큼의 경지면적이 추가로 필요하다. 주요 재배 곡물을 자급률이 낮은 곡물로 대체해 자급률을 10%까지 늘린다 해도 여전히 필요 곡물량의 90%는 수입에 의존해야 한다.

만약 밀과 옥수수, 콩을 재배하느라 다른 채소나 과일 생산량이 감소할 경우 가격이 급등해 식량 안보가 오히려 악화될 수 있다. 곡물 자급률 제고도 중요하지만 국토 면적이 작은 여건상 식량 안보 대책은 외국으로부터 안정적으로 식량 수입을 확보하는 데 중점을 둬야 한다.

연습문제

식량 안보 위기의 원인과 대책을 논하시오. (1000자, 50분)

※ 논술 대비는 실전연습이 필수적입니다. 반드시 시간을 정해 놓고 원고지에 직접 써 보세요.

600

800

1000

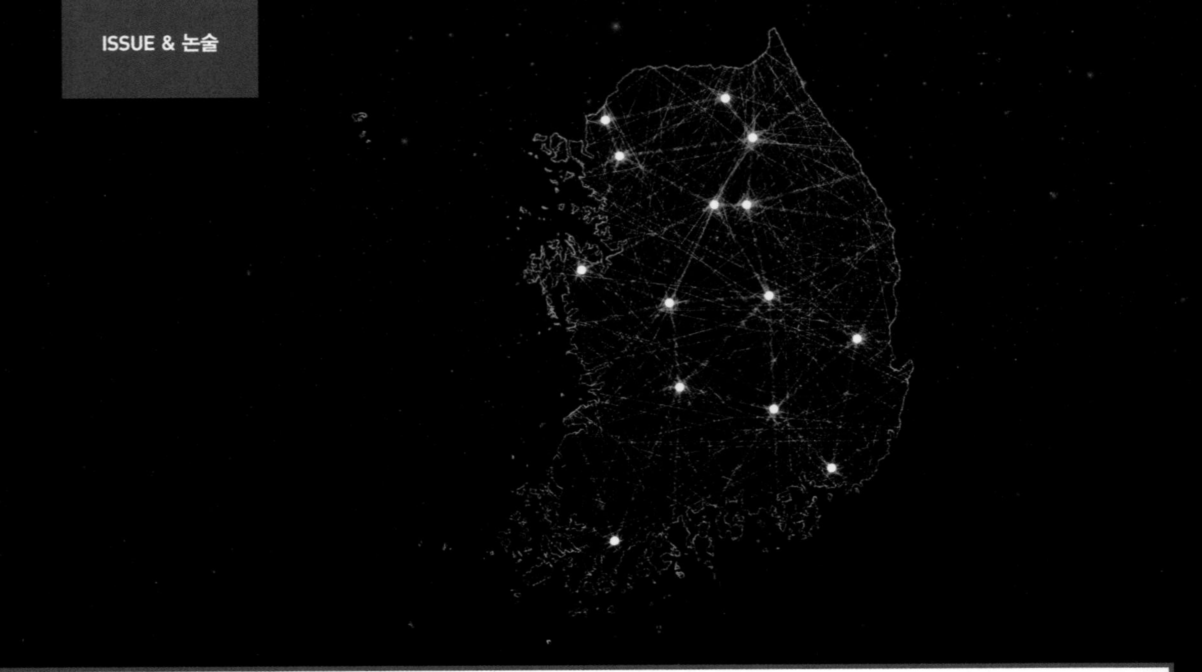

다시 불붙은 '망 사용료' 법안 논쟁

"이용료 내는 게 시장 원칙"–"이미 비용 부담 줄여줘"

이슈의 배경

최근 국내외에서 콘텐츠사업자(CP, Contents Provider)와 망사업자(ISP, Internet Service Provider) 간 망 사용료 비용 부담 문제를 둘러싸고 갈등이 치닫고 있다. 초고화질 영상과 OTT(Over The Top·인터넷동영상서비스) 춘추전국시대를 맞아 해외 CP가 유발하는 트래픽이 많아진 데 따른 필연적 수순이다.

ISP 측은 네이버와 다음 등 국내 CP의 경우 망 사용료를 내는 반면, 구글·넷플릭스 등 해외 CP는 비용을 내지 않고 있다며 이른바 해외 CP의 '무임승차'를 성토하고 있다.

반면 넷플릭스와 구글, 시민단체 등은 망 사용료 법제화가 지금까지 관행적으로 확립된 인터넷 생태계의 원칙과 맞지 않는다고 반대한다.

게다가 망 사용료가 의무화되면 해외 CP가 비용을 소비자나 크리에이터들에게 전가할 수 있고, 망 사용료 법제화 흐름이 해외로 확산하면 국내 CP가 해외 시장에 진출할 경우 해외 ISP에 망 사용료를 내야 하는 일이 벌어질 수 있다는 우려도 나온다.

우리나라의 본격적인 망 사용료 분쟁은 2018년 SK브로드밴드와 넷플릭스가 다투면서 시작됐다. SK는 넷플릭스의 트래픽 폭증으로 해저 케이블 설치 등 큰 비용이 발생하자 '네트워크 자원 이용 대가'를 요구하는 한편, 2019년 방송통신위원회에 갈등 중재를 신청했다.

이에 넷플릭스는 2020년 4월 서울중앙지법에 SK

에 망 사용료를 지불할 의무가 없다는 확인을 구하는 민사 소송(채무부존재확인소송)을 제기했다. 2021년 6월 1심 법원은 SK브로드밴드 손을 들어줬고, 양측 항소로 현재 2심이 진행 중이다.

올해 9월 20일에는 국회 과학기술정보방송통신위원회에서 '망 이용계약' 법안 심사를 위한 첫 공청회가 진행됐다. 공청회가 열린 것은 현재 국회에 계류 중인 7개 관련 법안에 대한 의견을 조율해 법제화에 속도를 내고자 함이었지만 결국 해외 CP와 ISP 간 첨예한 입장차를 확인하는 수준에 그쳤다.

총 7건의 망 이용계약 법안은 일정 규모 이상의 해외 CP가 국내에서 ISP에 망 이용대가 지급을 거부하거나 회피할 경우 제재할 수 있도록 한 것이 골자다.

처음에는 국내 기업들에게 유리한 법안이기에 여야 막론하고 법안 통과에 모두 동의하는 분위기였지만 최근 분위기가 바뀌었다. 특히 야당 의원들 사이에서 법안 통과와 관련해 이견이 나오고 있다.

이들은 국내 콘텐츠 제작자에 부담이 가중될 수 있어 충분한 의견 수렴이 필요하다고 주장한다. 추가적인 실태 조사는 물론 글로벌 기준 등을 고려해 입법에 신중해야 한다는 것이다. 하지만 정치권에서 갑자기 반대 의견이 나오는 것에 대해 청년층 표심을 의식한 것 아니냐는 지적도 나왔다.

국회 밖에서도 망 사용료 법안과 관련한 논쟁이 치열하다. 망 사용료 법안 반대 서명 운동을 주도한 사단법인 오픈넷 홈페이지에는 10월 21일 기준 25만9665명이 서명했다. 구글이 유튜브를 통해 서명운동을 독려하는 가운데, 페이스북과 인스타그램에도 법안 반대 청원을 알리는 게시글을 올렸다.

반면 한국방송학회 세미나에는 구글 등 빅테크가 이들에 대한 규제를 무력화하려는 수단으로 여론을 이용하고 있다고 주장했다. 직·간접적인 여론전이 지속되고 있는 가운데, ISP도 대응에 나서면서 장외전이 확전될 전망이다.

이슈의 논점

"이용료 내는 게 시장 원칙"

과학기술정보통신부에 따르면 지난해 4분기 기준 구글은 국내 인터넷 전송량의 27.1%를 차지하는 압도적 1위 사업자다. 넷플릭스는 점유율 7.2%로 구글에 이은 2위다. 이들이 차지하는 국내 인터넷 트래픽 점유율은 30%를 훌쩍 넘는다. 이에 비해 국내 대형 CP인 네이버와 카카오의 트래픽 점유율은 각각 2.1%, 1.2%로 합산 3.3% 수준에 그쳤다.

국내 인터넷 트래픽의 34%를 차지하는 구글과 넷플릭스 등 해외 CP는 국내 ISP와 소송을 벌이며 지금까지 망 사용료를 내지 않고 있다. 반면 국내 CP인 네이버와 카카오는 현재 수익자 부담 원칙에 따라 매년 각각 700억원, 300억원가량의 망 사용료를 지불하고 있는 것으로 알려져 있다. 이는 국내 CP를 역차별하는 것이다.

통신업계의 인터넷 시장은 양방향 구조로 이뤄져

있다. 망을 사용했다면 대가를 지불하는 건 당연하다. 인터넷 시장의 한쪽에서 개인 이용자들은 콘텐츠를 이용하기 위해 요금을 지불하고, 다른 쪽의 CP는 자신의 콘텐츠를 이용자에게 팔기 위해 요금을 지불해야 한다. 이를 양면시장이라고 한다.

양면시장에서 ISP가 네트워크를 구축·유지하는데 소요되는 총비용이 100이라면 기업에는 60을, 개인에게는 40을 부담시키는 구조다. 구글이나 넷플릭스와 같이 전체 데이터 트래픽에서 상당 부분을 차지하는 기업이 망 사용료를 지불하지 않는다면 나머지 기업이나 개인들이 부담해야 하는 비용이 커질 수밖에 없다.

트래픽이 증가함에 따라 망 유지·보수에 필요한 금액은 점점 증가하고 있다. 지난해 기준 SK텔레콤(SK브로드밴드 포함)은 3조원, KT는 2조8551억원, LG유플러스는 2조3455억원을 인프라에 투자했다.

과거 넷플릭스와 SK브로드밴드 간 소송을 다뤘던 법원 또한 넷플릭스가 연결의 대가를 지불해야 한다는 판결을 내렸다. 1심 판결의 요지는 넷플릭스가 SK브로드밴드의 전용회선과 국내 인터넷망을 통해 최종 이용자에게 도달하니, 이 '연결'에 대한 대가를 넷플릭스가 내야 한다는 것이다. 이른바 '연결의 유상성'을 판시했다.

일각에서는 망 사용료 법안이 통과되는 것을 일종의 '해악'으로 치부하고 있다. 통신사들이 과거 전화요금에 인터넷 사용료를 부과했던 종량제 시절로 돌아가길 원한다고 주장하거나, IT 스타트업 기업들이 사장될 것이라는 등의 정보를 퍼뜨리고 있다.

특히 외국 게임 사용 시 망 사용료를 내야 한다거나 개인이 인기 있는 콘텐츠를 올려도 망 사용료를 부과할 수 있다는 등의 말로 법안의 부당함을 강조하고 있지만 이는 왜곡·과장된 주장이다.

법안 마련의 취지는 어디까지나 구글과 넷플릭스 등 극히 제한된 외국계 기업의 무임승차를 제한하는 데 있다는 것을 기억해야 한다. 모든 이에게 망 사용료를 부담하는 것이 아닌 트래픽 사용이 많은 일부 기업에 국한해 사용료를 부담토록 하겠다는 뜻이다.

"이미 비용 부담 줄여줘"

해외 CP는 이미 자국에 망 사용료를 지불하고 있다. 한국 통신사들을 위해서도 할 만큼 했다. 국내 ISP와 해외 ISP 간의 트래픽 교환으로 인한 비용의 절약을 위해 해외 CP는 자체적으로 **캐시서버**를 설치해 국내 ISP의 회선 사용료를 줄여줬다.

캐시서버 (cache server)
캐시서버는 인터넷 사용자가 자주 사용하는 정보를 따로 모아두는 서버로, 인터넷 검색을 할 때마다 웹서버를 가동할 경우 발생하는 시간을 절약해 주는 네트워크 장비를 말한다. 서버가 국내가 아닌 외국에 있는 경우, 외국과의 통신에 필요한 회선 사용료 절감을 목적으로 설치되기도 한다. 캐시서버는 인터넷에서 자주 일어나는 트래픽 과부하 현상을 획기적으로 줄여준다.

ISP는 사용자에게 '전 세계 연결성'을 제공하기 위해 서로의 망을 연결해야 하는데 이런 상호 연결의 방식으로는 ISP가 보유한 망의 등급(계위)에 따라 직접접속(peering·피어링)과 중계접속(transit·트랜짓)이 있다.

직접접속은 동등한 계위의 ISP가 서로 자신의 사용자 트래픽만을 주고받는 방식으로, 통상적으로 대가를 서로 지불하지 않는다. 중계접속은 차등 계위 간 ISP가 트래픽을 주고받는 방식이다. 높은 계위 ISP의 트래픽을 다른 ISP의 망으로도 보내주는 대신 낮은 계위 ISP로부터 트랜짓 비용을 받는다.

전 세계적으로 미국의 주요 ISP는 1계위 사업자이지만 국내 ISP는 모두 2계위 이하 사업자로 분류된다. 낮은 계위의 국내 ISP가 1계위 미국 ISP의 망을 통해 트래픽을 주고받으려면 미국 ISP에 비용을 지불해야 한다.

이런 트랜짓 비용을 절감하기 위해 해외 CP가 캐시서버를 설치해 국내 ISP의 트랜짓 비용 부담을 줄여줬다. 본(本) 서버의 복사본인 캐시서버를 국내 혹은 한국과 가까운 곳에 만들어 콘텐츠를 저장해두면 국내 ISP는 캐시서버에 저장된 콘텐츠를 쓰면 되기 때문에 트랜짓 비용을 아낀 셈이다.

한편 국회에는 CP가 ISP에 망 사용료를 지불하도록 의무화하는 7개의 법안이 발의돼 있다. 그러나 세계 어느 국가에서도 계약의 자유를 침해하는 법은 찾아볼 수 없다. 계약의 자유 중 '계약체결 여부'에 관한 자유는 핵심적인 기본권으로서, 그 제한을 위해서는 특히 엄격한 요건이 적용된다는 것이 헌법재판소의 판단이다.

이 법안은 사적 자치의 원칙에도 위배된다. ISP와 CP 간 계약은 기업과 기업 간 계약에 따라 이루어져야 하는 것으로 정부가 개입해 강제할 영역이 아니다.

게다가 이 법안은 비대칭적이다. CP에게만 돈을 내고 계약을 체결할 의무를 부과하고, 못하면 형사처벌하지만 ISP는 부당한 돈을 받았을 때 또는 계약체결이 안 되었을 때 아무런 책임이 없다.

망 사용료 법안을 주장하는 통신사들은 국내에 직접 접속하는 해외 CP에게만 돈을 받기 위한 것이므로 국내 기업들과 개인들에게 문제가 되지 않는다고 주장한다. 하지만 망 사용료 법안 법조문에 해외 CP에게만 적용된다는 문구는 없다. 당연히 국내 CP에게도 동일하게 적용된다.

애써 외면하지만 2016년부터 시행된 발신자 종량제 때문에 국내 인터넷 접속료는 유럽의 8~10배, 미국의 5~7배 수준이 됐다. 망 사용료 법안은 이 상황에서 인터넷 접속료를 세계 최초로 법적 의무 사항으로 만드니 결국 ISP의 폭리를 보장해주고 콘텐츠 발전을 억제하는 악법이다.

연습문제

망 사용료 법안 논쟁에 대한 자신의 견해를 논하시오. (1000자, 50분)

※ 논술 대비는 실전연습이 필수적입니다. 반드시 시간을 정해 놓고 원고지에 직접 써 보세요.

200

400

전술핵 재배치 찬반론

비핵화 구호 30년 실패-北과 대화가 우선

배경 상식

북한의 미사일·핵 위협이 고조되자 여권에서 전술핵무기 재배치를 포함한 핵무장 방안을 검토하는 분위기다. 북한의 전략 핵무기가 실전 투입 단계에 도달한 가운데 이에 대한 맞불 작전으로 우리 역시 핵무장이 불가피하다는 논리다. 윤석열 대통령은 전술핵 재배치에 부정적인 견해였지만 북한이 도발 수위를 한껏 높여감에 따라 최근에는 "한미 조야(朝野 : 정부와 민간)의 여러 의견을 경청해 따져보고 있다"고 말해 달라진 인식을 드러냈다. 한미 정상은 이미 지난 5월 공동성명에서 "핵, 재래식 및 미사일 방어 능력을 포함해 가용한 모든 범주의 방어 역량을 사용한 미국의 한국에 대한 확장억제 공약을 확인했다"고 말한 바 있다. 그러나 이러한 확장억제에 전술핵이 포함될지 여부는 아직 불투명하다.

전술핵이란 파괴력을 줄인 핵무기로서 야포와 단거리 미사일로 발사할 수 있는 핵탄두, 핵지뢰, 핵기뢰 등을 포함하는 개념이다. 과거 주한미군은 전투기나 포에서 발사되는 핵미사일, 핵배낭, 핵지뢰 등 수백 기의 전술핵을 보유하고 있었다. 그러나 탈냉전 이후 미국과 러시아가 핵 군축을 진행했고 이에 맞춰 1991년 한반도 비핵화 선언이 이행되며 한국에서 전술핵은 철거됐다. 한편, 야권에서는 전술핵 재배치 논의에 부정적이다. 이재명 더불어민주당 대표는 11월 1일 필립 골드버그 주한 미국 대사와 만나 "한반도의 전술핵 재배치 주장은 일고의 가치도 없는 무책임한 이야기라는 점에 동의한다"고 말했다. 골드버그 대사는 지난 10월 "전술핵 재배치 요청은 무책임하고 위험하다"고 발언한 바 있다.

찬성1 비핵화 구호 30년 실패

한미 양국은 지난 30여 년간 북한의 핵개발을 묵인하고 방관하며 때로는 원자력발전소까지 지어주며 회유하기도 했다. 그 결과는 북한의 미사일 도발과 핵무기 개발로 돌아갔다. 북한이 사실상 핵보유국이 됐다는 것을 누구나 아는 상황에서 말뿐인 한반도 비핵화를 외쳐도 현실을 바꿀 수 없다.

앞서 문재인 정부는 북한에 유화 정책으로 일관하며 정상회담에서 상호불가침 조약 수준에 준하는 군사 협약까지 맺었지만 돌아오는 것은 남북공동연락사무소의 일방적 파괴였고 일주일이 멀다고 쏟아지는 장거리미사일 실험발사였다. 전술핵 재배치로 그 악순환을 끊어야 한다.

반대1 北과 대화가 우선

북한이 대화의 문을 닫고 한국을 겨냥한 미사일·핵 위협을 높이고 있는 것은 개탄스러운 일이다. 하지만 전술핵을 재배치하겠다고 북한을 자극한다면 위험한 도발을 부추기는 결과만 나타날 것이다. 북한이 7차 핵실험을 감행하는데 빌미를 줄 수도 있다.

위태로운 한반도 안보 위기를 현명하게 관리하면서 평화 국면을 조성하려면 전술핵 재배치라는 공격적 대응을 하기보다 장기적 대화와 외교를 통해 북한 김정은 위원장을 협상 테이블로 끌어내야 한다. 이러한 고민 없이 현실성 없고 안보 위기만 심화시킬 수 있는 전술핵 재배치 주장이 확산하는 것은 우려스럽다.

Y·E·S N·O

찬성2 비대칭 전력 메워야

한국은 군사력에서 북한보다 압도적 우위를 점하고 있다고 평가되나 실제로 전쟁이 벌어진다면 미군의 도움 없이 승리를 장담하기 어렵다. 이러한 모순은 한국이 비대칭 전력 부문에서 북한에 뒤처져 있기 때문에 나타난다.

북한은 재래식 무기가 낙후됐지만 핵·장거리미사일 전력 위주로 군사력을 강화해 비대칭 전력 부문에서 한국보다 앞서 있다고 평가된다. 한국군은 전시작전통제권 전환에 대비해 전력 증강을 추진해왔지만 3축 체계처럼 북한의 미사일을 방어하는 수비적 전력에 초점이 맞춰진 게 한계였다. 전술핵 재배치는 한국이 비대칭 전략을 확보할 수 있는 최선의 수단이다.

반대2 美도 반대…현실성 없어

보수 여권 일각에서 주장하는 한반도 전술핵 재배치가 현실성 없는 희망 사항에 불과하다는 사실은 필립 골드버그 주한 미국 대사가 "일고의 가치도 없는 무책임한 이야기"라고 일축한 것으로 충분히 이해할 수 있다. 미국이 원치 않는 한반도 전술핵 재배치는 실현될 수 없다.

북한을 핵무기 보유국으로 인정하지 않는 게 미국의 변함없는 북핵 정책 기조다. 전술핵으로 북핵에 맞불을 놓는다면 북한을 사실상 전략핵 보유국으로 용인하는 꼴이다. 한국이 전술핵을 배치한다면 북한에 비핵화를 하라고 요구할 설득력이 사라진다. 주변국으로 핵 확산 기류가 만연해질 가능성도 크다.

KDI "내년 취업자 증가폭 올해 10분의 1토막.. 노동인구 비중 감소 때문"

최근 경기회복세 약화에도 월간 취업자 수 증가폭이 80만 명 이상을 기록하는 등 고용 호조세가 계속되고 있다. 한국개발연구원(KDI)은 내년에도 고용 흐름이 양호하게 이어지겠지만 기저효과와 인구구조 변화 등으로 증가 폭이 크게 감소할 것으로 예상했다.

김지연 KDI 연구위원은 11월 3일 발표한 '최근 취업자 수 증가세에 대한 평가 및 향후 전망'을 통해 "경기회복세 약화에도 불구하고 노동시장은 양호한 흐름을 보이고 있어 그 원인에 대한 의문이 제기된다"고 밝혔다.

KDI는 "2023년도 취업자 수는 월평균 8만4000명으로 올해 79만1000명에 비해 증가폭이 크게 축소될 것"이라고 밝혔다.

한국 경제는 러시아-우크라이나 전쟁 장기화 및 주요국의 통화긴축 기조 강화, 중국 경기의 부진 등 대외 리스크가 확대되며 침체 국면으로 접어들고 있다. 이와 달리 고용률은 높은 수준으로 빠르게 상승했다.

그러나 KDI는 인구구조 변화(인구수 및 인구구성 변화)가 내년 취업자 수를 1만8000명 감소시킬 것으로 내다봤다. KDI는 "핵심노동인구 비중이 지속적으로 감소하고 15세 이상 생산가능인구도 향후 감소세로 전환될 것으로 예상된다"며 "인구구조의 변화는 향후 취업자 수 둔화의 주요 요인으로 작용할 전망"이라고 했다.

그러면서 KDI는 노동 투입의 감소가 우리 경제 성장률 하락으로 이어질 수 있어 노동 공급을 확대하기 위한 정책적 노력이 필요하다고 밝혔다. 이를 위해 여성, 젊은 고령층, 외국인 등 현재 충분히 활용되고 있지 않은 인력풀의 활용도를 높이고 장기적으로는 출산율 제고를 위해 노력해야 한다는 분석이다.

직장인들
"인턴 경험이 취업에 가장 큰 효과"

인턴십 프로그램에 참여했다는 한 줄 경력이 취업에 큰 효과를 발휘하는 것으로 조사됐다. 최근 취업 플랫폼 잡코리아가 인턴사원으로 근무해 본 경험이 있는 남녀 직장인 432명을 대상으로 설문조사를 진행한 결과 이 같이 나타났다.

조사에 따르면 '인턴사원으로 근무했던 경험이 취업에 긍정적인 역할을 했다고 생각하는가'란 질문에 83.6%가 '그렇다'고 답했다. 구체적 항목으로는 '기업의 실제 근무 분위기를 경험했기 때문에 면접에서 답변이 수월했다'(60.4%)는 응답이 제일 많았다.

이어 '직무 전문성을 갖춘 인재임을 강조할 근거를 마련할 수 있었다'(39.3%), '함께 인턴 생활을 한 동기들과 취업정보를 공유해 도움이 됐다'(11.9%), '인턴십 프로그램 종료 후 바로 정규직으로 전환됐다'(9.7%)는 답변이 뒤를 이었다.

이들이 인턴십 프로그램에 참여한 기간은 평균 3.5개월, 인턴사원으로 근무하는 기간 받은 급여는 월평균 162만원인 것으로 조사됐다.

한편, 동계 방학을 앞두고 채용 연계형 인턴을 진행해 지원자를 모집하는 기업이 늘고 있어 구직자들이 분주해졌다. 앞서 11월 초부터 삼양식품, 케이뱅크, 한화정밀기계, 포스코 등이 하반기 채용연계형 인턴을 진행해 지원자를 모집했다.

KOG가 11월 21일부터 12월 4일까지 채용형 동계 인턴을 모집한다. 모집분야는 게임기획·프로그램·아트·마케팅 등 게임 개발 전 직군의 다양한 인재를 채용할 계획이다.

KT, 디지털 인재 양성
'에이블스쿨' 3기생 모집

KT가 청년 디지털 인재를 양성하는 프로그램인 'KT 에이블스쿨' 3기 교육생을 모집한다고 11월 14일 밝혔다.

에이블스쿨은 KT가 정부와 함께 기업 실무형 디지털 인재를 양성하고 인공지능(AI), 디지털전환(DX) 인재를 필요로 하는 기업의 일자리와 연계해 국가 디지털 경쟁력 제고에 기여하는 프로그램이다. 12월 5일까지 모집하는 3기 교육생은 내년 1월 말부터 6개월 간의 교육과정에 참여하게 된다.

만 34세 미취업자 중 4년제 대학 졸업자 혹은 내년 8월 졸업 예정자라면 누구나 지원할 수 있다. 에이블스쿨 교육생들은 교육 기간 총 840시간의 이론 및 실습 교육을 받으며 기업의 실전형 프로젝트 수행에도 참여한다.

특히 KT 에이블스쿨은 온라인 교육 및 실습 플랫폼과 수도권을 비롯한 대전·광주·대구·부산 등 전국 KT 광역본부를 거점으로 교육장을 마련해 운영하고 있다. 교육은 전액 무상으로 제공되며, 현직의 전문가들이 학습 방법 외에도 실무 현장에서 일하는 방식까지 직접 가르친다.

또 교육생에게는 AI 실무 역량을 검정하는 AI 능력시험 'AICE(AI Certificate for Everyone)' 취득 기회를 부여하고, 다양한 학습 이벤트와 프로젝트를 통한 수상 기회도 제공한다.

그간 교육 성과도 주목할 만하다. 1기 교육생의 경우 78%가 KT를 포함한 대기업과 스타트업 취업에 성공했다. 비전공자와 지역 출신 인재 비중도 50% 이상이다.

특성화고 600명 취업 지원...
일·학습 병행 잡마켓 개최

고용노동부 산하 한국산업인력공단은 특성화고 학생들의 취업 지원을 위해 일·학습 병행 '잡마켓'을 개최한다고 밝혔다. 11월 15일 대전·충남 권역을 시작으로 부산·서울 권역에서 열린다. 2020년부터 실시한 잡마켓은 고교단계 일학습병행(산학일체형 도제학교) 참여기업과 학생들에게 신규 채용 기회와 기업 선택의 장을 제공하는 행사다.

공단은 도제학생과 기업이 일·학습 병행 시작 전 상호 충분한 탐색을 통해 서로의 정보를 공유하고 면접 후 기업의 현장을 견학하거나 실제 직무를 사전에 체험하는 등 서로가 원하는 채용이 이뤄지도록 돕고 있다.

잡마켓은 그동안 학교별로 개최해 학생과 기업이 다양한 방법으로 정보를 교환하면서 채용했으나 올 상반기부터는 지역사회에서 일학습병행에 대한 인식 제고 및 우수기업 참여 확대 등을 위해 직종 및 권역별로 병행 개최하고 있다.

이번 잡마켓은 대전·충남 권역의 경우 11월 15일 대전컨벤션센터, 부산 권역은 11월 29일 부산항국제전시컨벤션센터, 서울 권역은 12월 8일 고양시 킨텍스에서 열린다.

공단은 "이번 하반기 잡마켓에서 34개 학교의 600명 예비 도제 학생들이 140개의 기업과 면접을 진행할 계획"이라며 "전국적으로 1395명 학생의 취업을 적극 지원하겠다"고 말했다.

이번 권역별 잡마켓은 도제에 참여하는 학생뿐 아니라 중학생, 고등학생, 대학생과 학부모, 취업준비생 등 누구나 참관 가능하다. 채용 외에 도제학교 및 고숙련 일학습병행(P-TECH) 과정, 국가직무능력표준(NCS) 채용안내, 증강현실(AR)·가상현실(VR)을 활용한 훈련장비 실습 등 다양한 부대행사와 체험기회를 제공한다.

한국은 어쩌다 마약에 빠진 나라가 됐나

일반인·젊은 층으로 빠르게 확산

19C 중국은 남녀노소를 가리지 않고 아편에 중독되며 국운이 크게 기울었다. 공부하고 일하며 나라를 지켜야 할 청년들이 아편굴에서 몽롱하게 취해 있는 동안 중국은 서구 열강에 국토를 침탈당하고 막대한 경제 이권을 내줬다. 중국은 아편전쟁 패전 이후 동아병부(東亞病夫 : 동아시아의 병자)라 불렸던 '100년 굴욕'의 트라우마를 아직도 기억하고 있다.

최근 우리나라에서 마약 범죄가 급격히 늘고 있다. 과거 마약은 조폭이나 유흥업소 출입자 등이나 주로 접하는 것으로 인식됐다. 그러나 최근에는 회사원, 대학생 등 평범한 시민 사이로도 파고들었다. 유엔(UN)은 비공식적으로 인구 10만명당 마약 사범 비율이 20명 이하면 마약 범죄로부터 상대적으로 안전하다는 뜻에서 마약청정국이라고 인정한다. 한국은 마약 사범이 2017년 27.5명으로 증가하여 이미 오래전 마약청정국 지위를 잃었다. 식약처의 2021~2022년 실태조사 결과를 보면 전국 27개 하수처리장 정기검사에서 모두 메스암페타민(필로폰)이 검출됐다.

대검찰청에 따르면 국내 마약류 사범은 2017년 1만4123명에서 지난해 1만6153명으로 꾸준히 늘었다. 지난해 전국에서 검거된 마약 밀수범은 807명이었는데 올해에는 1~7월에만 868명이 수사 당국에 적발됐다. 더 우려스러운 점은 마약 사범 연령이 낮아지고 있다는 것이다. 10대 마약사범은 지난 2017년 119명이던 것이 지난해 450명으로 3.8배로 급증했다. 같은 기간 20대 마약사범은 2112명에서 5077명으로 2.4배로 증가했다.

SNS로 마약 주문...퀵으로 배달

발달된 IT 인프라와 신속한 배달 문화는 역설적으로 한국을 마약에 빠지기 쉬운 나라로 만들었다. 전문가들은 인터넷과 SNS를 통해 마약 구매가 활성화된 것을 2030 이하 세대의 마약 투약 사범이 증가하는 요인으로 보고 있다. 과거에는 어둠의 경로로 대면해 마약을 구매했지만 요즘은

SNS를 이용해 비대면으로 쉽게 마약을 구매할 수 있다 보니 인터넷 사용에 능숙한 젊은 세대들이 쉽게 마약에 빠져들 수 있다는 것이다.

식품의약품안전처는 지난 1월부터 9월까지 한국마약 퇴치운동본부와 점검해 인터넷에서 마약류 판매·광고 게시물 4124건을 적발했다고 밝혔다.

실제로 인터넷에서 마약을 가리키는 은어인 '떨'이나 '아이스' 같은 은어를 검색하면 마약을 판매한다는 게시물을 쉽게 찾을 수 있다. 마약상들은 해외에 서버를 둔 텔레그램이나 다크웹으로 구매자를 유인해 결제를 가상화폐로 진행해 수사기관의 추적을 피한다. 마약 유통 수법은 특정 장소에 마약을 미리 숨겨 두고 나중에 구매자가 찾아가는 일명 '던지기' 수법부터 퀵 배송, 고속버스 짐칸, 가정집으로 국제 우편물 배송까지 천태만상이다.

마약 사범이 늘고 투약 연령대가 낮아지는 까닭은 마약 가격 하락과도 관련이 있다. 과거에는 재벌이나 벌이가 좋은 연예인 등이 접했던 마약에 이제 일반인들도 큰 경제적 부담 없이 접근할 수 있게 됐다. 마약은 이용자가 많아질수록 공급이 많아지고 가격이 하락하는데 마약 수사 전문가에 따르면 최근 필로폰 1회 투약분은 피자 한 판 가격인 3만원대까지 내려갔다고 한다.

공급 대책보다 예방 대책 마련 시급

정부·여당은 지난 10월 26일 당정협의회에서 최근 잇따르는 마약류 관련 범죄의 사회적 해악이 심각한 수준이라고 판단하고 앞으로 1년 동안 수사기관을 총동원해 마약 특별단속을 개시한다고 밝혔다. 그러나 마약과의 전쟁은 쉽지 않다.

미국은 1980년대부터 최근까지 무려 1400조원을 들여서 마약을 근절하려 했지만 참담하게 실패했다. 미국은 남미 마약 카르텔을 제거하기 위해 콜롬비아군과 특수부대를 지원하기도 했지만 10년간 콜롬비아 코카인 생산량은 오히려 3배 증가했으며 미국 내 소비되는 코카인의 90%가 콜롬비아에서 공급된다.

이를 볼 때 수사기관이 1년 동안 특별단속을 진행한다고 해서 마약 문제를 근본적으로 해결하기는 쉽지 않아 보인다. 정부의 마약 대책은 공급을 막는 데 치중하고 있지만 전문가들은 마약의 위험성을 교육하고 마약 사범들의 재활 치료로 재범을 막는 등 마약 수요를 줄이는 예방 정책이 더 중요하다고 입을 모은다. 현재로서는 마약 예방 및 중독 재활 정책의 주무 부처가 어디인지 알 수도 없고 예산이나 정책도 부족한 상황이다.

아울러 국내에서 마약류 진통제가 다량 처방되지 않도록 대책 마련도 필요하다. 강기윤 국민의힘 의원이 식품의약품안전처로부터 받은 자료에 따르면 2018년에서 2021년 사이 의료 현장에서 마약류 진통제인 펜타닐의 사용 건수가 67% 증가했다. 펜타닐과 같이 아편에서 유래한 성분과 유사한 구조의 옥시코돈 처방도 같은 기간 78% 증가했다.

미국 동부의 유서 깊은 도시 필라델피아가 의료기관의 마약류 진통제 과다 처방을 발단으로 황폐한 '마약 좀비 도시'가 된 사례를 반면교사로 삼아야 한다. 마약에 찌든 나라는 패망으로 가는 급행열차를 탄 것과 같다.

시진핑 3연임… 1인 독재 체제 완성

시진핑 중국 국가주석의 3연임이 확정됐다. 10월 22일 오전 중국공산당(중공) 제20차 전국대표대회가 차기 중앙위원회 선출을 통해 시진핑 총서기 3연임을 확정하고 폐막했다.

폐막식에서는 시진핑 개인과 사상의 핵심 지위를 확인하는 '두 개의 확립'을 당장(黨章 : 당 헌법)에 명기한 수정안을 만장일치로 통과시키며, 바야흐로 시진핑 일인천하 시대가 열렸다.

5년 동안 중국을 이끌 중국공산당 차기 최고지도부 6명도 전원 그의 측근으로 채워졌다. 10월 23일 베이징 인민대회당에서 열린 '20기 중국공산당 중앙위원회 1차 전체회의'(1중전회) 기자회견에서 당 중앙정치국 상무위원 7명이 당 서열에 따라 줄지어 입장했다.

당 총서기 시진핑 주석의 뒤를 이어 ▲리창 상하이시 당 서기 ▲자오러지 당 중앙기율검사위원회 서기 ▲왕후닝 당 중앙서기처 서기 ▲차이치 베이징시 당 서기 ▲딩쉐샹 당 중앙판공청 주임 ▲리시 광둥성 당 서기가 붉은 무대를 걸어 들어왔다.

시 주석을 제외한 상무위원 6명은 예상대로 시 주석과 근무 인연 등이 있는 최측근인 이른바 '시자쥔(習家軍 : 시진핑의 군대라는 뜻)'으로 전원 채워졌다. 중앙정치국 상무위원회를 시진핑계 세력만으로 구성한 점은 전례가 없던 일이다. 이로써 장쩌민 전 주석 시대 이후 형성됐던 당 최고 지도부의 '집단 지도체제'가 사실상 무너지고, '시진핑 1인 영도 체제'가 강화됐다.

후진타오 당대회 중 돌연 퇴장

한편, 중앙위원회 선출을 마친 뒤 시 주석 옆자리의 후진타오 전 국가주석이 진행요원의 부축을 받고 퇴장하는 장면이 목격됐다.

후 전 주석은 국가 최고지도자로 2002~2012년 중국을 이끌었다. 그가 폐막식 도중 수행원에게 이끌려 퇴장했는데, 처음엔 고령인 후 전 주석의 건강 문제로 발생한 해프닝 정도로 여겨졌지만, 관련 영상들이 속속 공개되면서 '강제 퇴장' 의혹으로 번졌다.

고령인 후진타오 전 주석이 건강문제로 중간에 퇴장한 것인지 아니면 3연임을 확정한 시진핑 주석이 후진타오 전 주석을 강제로 쫓아낸 것인지 온갖 추측이 난무하고 있다. 중국 관영통신인 신화사는 후 전 주석이 건강문제로 퇴장했다고 트위터 공식계정에서 밝혔다.

그러나 일각에서는 후 전 주석이 시 주석과 다른 계파인 공청단 계열을 대표하고, 이번 인사에서 공청단 계열이 최고지도부에 한 명도 들지 못한 것을 들어 계파 간 권력 싸움의 연장선으로 보는 해석도 있다.

사실 이러한 추측 가운데 어느 하나도 완벽한 설득력을 갖진 않는다. 진실을 확인할 길도 없다. 다만 분명한 건 의도했던 의도치 않았던 전 세계가 후 전 주석의 퇴장을 시 주석의 완전한 권력 장악과 원로 정치의 종식을 의미하는 상징적 신호로 받아들였다는 것이다.

시진핑 3연임과 중국의 행보

시 주석은 2012년 집권 후부터 신중국 건국 100주년인 2049년까지 중국을 전면적 사회주의 현대화 국가로 만들겠다는 중화민족의 위대한 부흥과 중국몽을 강조해왔다.

국제 무대에서 조용히 실력을 키운다는 기존 도광양회(韜光養晦) 기조를 탈피하고 적극적으로 자기 목소리를 내는 주동작위(主動作爲)로 외교 전략을 바꿨다. 이 과정에서 남중국해 영유권 주장 강화, 대만 통일 의지 강조, 홍콩의 중국화 등 영토·안보·경제와 관련된 이른바 핵심 이익 수호를 위해 외부와의 마찰을 불사했다.

특히 시 주석은 3연임 성공으로 장기 집권의 명분을 쌓기 위해 대만 통일에 주력할 것으로 보인다. 대만 해방은 시진핑에게 위대한 중국의 부흥을 완성하는 마지막 카드인 동시에 가장 중요한 퍼즐이다.

마오쩌둥이 혁명을 성공시켜 공산국가를 건설했고 덩샤오핑이 홍콩과 마카오를 되돌려 받는 일을 해냈지만 시진핑은 대만 해방 이외에는 내세울 게 없다. 금년 중이라도 중국의 대만 군사 작전이 가능하다는 미국의 한 해군 제독의 말을 그냥 넘길 수도 없다.

그러나 시진핑 앞에는 많은 난제가 놓여 있다. 성장률 둔화는 가장 큰 도전이다. 미중 갈등, 부동산 경기 위축 등으로 5%대 중속 성장도 녹록치 않다. 2012~2021년 연 7%대 성장은 호시절의 추억일 따름이다.

내수 중심의 성장을 신성장동력으로 삼으려는 전략도 제로 코로나 정책 시행, 민영기업 규제 등으로 차질을 빚고 있다. 이런 상황에서 시진핑이 절대 권력을 바탕으로 중국 중심의 신국제질서를 만들 수 있을지 귀추가 주목된다.

크리스마스에는 축복을

성탄절聖誕節, 영어로 크리스마스Christmas인 이 날은 기독교의 창시자 예수 그리스도의 탄생을 기념하는 날이다. 전 세계가 공통적으로 12월 25일을 지키고 있으며, 일반적으로 전날인 24일 밤을 크리스마스이브Christmas Eve라고 부른다. 초기 기독교에서 하루를 일몰부터 다음날의 일몰까지로 쳤기 때문에 크리스마스이브가 중요시 된 것으로 추측한다.

우리나라에 크리스마스를 소개한 것은 1880년대 개신교 선교사들이었다. 미국의 선교사이자 외교관이었던 호러스 알렌이 알렸을 것이라는 설이 있다. 알렌은 갑신정변甲申政變(1884) 때 중상을 입은 민영익閔泳翊(명성황후의 조카)을 치료해 준 것이 계기가 되어 왕실 소속의 의사 겸 고종高宗(조선 제26대 왕·대한제국 제1대 황제, 재위 1863~1907)의 정치고문 등으로 활동하면서 조선과 밀접한 관계를 맺게 된 인물이었다.

국내에 소개된 크리스마스는 선교사들에 의해 교회·학당에서 점차 바깥으로 퍼져나갔다. 이화학당을 설립한 스크랜턴 여사는 1886년 12월 24일에 학생들을 위해 크리스마스트리를 세웠으며,[1] 배재학당을 설립한 선교사 아펜젤러는 교회에서 산타클로스 역할을 맡아 학생들에게 선물을 나눠주었다.

1896년 우리나라 최초의 민간신문인 '독립신문'은 다음과 같은 기사를 실어 크리스마스를 정식으로 국내에 소개하였다.

'내일은 예수 크리스도에 탄일이라 세계 만국에 큰 명절이니 내일 조선 인민들도 마음에 빌기를 조선 대군주 폐하께와 왕태자 전하의 성체가 안강하시고 나라 운수가 영원하며 조선 전국이 화평하고 인민들이 무병하고 부요하게 되기를 하나님께 정성으로 빌기를 우리는 바라노라.'

▲ 첫 크리스마스 기사가 실린 1896년 12월 24일 독립신문 1면 (자료 : 독립신문)

「독립신문」은 이듬해인 1897년 12월 23일에 '이날을 세계 만국이 기념하며 일을 쉬므로 신문도 출판하지 않겠다'는 글을 내어 성탄 문화를 주체적으로 향유하는 모습을 보여주었다.

---

1 스크랜턴 여사가 세운 것을 한국의 첫 크리스마스트리로 보기도 한다.

다시 1년이 지나 1898년 12월 27일자 「대한그리스도인회보」를 보면 어느새 크리스마스가 국내 기독교의 주요 축일로 자리 잡은 모습을 확인할 수 있다.

'서울 성 안팎에 예수교 회당과 천주교 회당에 등불이 휘황하고 여러 천만 사람이 기쁘게 지나가니 구세주 탄일이 대한국에도 큰 성일이 되었더라.'

1880년대 후반 크리스마스가 소개된 후 1930년대 중반까지 크리스마스는 기독교인만이 즐기는 종교행사의 의미를 넘어 많은 한국인이 즐기는 하나의 풍속이 되어갔다. 크리스마스 즈음이 되면 거리에 크리스마스 장식들이 등장했고 사람들은 선물을 교환했다. 평소 교회를 가지 않던 이들도 이때가 되면 교회가 준비한 '성탄극'을 보기 위해 모여들었다.

최초의 크리스마스실Christmas seal이 등장한 것도 1930년대다. 크리스마스실 발행은 의료선교사로 한국에 온 캐나다인 셔우드 홀이 1932년부터 1940년까지 추진한 사업으로, 그 취지는 결핵퇴치기금을 모금하기 위한 것이었지만 일제는 실에 그려진 거북선이나 금강산 등을 트집 잡으며 탄압하였다. 급기야 셔우드 홀이 스파이 누명을 쓰고 일제에 의해 강제 추방을 당하는 일까지 벌어지면서 크리스마스실 사업도 중단되었다.

크리스마스는 종교행사를 넘어 본격적으로 상업성을 띄며 무르익어 갔지만, 1937년 러일전쟁의 발발과 함께 일제의 강력한 규제를 받게 되었다. 일제는 크리스마스 행사를 전면 중단시켰으며, 사람들로 하여금 일본군에 크리스마스 위문품을 보내게 하였다. 일본 제국주의의 침략으로 나라를 잃고 어둠의 나날을 보내던 이들에게 그나마 몇 안 되는 위안의 날이었던 크리스마스는 그렇게 다시 어둠 속으로 사라지는 듯했다.

크리스마스 문화가 다시 빛을 보기 시작한 것은 1945년 해방 이후 미 군정에 의해서였다. 미 군정은 크리스마스를 공휴일로 지정하면서, 1945년 9월부터 실시했던 야간통행금지도 크리스마스이브에는 해제해 주었다. 이승만 정부 역시 크리스마스를 공휴일로 유지하였고 이는 지금까지 이어지고 있다. 이웃 나라인 중국과 일본의 경우 크리스마스가 공휴일이 아닌 것을 볼 때, 한국의 크리스마스가 갖는 특수한 일면을 엿볼 수 있다.

현재 우리나라에서 크리스마스는 종교와 상관없이 한 해의 마무리를 알리는 상징적인 축제로 자리매김했다. 한편으로는 지나친 상업주의와 그 주요 타깃인 '커플' 마케팅으로 인해 상대적 박탈감을 느끼는 사람들도 생겨났다. 본래 취지와 동떨어져 지나치게 세속화된 모양새가 밸런타인데이·할로윈데이와 유사하다. 국내외 안팎으로 전쟁과 참사 등 슬픔이 이어진 2022년, 올해의 크리스마스는 어떤 모습일까. 언제나 그랬듯 '크리스마스의 기적'을 기도한다.

신 민 용
에듀윌 한국사연구소 연구원

卯

닭 계 | 알 란 | 있을 유 | 뼈 골

기회를 얻어도 일이 잘 안 풀림

출전: 『송남잡지松南雜識』

계란유골鷄卵有骨이란 항상 일이 뜻대로 이루어지지 않던 사람이 모처럼의 기회를 얻었으나 뜻밖의 상황으로 일이 잘 되지 않음을 가리키는 말로, 운이 없는 사람을 주위에서 도와주려고 해도 다른 이유로 잘 되지 않을 때 주로 사용한다.

계란유골의 유래는 조선 세종世宗 때 황희黃喜 정승과 관련이 있는 것으로 알려졌다. 조선 세종 때 영의정을 지낸 황희는 검소하고 청렴한 생활을 하다 보니 관복도 한 벌밖에 없었으며 장마철에는 집에 비가 샐 지경이었다.

세종대왕은 황희의 생활을 안쓰럽게 여겨 도와줄 방법을 생각하다가, 하루 동안 새벽에 성문을 열었을 때부터 저녁에 닫을 때까지 문 안으로 들어오는 물건을 다 사서 황희 정승에게 주겠다고 했다.

그러나 마침 그날은 하루 종일 비가 내려 남대문으로 들어오는 물품이 없었다. 저녁 때가 돼서야 겨우 계란 한 꾸러미가 들어왔다. 황희 정승 가족은 그것이나마 감지덕지 먹어보려고 삶았다. 그랬더니 모두 곯아 있었다. 곯았다는 것은 상하였다는 말인데, 이것을 한문으로 옮기면서 마땅한 표현이 없어 '유골有骨', 즉 '골이 있다'로 적었다.

간혹 계란유골을 '말 속에 뼈가 있다'는 의미로 쓰는 경우가 있는데 이는 '예사로운 말 속에 단단한 뜻이 있음'을 뜻하는 언중유골(言中有骨)과 혼동한 것이다.

한자 돋보기

鷄는 닭의 볏(奚)과 새(鳥)가 합친 글자로, '닭'의 의미로 사용된다.

- **鷄鳴狗盜(계명구도)** 하찮은 재주를 가진 이도 때론 요긴하게 쓸모가 있음
- **群鷄一鶴(군계일학)** 여러 평범한 사람들 가운데 있는 뛰어난 한 사람

鷄

닭 계

鳥 총21획

卵은 곤충의 알을 그린 글자로, '알'의 의미로 사용된다.

- **累卵之危(누란지위)** 매우 위태로운 상황
- **以卵投石(이란투석)** 계란으로 바위 치기

卵

알 란

卩 총7획

有는 고기를 잡는 모습을 그린 글자로, '소유하다'의 의미로 사용된다.

- **有備無患(유비무환)** 미리 준비가 되어 있으면 걱정이 없음
- **有名無實(유명무실)** 이름만 있고 실상은 없음

있을 유

月 총6획

骨은 뼈와 살을 함께 그린 글자로, '뼈'의 의미만 사용되고 있다.

- **刻骨難忘(각골난망)** 입은 은혜에 대한 고마운 마음을 잊지 못함
- **言中有骨(언중유골)** 말 속에 숨은 뜻이 있음

骨

뼈 골

骨 총10획

한자 상식 | 자주 틀리는 성어 표현

틀린 표현	옳은 표현	뜻
체면불구	체면불고	남을 대하기에 떳떳한 도리나 얼굴을 돌아보지 못함
절대절명	절체절명	몸과 목숨이 모두 끊어질 정도로 절박한 상황
산수갑산	삼수갑산	나에게 닥쳐올 위험을 무릅쓰고 어떤 일을 수행함
홀홀단신	혈혈단신	의지할 곳 없은 외로운 홀몸
일사분란	일사불란	하나의 실도 엉키지 않고 질서정연함
주야장창	주야장천	밤낮으로 쉬지않고 연달아
이억만리	이역만리	다른 나라의 아주 먼 곳

Books

작은 땅의 야수들

김주혜 저·박소현 역 | 다산책방

2021년 미국을 놀라게 한 한국계 작가 김주혜의 장편소설 『작은 땅의 야수들』이 출간됐다. 『작은 땅의 야수들』은 지난 수십 년간 이어져 왔던 대한민국의 독립 투쟁과 그 격동의 세월 속에 휘말려 살아갔던 사람들의 이야기다. 다양한 등장인물을 통해 인류를 하나로 묶어줄 사랑과 공감, 연민 등의 가치를 일깨운다. ■**김구** 선생을 도와 독립운동에 관여했던 외할아버지의 이야기를 어린 시절부터 듣고 자란 작가는 일제강점기 사냥꾼, 군인, 기생, 깡패, 학생, 사업가, 혁명가 등 파란만장한 인생들이 '인연'이라는 끈으로 질기게 얽혀 만나고 헤어지고 재회하는 모습을 수놓는다.

■ **김구(金九, 1876~1949)** 일제강점기 독립운동가이자 대한민국의 정치인이다. 일제강점기 대한민국 임시정부의 주석을 지내며 항일민족운동을 전개하였으며 해방 후 남한만의 단독정부 수립에 반대하여 통일민족국가건설운동을 전개한 반외세 민족주의자다.

인생의 역사

신형철 저 | 난다

우리 문학을 향한 '정확한 사랑'이자 시대를 읽는 탁월한 문장, 평론가 신형철이 4년 만에 『인생의 역사』로 돌아왔다. 『인생의 역사』는 총 5부에 걸쳐 동서고금 25편의 시를 꼽아 실었다. 상고시가인 「■**공무도하가**」부터 이영광 시인의 「사랑의 발명」까지, 역사의 너비와 깊이를 한데 아우르는 시편들이다. 『인생의 역사』는 독법을 가르치는 것이 아니라 시를 함께 읽고, 직접 겪은 삶을 시로 받아드는 일, 그리하여 시를 통해 인생을 겪어내는 이야기다.

■ **공무도하가(公無渡河歌)** 우리나라 최고(最古)의 서정시가로 물에 빠져 죽은 남편의 죽음을 슬퍼하는 여인의 노래다. 집단 가요에서 개인적 서정 가요로 넘어가는 시기의 모습을 잘 보여주는 작품이다.

예정된 미래

이현훈 저 | 파지트

농업혁명, 산업혁명 그리고 ■**디지털 혁명**을 세 차례 겪으면서 우리의 삶은 윤택해졌다. 하지만 이제는 앞으로 벌어질 네 가지 대변혁과 이를 맞설 전환을 마주하고 이야기해야 한다. 네 가지 대변혁은 디지털 사회·인구 고령화·사회 양극화·기후 위기로, 거대한 가속이라고 불러도 될 만큼 그 속도가 매우 빠르게 진행되고 있다. 또 이 대변혁들은 독립적으로 나타나는 것이 아니라 서로 영향을 주고받으며 진행되는 중이다. 『예정된 미래』는 농업혁명부터 디지털혁명까지 그 일련의 과정을 보여주며 이 혁명들이 초래한 네 가지 대변혁을 살펴본다. 또한 인류가 마주한 이 대변혁을 극복하기 위한 담대한 전환을 제시한다.

■ **디지털혁명(digital revolution)** 컴퓨터의 발명과 함께 모든 정보가 디지털 형식으로 전환되고, 정보통신 기술 및 인터넷의 발달로 사회 전반에 걸쳐 나타난 급격한 변화를 아울러 디지털혁명이라 한다.

Movie

아마겟돈 타임

제임스 그레이 감독

| 앤 해서웨이·제레미 스트롱 출연

제75회 칸 영화제 경쟁부문과 제27회 부산국제영화제, 제49회 텔루라이드 영화제, 제60회 ■**뉴욕영화제**에 초청된 영화 「아마겟돈 타임」이 국내 개봉을 확정했다. 「아마겟돈 타임」은 변화의 바람이 불어오던 1980년의 뉴욕, 꿈과 우정 그리고 가족을 지키고 싶었던 소년 폴의 이야기를 그린 성장 영화로 제임스 그레이 감독의 자전적 스토리를 바탕으로 하고 있다. 소년 폴이 '1980년의 뉴욕'이라는 시간과 공간 속, 자신의 세계에서 어떤 일들을 맞닥뜨리게 될지, 변화무쌍한 소년기를 보내는 과정 속 자신의 꿈과 우정, 가족을 무사히 지켜나갈 수 있을지 궁금증을 자아낸다.

Exhibition

빈센트 발 : The Art of Shadow

MUSEUM 209

| 2022. 11. 11.~2023. 04. 23.

벨기에 출신의 영화감독이자 그림자를 이용한 일러스트레이터인 빈센트 발은 유리잔, 포크, 과일 등 평범한 사물들에서 흥미로운 부분을 빛을 비춰 찾아낸다. 이런 ■**쉐도우올로지** 작품들은 귀엽고 위트 있으면서도 날카로운 메시지를 담고 있다. 시시각각 변하는 그림자 속에서 그는 생각보다 훨씬 더 많은 모습들을 발견해 새로운 사회를 구성한다. 그리고 그 속의 다각적, 단편적인 양상을 보여주고 때로는 현실 사회의 문화 예술적, 혹은 사회적 이슈를 풍자하기도 한다.

Concert

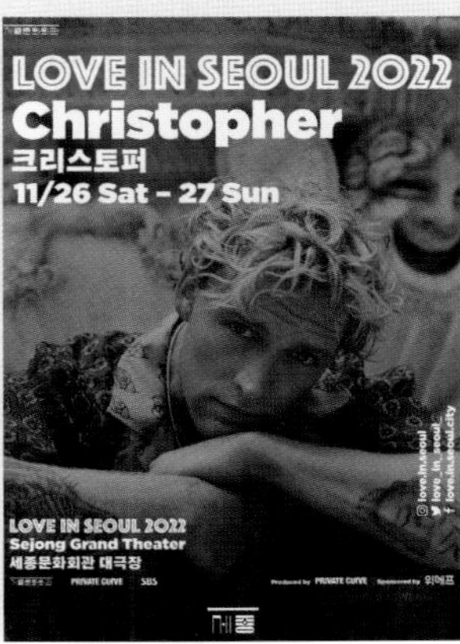

LOVE IN SEOUL 2022 – Christopher

세종문화회관 대극장

| 2022. 11. 26.~2022. 11. 27.

댄스 팝과 R&B 장르의 완벽한 조화와 뛰어난 음악성으로 덴마크의 팝 프린스라 불리는 ■**싱어송라이터** 크리스토퍼가 2017년 첫 내한 이후 다시 돌아왔다. 2012년 데뷔 앨범으로 활동을 시작한 그는 데뷔와 동시에 덴마크 차트 4위에 오르고, 덴마크 뮤직 어워드 신인상을 수상했다. 이후 덴마크 앨범 차트 1위 오르며 폭발적인 사랑을 받았다. 올해 8월 성사된 내한 무대 이후 연말에 다시 돌아오겠다고 메시지를 남겼던 크리스토퍼의 내한공연은 이번 '러브 인 서울 2022'의 피날레를 더욱 뜨겁게 장식한다.

■ **뉴욕영화제(New York Film Festival)** 미국 뉴욕시티에 있는 공연예술을 위한 링컨 센터에서 매년 열리는 비경쟁 형식의 영화제로 미국에서 가장 권위 있는 영화제 중 하나로 인정받는다.

■ **쉐도우올로지(shadowology)** 그림자학으로 빛과 그림자의 효과를 적극적으로 살려 새로운 시각적 이미지를 창조해 내는 예술 방식을 말한다.

■ **싱어송라이터(singer-song writer)** 자신이 직접 작사·작곡한 곡을 노래하는 가수로, 일반적으로 팝이나 뉴 뮤직, 록계의 솔로 아티스트가 여기에 해당한다.

eduwill

에듀윌 취업 아카데미에서 제대로 공부하세요!

공기업·대기업 수준별 맞춤 커리큘럼
온종일 밀착 학습관리부터 전공&자격증 준비까지 케어

고품질 영상 및 음향 장비를 갖춘 최고의 강의실

언제나 전문 학습 매니저와 상담이 가능한 안내데스크

1:1 대면 첨삭 및 전문 컨설팅이 가능한 일대일 상담실

공용 PC, 프린터, 충전기 등 편의시설을 갖춘 휴게실

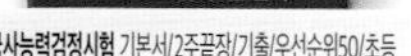

조리기능사 필기/실기

제과제빵기능사 필기/실기

SMAT 모듈A/B/C

ERP정보관리사 회계/인사/물류/생산(1, 2급)

전산세무회계 기초서/기본서/기출문제집

무역영어 1급 | 국제무역사 1급

KBS한국어능력시험 | ToKL

한국실용글쓰기

매경TEST 기본서/문제집/2주끝장

TESAT 기본서/문제집/기출문제집

운전면허 1종·2종

스포츠지도사 필기/실기구술 한권끝장

산업안전기사 | 산업안전산업기사

위험물산업기사 | 위험물기능사

토익 입문서 | 실전서 | 종합서

컴퓨터활용능력 | 워드프로세서

정보처리기사

월간시사상식 | 일반상식

월간NCS | 매1N

NCS 통합 | 모듈형 | 피듈형

PSAT형 NCS 수문끝

PSAT 기출완성 | 6대 출제사 | 10개 영역 찐기출

한국철도공사 | 서울교통공사 | 부산교통공사

국민건강보험공단 | 한국전력공사

한수원 | 수자원 | 토지주택공사

행과연형 | 휴노형 | 기업은행 | 인국공

대기업 인적성 통합 | GSAT

LG | SKCT | CJ | L-TAB

ROTC·학사장교 | 부사관

ES24 수험서 자격증 주택관리사 베스트셀러 1위 (2010년 12월, 2011년 3월, 9월, 12월, 2012년 1월, 3월~12월, 2013년 1월~5월, 8월~11월, 2014년 2월~8월, 10월~12월, 2015년 1월~5월, 7월~12월, 2016년 월~12월, 2017년 1월~12월, 2018년 1월~12월, 2019년 1월~12월, 2020년 1월~7월, 9월~12월, 2021년 1월~12월, 2022년 1월~11월 월별 베스트, 매월 1위 교재는 다름)

ES24, 알라딘 국내도서 해당분야 월별, 주별 베스트 기준

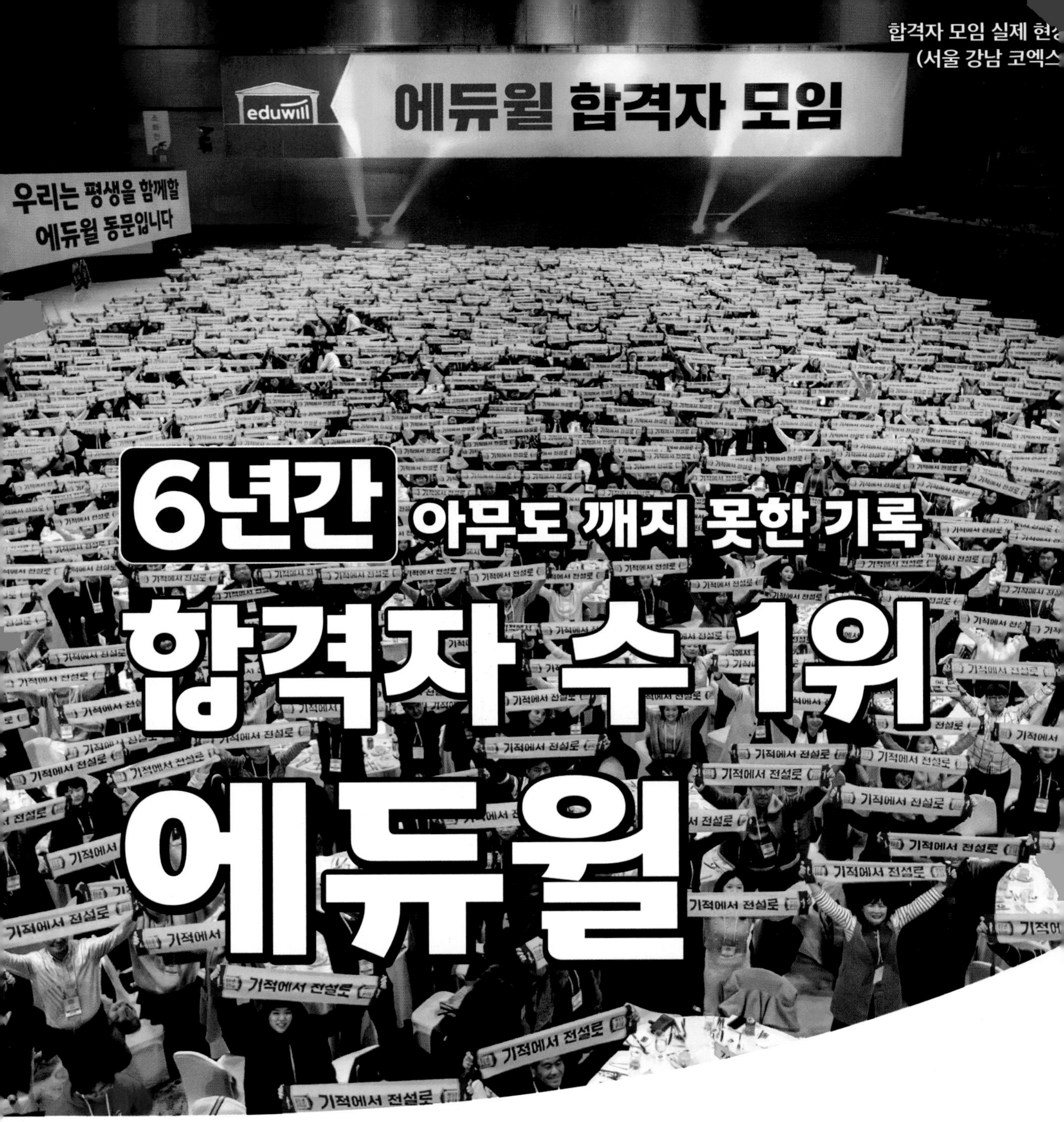

합격자 모임 실제 현장
(서울 강남 코엑스

에듀윌 합격자 모임

우리는 평생을 함께할
에듀윌 동문입니다

6년간 아무도 깨지 못한 기록

합격자 수 1위
에듀윌

• KRI 한국기록원 2016, 2017, 2019년 공인중개사 최다 합격자 배출 공식 인증
(2022년 현재까지 업계 최고 기록)